BORDEAUX

Vignoble de Bordeaux

Bassin d'Arcachon

Parc naturel régional des Landes de Gascogne

ORGANISER SON VOYAGE

OÙ PARTIR EN WEEK-END

S'Y RENDRE ET CHOISIR SES ADRESSES

À FAIRE ET À VOIR

COMPRENDRE LA RÉGION

PORTRAIT DE BORDEAUX

NATURE

HISTOIRE

ART ET CULTURE

LA RÉGION AUJOURD'HUI

SOMMAIRE

DÉCOUVRIR BORDEAUX

AUTOUR DE BORDEAUX

VILLES ET SITES

À la fin du guide, la **carte générale** donne :
- une **vision synthétique** de tous les lieux traités ;
- les **sites étoilés** identifiables en un coup d'œil ;
- les **circuits de découverte**, dessinés en vert, aux environs des destinations principales.

Dans la partie « **Autour de Bordeaux** » :
- les **destinations principales** sont classées par ordre géographique ;
- les **destinations moins importantes** leur sont rattachées sous la rubrique « Aux alentours » ou dans un circuit de découverte ;
- les **informations pratiques** sont présentées dans un encadré vert dans chaque chapitre.

L'**index** permet de retrouver rapidement la description de chaque lieu.

Comprendre les symboles du guide

Vaut le voyage	Mérite un détour	Intéressant
★★★	★★	★

Hôtels et restaurants

	petit budget
	budget moyen
	budget confortable
	budget haut de gamme
9 ch. - 38/45 €	Nombre de chambres - prix mini/maxi pour 2 pers
7,5 €	Prix du petit-déjeuner en sus
50 €	Prix de la chambre double, petit-déjeuner compris
bc	menu boisson comprise
P	Parking réservé à la clientèle
	Cartes bancaires non acceptées

Symboles dans le texte

	Se repérer
	Bon à savoir
	Organiser son temps
	À faire en famille
	Pour aller au-delà
	Promenade à pied
	Randonnée à vélo
	Facilité d'accès pour les handicapés
A2 B	Repère sur le plan

Cartes et Plans

MONUMENTS ET SITES

	Itinéraire décrit, départ de la visite
	Église - Temple
	Synagogue
	Mosquée
	Calvaire - Fontaine
	Rempart - Tour - Porte
	Château - Ruine
	Usine - Barrage
	Vue
	Table d'orientation
	Fort - Grotte
	Carrière - Mine

INFORMATIONS PRATIQUES

	Informations touristiques
	Parking - Parking relais
	Tramway - Métro
	Gare : ferroviaire, routière
	Téléphérique, télécabine
	Funiculaire, voie à crémaillère
	Chemin de fer touristique
	Poste - Marché couvert
	Transport de voitures et passagers
	Transport de passagers

AXES ROUTIERS, VOIRIES

	Autoroute ou assimilée
	Echangeur : complet, partiel
	Rue piétonne
	Rue impraticable, réglementée
	Escalier
	Sentier
③	Sortie de ville identique sur les plans et les cartes Michelin
B F	Bac passant voitures et passagers
	Pont mobile

SPORTS ET LOISIRS

	Piscine : de plein air, couverte
	Stade - Hippodrome
	Port de plaisance
	Refuge - Promenade à pied
	Base de loisirs
	Parc d'attraction
	Parc animalier, zoo
	Parc floral, arboretum
	Parc ornithologique réserve d'oiseaux

ABRÉVIATIONS ET SIGNES PARTICULIERS

A	Chambre d'agriculture
C	Chambre de commerce
H	Hôtel de ville
J	Palais de justice
M	Musée
P	Préfecture, sous-préfecture
POL.	Police
	Gendarmerie
T	Théâtre
U	Université, grande école

CARTES ET PLANS

CARTE GÉNÉRALE

CARTES THÉMATIQUES

PLANS DE VILLES

CARTES DES CIRCUITS

Changement de numérotation routière

Sur de nombreux tronçons, les routes nationales passent sous la direction des départements. Leur numérotation est en cours de modification.

La mise en place sur le terrain a commencé en 2006 mais devrait se poursuivre sur plusieurs années. De plus, certaines routes n'ont pas encore définitivement trouvé leur statut au moment où nous bouclons la rédaction de ce guide. Nous n'avons donc pas pu reporter systématiquement les changements de numéros sur l'ensemble de nos cartes et de nos textes.

Bon à savoir – Dans la majorité des cas, on retrouve le n° de la nationale dans les derniers chiffres du n° de la départementale qui la remplace. Exemples : la N 16 devient D 1016, la N 51 devient D 951.

Dune plantée d'oyats au Cap-Ferret.

Stéphane Sauvignier / MICHELIN

ORGANISER SON VOYAGE

OÙ PARTIR EN WEEK-END

Bordée par l'océan Atlantique à l'ouest et le massif pyrénéen au sud, l'Aquitaine est une région à multiples facettes : mer et montagne, ville et campagne. Tous les « pays » aquitains ont en commun une grande vitalité, si l'on en croit le nombre de sports, loisirs et animations proposés, si l'on en apprécie la nature préservée ou la richesse du patrimoine architectural, si l'on en goûte la gastronomie et les crus.

Pour plus d'informations sur les types d'hébergement, les services de réservation, les adresses que nous avons retenues dans ce guide, reportez-vous au chapitre suivant « S'y rendre et choisir ses adresses ».

Stéphane Sauvignier / MICHELIN

Chaussée des Pieds marins à Arcachon.

Où se poser

LE BORDELAIS

Pour les courts séjours, **Bordeaux** vient spontanément à l'esprit car la ville offre un large choix d'hébergements. De là, vous rejoindrez aisément les **vignobles** du Haut-Médoc, de l'Entre-deux-Mers, des Côtes de Bordeaux ou de Sauternes-et-Barsac. Mais si vous souhaitez résider au cœur des vignes, vous préférerez aux hôtels bordelais une formule en gîte Bacchus, où les viticulteurs vous accueillent dans leur domaine.

De la ville médiévale de **St-Émilion** à la citadelle de **Blaye**, en passant par **Libourne** et leurs environs, les chambres d'hôte, qui offrent des cadres de charme, ne manquent pas.

LA « CÔTE D'ARGENT »

Une plage de sable fin de 250 km de long, derrière laquelle se dresse un chapelet de dunes : voici l'avenante physionomie du **littoral aquitain**. Et, comme s'il n'y avait pas assez d'eau, ajoutez à l'océan Atlantique des étangs et des lacs maritimes, un estuaire et un fameux bassin : celui d'Arcachon. Les stations balnéaires proposent une grande variété d'hébergements, mais surtout nombre de campings, très prisés, où il vous faudra réserver à l'avance en saison.

Au nord du bassin d'Arcachon, **Hourtin**, **Carcans-Plage**, **Lacanau-Océan** sont des stations balnéaires plus récentes.

Pour profiter du bassin d'Arcachon, vous vous établirez dans l'un des villages au bord de l'eau : chacun a son charme mais sachez que **Cap-Ferret**, **Arès** et **Andernos-les-Bains** offrent une plus grande capacité d'accueil ; sans oublier **Arcachon**, où les tarifs sont toutefois plus élevés. Enfin, si vous optez pour la côte landaise, grande favorite des surfeurs, c'est à **Biscarosse**, très animé en été, que vous prendrez vos quartiers.

LES LANDES

Si l'on s'éloigne du rivage atlantique, ce nom évoque immédiatement l'immense forêt de pins plantée au 19e s. Au cœur de cette forêt, dans le Parc naturel régional des Landes de Gascogne, vous trouverez des chambres d'hôte, notamment à **Sabres** et **Belin-Béliet**, où vous pourrez profiter des richesses et des activités du Parc.

Sur la côte atlantique, dévolue au tourisme balnéaire, vous trouverez de nombreuses possibilités d'hébergement, de la location saisonnière au camping.

Bordeaux et le vignoble

BORDEAUX

Musées, églises, quais… un week-end n'y suffirait pas. Pour vous familiariser rapidement avec la ville, mieux vaut la découvrir à pied (si vous fatiguez, montez dans le tramway !).

Une balade entre la porte des Salinières et la place de la Bourse vous donnera un premier aperçu. En chemin, vous vous arrêterez rue des Argentiers où se trouve **Bordeaux Monumental**. Cette exposition qui présente la richesse architecturale de la ville vous permettra de cibler votre itinéraire de découverte. Déjeunez ensuite place du Parlement ou place St-Pierre, mais vous trouverez également des petits restaurants sympathiques dans le centre piétonnier. Après un passage par le Grand Théâtre, remontez le cours de l'Intendance et flânez dans la **rue Ste-Catherine**, deux artères très commerçantes. Le soir, allez prendre un verre place de la Victoire et, après le dîner, longez les quais entre le pont de Pierre et la place des Quinconces pour admirer les façades illuminées.
Le dimanche matin, jetez un œil à la cathédrale St-André avant de visiter le **musée d'Aquitaine**, un incontournable. Ensuite direction le **quai des Chartrons** où se tient un marché campagnard bien appétissant ! Là, il vous sera facile de trouver une terrasse pour déjeuner à moins que vous ne préfériez poursuivre vers l'un des restaurants installés dans les anciens hangars. L'après-midi, passez sur l'autre rive pour une promenade dans le **jardin botanique**. Les amateurs de vins s'inscriront à une excursion dans les **châteaux bordelais**, organisée par l'office de tourisme.

LE VIGNOBLE BORDELAIS

Circuit de 4 jours au départ de Bordeaux.

1er jour – Partez à la découverte des Côtes de Bordeaux et des vignobles de Sauternes-et-Barsac. Quittez Bordeaux par le sud-est et empruntez la D 113 puis la D 10 qui longent la Garonne. Après le **château de Langoiran** et la cité fortifiée de **Rions**, la route vous conduit à **Cadillac**, belle bastide du 13e s., où vous pourrez visiter le château des ducs d'Épernon. Gagnez le village de **Ste-Croix-du-Mont** avant d'aller déjeuner à **St-Macaire** et de poursuivre vers **Verdelais**. Enfin, le **Château Yquem** et le **Château de Malle** sont deux prestigieux domaines où le sauternes s'offre à la dégustation. Pour la nuit, vous trouverez diverses possibilités d'hébergement à Langon.

2e jour – Commencez par une traversée de l'Entre-Deux-Mers. Quittez Langon au nord-est par la D 1113, puis dirigez-vous vers le joli village de **Sauveterre-de-Guyenne**, en suivant la D 672. Par la D 17, rendez-vous aux ruines de l'**abbaye de Blasimon**. Rejoignez **Rauzan** et prenez le temps de visiter le château des Duras ou la grotte Célestine. Empruntez la D 670 vers le nord, c'est alors le précieux vignoble de St-Émilion qui s'offre au regard, telle une promesse de plaisir faite aux amoureux du vin. Si possible, attendez d'atteindre **St-Émilion** pour manger et savourer la région à travers le reflet d'un verre. Ensuite, parcourez ce petit bijou médiéval. En été, ne manquez pas la reconstitution nocturne de la bataille de Castillon, donnée tous les jours à 22h30 à **Castillon-la-Bataille** (12 km à l'est de St-Émilion).

3e jour – Après une nuit à St-Émilion, profitez de la matinée pour terminer la visite de la cité, avant de gagner **Montagne** et son écomusée du Libournais. Poussez jusqu'à **Petit-Palais** pour admirer la petite église romane. La pause-déjeuner s'effectue à **Libourne**, d'où les plus fameuses appellations partent vers le monde entier. Aux alentours de la ville, de belles visites en perspective : **château de Vayres**, **Fronsac**. Faites enfin étape à **Bordeaux**.

4e jour – C'est maintenant le Haut-Médoc qui vous ouvre ses portes. Quittez Bordeaux par le nord (D 2) et rendez-vous au domaine de **Château Margaux** ou de **Château Maucaillou**, où se conjuguent vignoble et architecture, et pourquoi pas, au passage, vous initier aux méthodes de la viticulture ? **Fort Médoc** est la touche militaire de ce périple, qui rappelle que le Bordelais fut longtemps disputé entre Français et Anglais. Les **Châteaux Mouton Rothschild** et **Lafite Rothschild** évoquent quant à eux des millésimes sans âge, des étiquettes jaunies par le temps et du plaisir pour le palais.

En bord de mer

ARCACHON

L'idéal est de louer un vélo pour se déplacer d'une ville à l'autre (Arcachon en compte quatre !) et rayonner vers le bassin ou la forêt.

Après une promenade sur le front de mer, dans la **ville d'été**, direction la **ville d'hiver** pour découvrir l'incroyable variété architecturale des villas. Déjeunez dans le centre ou allez pique-niquer dans la forêt d'Arcachon. L'après-midi, entre deux bains de mer à la **plage Pereire**, dans la ville de printemps, vous pourrez vous promener à l'ombre des pins qui la bordent ou poursuivre jusqu'au **Moulleau**, quartier « branché » qui offre d'agréables terrasses de café. De retour dans la ville d'été (en bus si vous êtes fatigué de marcher), vous aurez l'embarras du choix des restaurants pour déguster un plateau de fruits de mer. Enfin, les joueurs iront tenter leur chance au casino.

Le dimanche, montez à bord d'une pinasse, longue barque à fond plat dont se servent les ostréiculteurs, et partez explorer l'**île aux Oiseaux** et les cabanes tchanquées (circuit commenté de 2h). Amateurs d'huîtres, suivant la marée, vous pourrez suivre une visite à pied d'un **parc ostréicole** (1h30 à 2h). Sinon, rendez-vous à la **Maison de l'Huître** à Gujan-Mestras. L'Union des bateliers arcachonnais assure également des liaisons transbassin qui vous permettront de rallier un des villages où vous déjeunerez et passerez l'après-midi. Le **Cap-Ferret** semble tout indiqué car la possibilité d'embarquer avec les vélos et le service nocturne sont très pratiques. Si le week-end n'est pas terminé et si vous avez un véhicule, reste alors à aller gravir la **dune du Pilat** du haut de laquelle se dégage un panorama splendide.

DU BASSIN D'ARCACHON À HOURTIN-PLAGE

Circuit de 3 jours au départ d'Arcachon.

1er jour – Le matin, partez à la découverte d'**Arcachon**. Promenez-vous dans la ville d'hiver aux villas bigarrées, puis profitez des plaisirs de la plage. Pour les enfants, le **Parc de loisirs de la Hume** sera un régal. Au coucher du soleil, rendez-vous sur la **dune du Pilat** (attention l'ascension peut être fatigante pour les plus petits). Soirée et nuit à Arcachon.

2e jour – Tour du **bassin d'Arcachon**. Découvrez la culture de l'huître dans l'un des petits ports traditionnels à l'est d'Arcachon, poursuivez par le **parc ornithologique du Teich**, puis gagnez **Andernos-les-Bains**. Après ou avant une pause-repas, embarquez pour l'**île aux Oiseaux** et admirez les curieuses cabanes tchanquées. Rejoignez ensuite **Arès** et continuez jusqu'au phare de **Cap-Ferret** pour une vue d'ensemble sur le bassin. Le soir, faites étape à **Lacanau-Océan**.

3e jour – Profitez des plages et des lacs de **Lacanau** et d'**Hourtin-Carcans**. Au programme : baignade, balade à pied, à vélo ou à cheval, pêche ou sports nautiques. Vous aurez aussi la possibilité d'aller observer faune et flore à la réserve naturelle de l'**étang de Cousseau**, de visiter le musée des Arts et Traditions populaires de la Lande médocaine à **Maubuisson** ou d'emmener vos enfants dans un parcours accrobranche.

LES LANDES SAUVÉES DES MARAIS

Circuit de 4 jours au départ d'Arcachon.

1er jour – De bon matin, prenez le temps d'admirer les nombreuses villas colorées d'**Arcachon**, de flâner sur la jetée Thiers et le boulevard de la Mer. Après un déjeuner dans l'un des nombreux restaurants de la ville, embarquez pour un tour de bateau sur le bassin. Avant le coucher du soleil, gagnez la **dune du Pilat**, qui semble posée là tel un promontoire superbe. Pour la nuit, vous aurez le choix entre le Pyla-sur-Mer ou Arcachon.

2e jour – Descendez le long de la côte en direction de Biscarosse. Vous trouverez de nombreuses possibilités d'activités

Alain Cassaigne / MICHELIN

Pile de rondins de pin dans la forêt landaise.

sportives aux lacs de **Biscarosse**, de **Parentis** et à **Biscarosse-Plage**. Si vous préférez les activités culturelles, visitez le musée historique de l'Hydraviation à Biscarosse et le Musée archéologique de Sanguinet (ouvert seulement en juillet et en août). Après une pause-repas, rejoignez **Pissos** dans le **Parc naturel régional des Landes de Gascogne**, où vous découvrirez le travail traditionnel des Landes : l'artisanat du verre, du bois ou du cuivre. Au musée de **Moustey**, ce sont les croyances locales qui sont évoquées. Passez la nuit à **Sabres**.

3e jour – À la fraîche, montez dans le petit train qui vous mènera à l'écomusée de la Grande Lande à **Marquèze** pour y passer la matinée et piqueniquer. Ensuite, il vous faudra compléter cette visite par l'espace de découverte « Graine de forêt » à **Garein** (au sud-est par la N 134) ou l'atelier de produits résineux de **Luxey** (au nord-est par la D 315). Remontez par **Belhade** pour apercevoir l'église et le château, puis rejoignez enfin l'un des gîtes de **Belin-Béliet** pour la nuit.

4e jour – Une journée de « loisirs nature » s'offre alors à vous, au **centre du Graoux** à Belin-Béliet : canoë sur la Leyre, balade à pied, à VTT ou à cheval. Vous pourrez aussi vous essayer au tir à l'arc ou à l'escalade, suivre un parcours d'orientation ou un sentier de découverte. S'il y a trop de monde, les mêmes activités sont proposées non loin de là, à l'atelier-gîte de **Saugnacq-et-Muret**. Vous pourrez aussi profiter des activités du **domaine de loisirs d'Hostens**. Pour une visite plus culturelle, rendez-vous au **château de Roquetaille**.

Les atouts de la région au fil des saisons

Les deux caractéristiques principales du climat aquitain sont la douceur et l'humidité, alliance équilibrée et d'ailleurs très favorable aux cultures comme aux hommes.

Quel temps pour demain ?

Services téléphoniques de Météo France – Tapez **3250** suivi de :

1 : toutes les météos départementales jusqu'à 7 jours (DOM-TOM compris).

2 : météo des villes.

3 : météo plages et mer.

4 : météo montagne.

6 : météo internationale.

Accès direct aux prévisions du département – ✆ 0 892 680 2 suivi du numéro du département (0,34 €/mn). Toutes ces informations sont également disponibles sur **www.meteo.fr**.

L'hiver

Sur la côte, l'hiver est plutôt doux, mais attention aux sautes d'humeur de l'Océan qui peut apporter d'effroyables tempêtes… À cette saison, ne comptez donc pas sur les balades en bateau. Aux alentours de Bordeaux, les pluies sont fréquentes, et particulièrement les petites bruines. N'oubliez pas votre imperméable. Attention : en dehors des grandes villes, beaucoup de sites et de musées sont fermés en hiver.

Le printemps

Comme en hiver, les pluies sont fréquentes sur la côte et dans le Bordelais, mais le printemps souffle son doux parfum dans l'air aquitain.

L'été

La saison des bains de mer et des sports nautiques se conjugue en Aquitaine avec un panel d'activités et de loisirs, sportifs, culturels ou festifs. Les températures, agréables sur le littoral, sont plus élevées à l'intérieur des terres.

L'automne

L'automne est généralement très beau ; tant mieux, puisque c'est le moment des vendanges et de la cueillette des champignons ! Cette saison est idéale pour partir à la découverte du vignoble bordelais. Les plages comme les sites à visiter ont un caractère plus intimiste à cette époque. Les surfers savent que les mois de septembre et d'octobre sont sans aucun doute les meilleurs pour pratiquer leur sport sur la côte atlantique !

S'Y RENDRE ET CHOISIR SES ADRESSES

Où s'informer avant de partir

LES ADRESSES UTILES

Ceux qui aiment préparer leur voyage dans le détail peuvent rassembler la documentation nécessaire auprès des professionnels du tourisme de la région, qui disposent de cartes touristiques, brochures sur l'hébergement et la restauration, dépliants sur les activités, etc.
Outre les adresses indiquées ci-dessous, sachez que les coordonnées des offices de tourisme ou syndicats d'initiative des villes et sites décrits dans ce guide sont données dans l'**encadré pratique** des villes et sites, sous la rubrique « Adresses utiles ».
Bon à savoir – Vous pouvez également consulter le site de la Fédération nationale des offices de tourisme et syndicats d'initiative : **www.tourisme.fr**.

Comité régional du tourisme d'Aquitaine

Cité Mondiale - 23 parvis des Chartrons - 33074 Bordeaux Cedex - ✆ 05 56 01 70 00 - www.tourisme-aquitaine.fr.
Il propose plusieurs brochures, que l'on peut aussi télécharger sur le site Internet. Parmi celles-ci, *L'Aquitaine, « le bon côté du Sud »* brosse le portrait de la région en images et réunit l'ensemble des renseignements utiles pour organiser son périple. La **carte touristique** permet de mieux le visualiser : accès et distance entre les principales villes et sites incontournables.

Info pratique

SURFER SUR INTERNET
Outres les sites des comités départementaux de tourisme, voici quelques adresses où vous trouverez de multiples informations :
http://musees-aquitaine.com : près de 120 musées répertoriés.
www.tourisme-landes.com : les 331 communes du département sous divers aspects (hébergement, patrimoine...).

Comités départementaux de tourisme

Maison du tourisme de la Gironde – *21 cours de l'Intendance - 33000 Bordeaux - ✆ 05 56 52 61 40 - www.tourisme-gironde.fr.* On s'y procure notamment les *Carnets de voyages en Gironde*, qui permettent une découverte thématique du département (plaisirs de l'eau, de la nature, du patrimoine, de la vigne, de la gastronomie, de la fête) ; le guide *Voyages au pays des vins de Bordeaux*, indispensable pour préparer son séjour au cœur du vignoble bordelais (hébergements, châteaux viticoles...) ; *La Gironde à fleur de pierre*, un coffret composé de 60 fiches pour découvrir les trésors architecturaux de la Gironde ; le carnet *De site en site* qui répertorie des adresses pour tout public ; une carte touristique du département avec des suggestions d'itinéraires, une carte-guide du Parc naturel régional des Landes de Gascogne...
Landes – *4 av. Aristide-Briand - BP 407 - 40012 Mont-de-Marsan Cedex - ✆ 05 58 06 89 89 - www.tourismelandes.com.* Le guide *Découverte activités* regroupe les loisirs du département.

Maison de pays

Maison Aquitaine – *21 r. des Pyramides - 75001 Paris - ✆ 01 55 35 31 42 - www.maison.aquitaine.fr - lun.-vend. : 10h-18h30.* Située entre le Louvre et l'Opéra (M° Pyramides), elle présente les savoir-faire, l'art de vivre et les cultures de la région à travers des expositions, une bibliothèque et un espace multimédia. Des spécialistes du tourisme aident à préparer votre séjour en Aquitaine.

Parc naturel

Parc naturel régional des Landes de Gascogne – *33 rte de Bayonne - 33830 Belin-Beliet - ✆ 05 57 71 99 99 - www.parc-landes-de-gascogne.fr.*

TOURISME DES PERSONNES HANDICAPÉES

Un certain nombre de curiosités décrites dans ce guide sont accessibles aux personnes à **mobilité réduite**, elles sont signalées par le symbole ♿. Le degré d'accessibilité et les conditions d'accueil variant toutefois d'un site à l'autre, il est recommandé d'appeler avant tout déplacement.

Accessibilité des infrastructures touristiques

Lancé en 2001, le **label national Tourisme et Handicap** est délivré en fonction de l'accessibilité des équipements touristiques et de loisirs au regard des quatre grands handicaps : auditif, mental, moteur ou visuel. À ce jour, un millier de sites labellisés (hébergement, restauration, musées, équipements sportifs, salles de spectacles, etc.) ont été répertoriés en France. Vous pourrez en consulter la liste sur le site Internet de la Maison de France à l'adresse suivante : **www.franceguide.com**.

Association des Paralysés de France – *Direction de la Communication - 17 bd Auguste-Blanqui - 75013 Paris - www.apf.asso.fr.* Le magazine *Faire Face* publie chaque année, à l'intention des personnes en situation de handicap moteur, un hors-série intitulé *Guide vacances* disponible auprès de l'AFP.

Association Handiplage – *39 r. des Faures - 64100 Bayonne - ✆ 05 59 59 24 21 - www.handiplage.fr.* Cette association propose des vacances accessibles à tous dans toute la région Aquitaine, grâce à la parution du guide *Handi Long*, comprenant plus de 300 adresses, coups de cœur, bons plans et informations nécessaires à un public handicapé. On y découvre des informations détaillées sur les activités de loisirs accessibles, les sites touristiques *(voir l'encadré « Tourisme et Handicap »)* ainsi que les plages aménagées pour les personnes à mobilité réduite.

Accessibilité des transports

Train – Disponible gratuitement dans les gares et boutiques SNCF ou sur le site **www.voyages-sncf.com**, le *Mémento du voyageur handicapé* donne des renseignements sur l'assistance à l'embarquement et au débarquement, la réservation de places spéciales, etc.

SNCF Accessibilité Service – *✆ 0 800 154 753 (Numéro vert).*

Avion – Air France propose aux personnes handicapées le service d'assistance Saphir. Pour plus de détails, consultez le site **www.airfrance.fr**.

Saphir – *✆ 0 820 012 424.*

> **Tourisme et Handicap**
>
> **SITES LABELLISÉS EN GIRONDE**
>
> L'exposition Bordeaux Monumental à Bordeaux, Planète Bordeaux à Beychac *(voir Bordeaux)*, le sentier viticole de la Butte de Cazevert à Blasimon,
> Oh ! Légumes oubliés à Sadirac, le point de vente de Château Julien et le Château Lanessant à Cussac-Fort-Médoc *(voir Vignoble de Bordeaux)*.

Transports

PAR LA ROUTE

Les grands axes

Plusieurs autoroutes convergent vers l'Aquitaine : A 10 (Paris-Bordeaux), A 62 (Toulouse-Bordeaux), A 63 (Bordeaux-Bayonne), A 64 (Toulouse-Pau).

Informations autoroutières – *✆ 0 892 681 077 - www.autoroutes.fr.*

Les distances

Bordeaux se trouve à :
593 km de Caen,
765 km de Dijon,
800 km de Lille,
222 km de Limoges,
574 km de Lyon,
644 km de Marseille,
322 km de Nantes,
461 km d'Orléans,
578 km de Paris,
1 066 km de Strasbourg,
243 km de Toulouse.

Les cartes Michelin

Les cartes **Départements** (1/150 000 ou 1/175 000, avec index des localités et plans des préfectures) ont été conçues pour ceux qui aiment prendre le temps de découvrir une zone géographique réduite (un ou deux départements) lors de leurs déplacements en voiture. Pour ce guide, procurez-vous la carte **Départements 335** (Gironde, Landes).

Vous pouvez également consulter la carte **Région 524** (Aquitaine), au 1/300 000, avec index des localités et plan de la préfecture (Bordeaux), qui couvre le réseau routier secondaire et donne des indications touristiques. Elle est pratique lorsque l'on aborde un vaste territoire ou pour relier des villes distantes de plus de cent kilomètres.

> **Info route**
>
> **CHANGEMENT DE NUMÉROTATION**
> Sur de nombreux tronçons, les routes nationales passent sous la direction des départements. Leur numérotation est en cours de modification. La mise en place sur le terrain a commencé en 2006 mais devrait se poursuivre sur plusieurs années. De plus, certaines routes n'ont pas encore trouvé leur statut au moment où nous bouclons la rédaction de ce guide. Nous n'avons donc pas pu reporter tous les changements de numéros sur nos cartes et dans nos textes.
> **Bon à savoir** – Dans la majorité des cas, on retrouve le n° de la nationale dans les derniers chiffres du n° de la départementale qui la remplace. Exemples : la N 16 devient D 1016, la N 51 devient D 951.

Enfin, la **carte de France n° 721** offre une vue d'ensemble de la région Aquitaine au 1/1 000 000, avec ses grandes voies d'accès d'où que vous veniez.

Informations sur Internet

Le site **www.ViaMichelin.fr** offre une multitude de services et d'informations pratiques d'aide à la mobilité (calcul d'itinéraires, cartographie : des cartes du pays aux plans de villes, sélection des hôtels et restaurants du Guide Michelin France…) sur la France et l'Europe.

EN TRAIN

Grandes lignes

Le **TGV** relie Paris à Bordeaux en 3h. Des liaisons directes sont assurées depuis Lille, Lyon, Toulouse, et Tours.Le **train Corail Théoz** effectue 2 allers-retours quotidiens Bordeaux-Nice, 4 entre Bordeaux et Marseille, et un aller-retour Bordeaux-Toulon le vendredi et le dimanche.

Le **train Corail** de nuit « Lunéa » circule toutes les nuits entre Bordeaux et Nice. Un train de nuit classique effectue également le trajet Nantes-Bordeaux-Nice le vendredi et dimanches soir.

Informations / réservations – ✆ 3635 *(0,34 €/mn)* - www.voyages-sncf.com.

Trains express régionaux

Les **TER** sillonnent toute la région au départ des principales villes. Depuis Bordeaux, vous pouvez rejoindre Arcachon en 1h.

Ces lignes ferroviaires sont renforcées, dans certains cas doublées, par des lignes d'**autocars** (TER) qui rallient des villes comme Biscarosse.

Informations / réservations – ✆ *3635 - www.ter-sncf.com/aquitaine.*

Les bons plans

Les tarifs de la SNCF varient selon les périodes : –50 % en période **bleue**, –25 % en période **blanche**, plein tarif en période **rouge** *(calendriers disponibles dans les gares et boutiques SNCF).*

Bon à savoir – L'échange ou le remboursement de billets se fait gratuitement jusqu'à la veille du départ. Le jour même du départ, une retenue est imposée par personne et par trajet. Au-delà de cette date, tout échange ou remboursement est désormais impossible et le billet est perdu. Cette condition s'applique à tous les usagers, titulaires de cartes ou non.

Les cartes de réduction

En vente dans les gares et boutiques SNCF, elles sont valables un an et vous garantissent, dans la limite des places disponibles, des réductions de 25 % à 60 % par rapport à des billets plein tarif. Vous bénéficiez par ailleurs d'un système de cumul de points fidélité vous permettant de gagner des billets.

– **Carte Enfant+** : destinée aux enfants de moins de 12 ans et leurs accompagnateurs. www.enfantplus-sncf.com.

– **Carte 12-25** : pour les 12-25 ans. www.12-25-sncf.com.

> **Info pratique**
>
> **FORMULE TRAIN + VÉLO**
> Dans tous les TGV et trains Corail de jour, les cyclistes peuvent emmener leur vélo gratuitement lorsque celui est démonté et rangé sous housse. En outre, de nombreux TGV et trains Corail possédant un espace vélo les acceptent non-démontés, gratuitement et sans réservation. Sur d'autres TGV, ainsi que sur les Corail Théoz et de nombreux Corail Lunéa, un emplacement payant est réservé aux vélos non-démontés *(réservation en même temps que celle du billet)*. Enfin, de nombreux TER acceptent les vélos.
> Consultez **www.velo.sncf.com**.

– **Carte Senior** : à partir de 60 ans. www.senior-sncf.com.

– **Carte Escapades** : permet aux 26-59 ans d'obtenir des réductions sur tout aller-retour de 200 km minimum effectué le samedi ou le dimanche, avec au choix l'aller-retour dans la même journée, ou la nuit du samedi au dimanche passée sur place et le retour effectué le dimanche. www.escapades-sncf.com.

Tarifs particuliers

Les familles ayant au minimum 3 enfants mineurs peuvent bénéficier d'une **Carte famille nombreuse** *(18 € de frais de dossier)* permettant une réduction individuelle de 30 à 75 % selon le nombre d'enfants (réduction calculée sur le prix plein tarif de 2e classe, même si la carte permet de voyager en 1re). Elle ouvre droit à d'autres réductions hors SNCF *(voir p. 18)*. Kit « Familles nombreuses » disponible sur www.voyages-sncf.com ou dans les points de vente SNCF.

Les réductions sans carte

Les usagers ne disposant d'aucune carte d'abonnement peuvent toutefois bénéficier de certaines réductions tarifaires :

– **Billets Prem's** : ni échangeables ni remboursables, ces billets s'achètent uniquement en ligne à des tarifs avantageux *(aller simple en TGV à partir de 22 €)*, pourvu que vous réserviez jusqu'à 90 jours avant votre départ ou hors des périodes d'affluence.

Pensez aussi à **IDTGV** qui dessert Bordeaux : l'aller-simple est mis en vente dès 6 mois avant le départ à partir de 19 € quelle que soit la période, exclusivement en ligne et sous forme de billet imprimable.

Découvrez sur www.voyages-sncf.com les offres spéciales et bons plans du Net, et demandez à créer une **Alerte résa** pour être informé par mail ou sms des places disponibles sur la destination de votre choix.

– **Offre Loisir :** valable pour tous, sans limite d'âge, cette nouvelle façon de concevoir le voyage récompense l'anticipation de l'achat : plus l'usager réserve à l'avance, meilleurs seront les prix. En fonction de la date de réservation et du taux de remplissage du train, le billet pourra ainsi aller du plein tarif à une réduction de 70 %.

EN AVION

La région est reliée à de nombreuses villes françaises et européennes. Mais sans tarifs promotionnels, le voyage en avion reste cher.

L'aéroport de la région

Bordeaux-Mérignac – *33700 Mérignac - ✆ 05 56 34 50 50 - www.bordeaux-aeroport.fr.*

Les compagnies aériennes

Air France – *Rens. et réserv. : ✆ 0 820 820 820 - www.airfrance.fr.* La compagnie dessert l'aéroport de Bordeaux depuis Brest, Lille, Lyon, Marseille, Nantes, Nice, Paris, Rennes et Strasbourg.

Corse Med – *Rens. et réserv. ✆ 0 820 820 820 - www.ccm-airlines.com.* Vols reliant Bordeaux à Ajaccio et Bastia *(avr. -oct.)*.

Stéphane Sauvignier / MICHELIN

Vue sur l'estuaire depuis la citadelle de Blaye.

Budget

LES FORFAITS TOURISTIQUES

Pensez à les conserver sur vous pour pouvoir les présenter dans chaque site participant à l'opération.

Pass'Estuaire

Partez à la découverte du plus vaste estuaire d'Europe : de Royan à Bordeaux, venez saisir les multiples facettes du patrimoine de l'estuaire et du terroir de Gironde à travers différents circuits :

- gastronomie, terroir et savoir-faire ;
- culture et patrimoine ;
- découvertes archéologiques ;

- nature et randonnées ;
- croisières et promenades nautiques.

Valable pour 2 personnes, le Pass'Estuaire vous sera remis gratuitement après l'achat d'un billet plein tarif dans l'un des sites payants participant à l'opération. Ensuite, sur simple présentation et dès la 2e visite, vous bénéficierez des tarifs réduits dans l'ensemble des autres lieux de visites payantes associés ; vous y trouverez aussi divers sites gratuits offrant un intérêt particulier.

Renseignements – *Syndicat mixte pour le développement durable de l'estuaire de la Gironde - 12 r. St-Simon - 33390 Blaye - ✆ 05 57 42 28 76.*

LES BONS PLANS

Courts séjours en Gironde

Disponible auprès du comité départemental du tourisme *(voir p. 13)* ou des offices du tourisme de la Gironde, la brochure *Idées week-ends et cours séjours en Gironde* répertorie 33 propositions de séjours à thèmes (vin et gastronomie, nature, sports et découverte, bien-être...) pour profiter au mieux des richesses naturelles et culturelles du département. Du stage de cuisine à la vinothérapie, du golf au circuit cyclo-hippique, certains de ces séjours, organisés par différents prestataires de la région, affichent des tarifs avantageux.

Week-ends à Bordeaux

L'office du tourisme de Bordeaux propose le **forfait « Bordeaux découverte »** qui comprend deux nuits avec petit déjeuner en hôtel 2, 3 ou 4 étoiles, une visite guidée de la ville (2h), une visite guidée du vignoble avec dégustation dans les châteaux viticoles, une carte d'accès gratuit dans les principaux sites, monuments et musées de la ville et une carte de circulation gratuite sur le réseau des transports urbains pour se déplacer. *À partir de 88 €/pers.*

Les chèques vacances

Ce sont des titres de paiement permettant d'optimiser le budget vacances/loisirs des salariés grâce à une participation de l'employeur. Les salariés du privé peuvent se les procurer auprès de leur employeur ou de leur comité d'entreprise ; les fonctionnaires auprès des organismes sociaux dont ils dépendent. On peut les utiliser pour régler toutes les dépenses liées à l'hébergement, à la restauration, aux transports ainsi qu'aux loisirs. Il existe aujourd'hui plus de 135 000 points d'accueil.

La carte famille nombreuse

On se la procure auprès de la SCNF *(voir p. 17)*. Outre les billets de train à prix réduits, elle ouvre droit à des réductions très diverses auprès des musées nationaux, de certains sites privés, parcs d'attractions, loisirs et équipements sportifs, cinémas et même certaines boutiques. Mieux vaut l'avoir sur soi et demander systématiquement s'il existe un tarif préférentiel famille nombreuse.

NOS ADRESSES D'HÉBERGEMENT ET DE RESTAURATION

Au fil des pages, vous découvrirez nos **encadrés pratiques**, sur fond vert. Ils présentent une sélection d'établissements dans et à proximité des villes ou des sites touristiques remarquables auxquels ils sont rattachés. Pour repérer facilement ces adresses sur nos plans, nous leur avons attribué des pastilles numérotées.

Nos catégories de prix

Pour vous aider dans votre choix, nous vous communiquons également une **fourchette de prix** : pour l'hébergement, le premier prix correspond au tarif d'une chambre simple et le second au tarif d'une chambre double ; pour la restauration, ces prix indiquent les tarifs minimum et maximum des menus proposés.

Les prix que nous indiquons sont ceux pratiqués en **haute saison** ; hors saison, de nombreux établissements proposent des tarifs plus avantageux, renseignez-vous... Dans chaque encadré, les adresses sont classées en quatre catégories de prix pour répondre à toutes les attentes *(voir le tableau p. suivante)*.

Petit budget – Choisissez vos adresses parmi celles de la catégorie ⊜ : vous trouverez là des hôtels, des chambres d'hôte simples et conviviales et des tables souvent gourmandes, toujours honnêtes.

Budget moyen – Votre budget est un peu plus large. Piochez vos étapes dans les adresses ⊜⊜. Dans cette catégorie,

NOS CATÉGORIES DE PRIX				
	Se restaurer (prix déjeuner)		Se loger (prix de la chambre double)	
	Province	Paris / Grandes villes et Stations	Province	Paris / Grandes villes et Stations
⛁	jusqu'à 14 €	jusqu'à 16 €	jusqu'à 45 €	jusqu'à 65 €
⛁⛁	plus de 14 € à 25 €	plus de 16 € à 30 €	plus de 45 € à 80 €	plus de 65 € à 100 €
⛁⛁⛁	plus de 25 € à 40 €	plus de 30 € à 50 €	plus de 80 € à 100 €	plus de 100 € à 160 €
⛁⛁⛁⛁	plus de 40 €	plus de 50 €	plus de 100 €	plus de 160 €

vous trouverez des maisons, souvent de charme, de meilleur confort et plus agréablement aménagées, animées par des passionnés, ravis de vous faire découvrir leur demeure et leur table. Là encore, chambres et tables d'hôte sont au rendez-vous, avec également des hôtels et des restaurants plus traditionnels, bien sûr.

Budgets confortable et haut de gamme – Vous souhaitez vous faire plaisir, le temps d'un repas ou d'une nuit, vous aimez voyager dans des conditions très confortables ? Les catégories ⛁⛁⛁ et ⛁⛁⛁⛁ sont pour vous... La vie de château dans de luxueuses chambres d'hôte pas si chères que cela ou dans les palaces et les grands hôtels : à vous de choisir ! Vous pouvez aussi profiter des décors de rêve de lieux mythiques à moindres frais, le temps d'un brunch ou d'une tasse de thé... À moins que vous ne préfériez casser votre tirelire pour un repas gastronomique dans un restaurant renommé. Sans oublier que la traditionnelle formule « tenue correcte exigée » est toujours d'actualité dans ces établissements !

Se loger

NOS CRITÈRES DE CHOIX

Les hôtels

Nous vous proposons, dans chaque encadré pratique, un choix très large en terme de confort. La location se fait à la nuit et le petit-déjeuner est facturé en supplément. Certains établissements assurent un service de restauration également accessible à la clientèle extérieure.

Pour un choix plus étoffé et actualisé, **Le Guide Michelin France** recommande des hôtels sur toute la France. Pour chaque établissement, le niveau de confort et de prix est indiqué, en plus de nombreux renseignements pratiques. Le symbole « **Bib Hôtel** » signale des hôtels pratiques et accueillants offrant une prestation de qualité à prix raisonnable à moins de 72 € en province (88 € dans les grandes villes et stations).

Les chambres d'hôte

Vous êtes reçu directement par les habitants qui vous ouvrent leur demeure. L'atmosphère est plus conviviale qu'à l'hôtel, et l'envie de communiquer doit être réciproque : misanthropes, s'abstenir ! Les prix, mentionnés à la nuit, incluent le petit-déjeuner. Certains propriétaires proposent aussi une **table d'hôte**, en général le soir, et toujours réservée aux résidents de la maison. Il est très vivement conseillé de réserver votre étape, en raison du grand succès de ce type d'hébergement.

H. Champollion / MICHELIN

Vue sur les toits de la vieille ville de Bordeaux.

Bon à savoir – Certains établissements ne peuvent pas recevoir vos compagnons à quatre pattes ou les accueillent moyennant un supplément, pensez à le demander lors de votre réservation.

Le camping

Le **Guide Camping Michelin France** propose tous les ans une sélection de terrains visités régulièrement par nos inspecteurs. Renseignements pratiques, niveau de confort, prix, agrément, location de bungalows, de mobile homes ou de chalets y sont mentionnés.

> **Info pratique**
>
> **RÉSERVATION EN LIGNE**
>
> **www.campinglandes.com** : de nombreuses propositions de chalets et de bungalows dans une vingtaine de campings différents.
>
> **www.resalandes.com** : hébergements et séjours à thème sur le littoral landais.

LES BONS PLANS

Les services de réservation

Fédération nationale des services de réservation Loisirs-Accueil – *74/76 r. de Bercy - 75012 Paris - ✆ 01 44 11 10 20 - www.loisirs-accueil.fr.* La Fédération anime et fédère un réseau de 56 centrales de réservation : coordonnées des services sur demande auprès de la FNLAF.

Fédération nationale Clévacances – *54 bd de l'Embouchure - BP 52166 - 31022 Toulouse Cedex - ✆ 05 61 13 55 66 - www.clevacances.com.* Cette fédération propose près de 28 000 locations de vacances (gîtes, appartements, chalets, villas, demeures de caractère, pavillons en résidence) et 4 000 chambres dans 22 régions réparties sur 92 départements en France et outre-mer, et publie un catalogue par département (passez commande auprès des représentants départementaux).

L'hébergement rural

Fédération des Stations vertes de vacances et Villages de neige – *BP 71698 - 21016 Dijon Cedex - ✆ 03 80 54 10 50 - www.stationsvertes.com.* Ce sont des destinations de vacances familiales, reconnues pour leur qualité de vie, la variété des loisirs et la capacité hébergement.

Bienvenue à la ferme – Le guide *Bienvenue à la ferme*, édité par l'assemblée permanente des chambres d'agriculture *(service Agriculture et Tourisme - 9 av. George-V - 75008 Paris - ✆ 01 53 57 11 44)*, est aussi en vente en librairie ou sur **www.bienvenue-a-la-ferme.com**. Il propose par région et par département des fermes-auberges, campings à la ferme, fermes de séjour, mais aussi des loisirs variés : chasse, équitation, approches pédagogiques pour enfants, découverte de la gastronomie des terroirs en ferme-auberge, dégustation et vente de produits de la ferme.

Maison des Gîtes de France et du Tourisme vert – *59 r. St-Lazare - 75009 Paris - ✆ 01 49 70 75 75 - www.gites-de-france.com.* Cet organisme donne les adresses des relais départementaux et publie des guides sur les différentes possibilités d'hébergement en milieu rural (gîtes ruraux, chambres et tables d'hôte, gîtes d'étape, chambres d'hôte et gîtes de charme, gîtes de neige, gîtes de pêche, locations de chalets, locations de chalets et campings et séjours à la ferme, gîtes Panda).

Les gîtes Bacchus – D'abord propres à la Gironde *(voir Vignoble de Bordeaux)*, ces gîtes se sont étendus à toute l'Aquitaine. Ils ont pour vocation de vous accueillir au cœur du vignoble, dans les domaines d'exploitation viticole eux-mêmes. Vous en obtiendrez la liste auprès des comités départementaux de tourisme ou des Gîtes de France.

L'hébergement pour randonneurs

Label St-Jacques – *Gîtes de France des Pyrénées-Atlantiques - 20 r. Gassion - 64000 Pau - ✆ 05 59 11 20 64 - www.gites64.com.* Il concerne les gîtes et chambres d'hôte situés à proximité des chemins de St-Jacques s'étant engagés à valoriser ce thème : mise à disposition de documentation, accueil, etc.

Les auberges de jeunesse

Ligue française pour les auberges de la jeunesse – *67 r. Vergniaud - bâtiment K - 75013 Paris - ✆ 01 44 16 78 78 - www.auberges-de-jeunesse.com.*

La **carte LFAJ** est délivrée en échange d'une cotisation annuelle de 10,70 € pour les moins de 26 ans et de 15,25 € au-delà de cet âge. Vous trouverez une auberge de jeunesse affiliée à **Bordeaux**.

Fédération unie des Auberges de la Jeunesse – *27 r. Pajol - 75018 Paris - ☎ 01 44 89 87 27 - www.fuaj.org.*

La **carte FUAJ** est délivrée en échange d'une cotisation annuelle de 11 € pour les moins de 26 ans, de 16 € au-delà de cet âge et de 23 € pour les familles. Vous trouverez une auberge de jeunesse affiliée au **Cap-Ferret** et à **La Teste**.

POUR DÉPANNER

Les chaînes hôtelières

L'hôtellerie dite « économique » peut éventuellement vous rendre service. Sachez que vous y trouverez un équipement complet (sanitaire privé et télévision), mais un confort très simple. Souvent à proximité de grands axes routiers, ces établissements n'assurent pas de restauration. Toutefois, leurs tarifs restent difficiles à concurrencer (moins de 50 € la chambre double).

En dépannage, voici donc les centrales de réservation de quelques chaînes :

Akena – *☎ 01 69 84 85 17 - www.hotels-akena.com.*

B&B – *☎ 0 892 782 929 - www.hotel-bb.com.*

Etap Hôtel – *☎ 0 892 688 900 - www.etaphotel.com.*

Villages Hôtel – *☎ 03 80 60 92 70 - www.villages-hotel.com.*

Enfin, les hôtels suivants, un peu plus chers (à partir de 68 € la chambre), offrent un meilleur confort et quelques services complémentaires :

Campanile – *☎ 0 825 003 003 - www.campanile.fr.*

Kyriad – *☎ 0 825 003 003 - www.kyriad.fr.*

Ibis – *☎ 0 892 686 866 - ibishotel.com.*

Se restaurer

Les séjours en Aquitaine permettent de marier harmonieusement culture, nature et gastronomie. Car si la région possède un riche patrimoine et des paysages variés, c'est aussi le pays du bien-boire et du bien-manger. Dans le **Bordelais**, les bars à vins permettent de déguster des plats régionaux accompagnés du verre de vin de son choix. Dans le **bassin d'Arcachon**, savourer des huîtres dans une cabane d'ostréiculteur peut faire l'objet d'un agréable repas.

NOS CRITÈRES DE CHOIX

Pour répondre à toutes les envies, nous avons sélectionné des **restaurants** régionaux bien sûr, mais aussi classiques, exotiques ou à thème… Et des lieux plus simples, où vous pourrez grignoter une salade composée, une tarte salée, une pâtisserie ou déguster des produits régionaux sur le pouce.

Quelques **fermes-auberges** vous permettront de goûter des produits authentiques provenant de l'exploitation agricole, préparés dans la tradition et généralement servis en menu unique, dans une ambiance conviviale. Réservation obligatoire !

Pour un choix plus étoffé et actualisé, **Le Guide Michelin France** recommande des restaurants sur toute la France. Pour chaque établissement, le niveau de confort et de prix est indiqué, en plus de nombreux renseignements pratiques. Le symbole « **Bib Gourmand** » signale les tables qui proposent une cuisine soignée à moins de 28 € en province, et 36 € dans les grandes villes et stations.

ASSIETTE ET CAFÉ DE PAYS

Ce label de qualité a été créé par la Fédération nationale des pays touristiques. **L'assiette de pays** est un plat unique, salé, sucré ou sucré-salé : préparée à base de produits du terroir, elle s'inspire de recettes traditionnelles et s'accompagne d'un verre de boisson typique, le tout pour 10-15 € *(tarifs conseillés)*. La formule met en commun le travail artisanal des producteurs locaux, signataires de différentes chartes de qualité, et celui des cuisiniers et restaurateurs. En Gironde et dans les Landes, on vous proposera par exemple du bœuf de Bazas, des huîtres et aloses avec des vins choisis dans les AOC locales.

Le **Café de pays** est un bar convivial qui propose « L'assiette de pays » ou un « casse-croûte de pays », à base de produits régionaux, et informe sur le patrimoine, les traditions ou les manifestations locales.

Pour reconnaître les établissements participant à l'opération, il suffit de

repérer dans la vitrine un petit logo rond comme une assiette, portant l'inscription « **L'assiette de pays** », ou un logo carré, « Café de pays Aquitaine ». Vous pouvez également obtenir un guide du réseau aquitain qui présente les sites et les situe sur la carte en vous adressant à la fédération régionale *(Mopa - Conseil régional d'Aquitaine - 14 r. François-de-Sourdis - 33077 Bordeaux Cedex - ✆ 05 57 57 03 88)* ou en le téléchargeant sur le site **www.assiettedepays.com**.

LES SITES REMARQUABLES DU GOÛT

Quelques sites de la région, dont la richesse gastronomique s'appuie sur des produits de qualité liés à un environnement culturel intéressant et à une réelle volonté d'accueil touristique, ont été dotés du label « Sites remarquables du goût ». Il s'agit de **St-Émilion** (Gironde) pour ses vins, du **bassin d'Arcachon** (Gironde) pour sa Route de l'huître.

www.sitesremarquablesdugout.com.

Stéphane Sauvignier / MICHELIN

Terrasse de restaurant à St-Émilion.

LES GRANDS CHEFS

L'Aquitaine est une région gourmande, on ne cesse de vous le répéter. La preuve ? Elle se trouve dans l'assiette de deux cuisiniers distingués que nous vous recommandons.

À Bordeaux

Voici plus de 35 ans que **Jean-Pierre Xiradakis** régale ses inconditionnels d'une cuisine « authentique Sud-Ouest ». La vue des charcuteries et l'odeur des volailles qui rôtissent à la broche, mettent l'eau à la bouche. Superbe carte des vins de Bordeaux.

La Tupina à Bordeaux - ✆ 05 56 91 56 37.

Dans le vignoble

Parisien d'origine alsacienne, **Thierry Marx** est désormais attaché au terroir médocain dont il défend les produits (agneau de Pauillac) pour servir une cuisine créative aux influences parfois asiatiques. Pâtissier de formation, il a fait ses classes de cuisinierchez Alain Chapel puis Taillevent notamment.

Château Cordeillan Bages à Pauillac - ✆ 05 56 59 24 24.

Dans les Landes

Jean Cousseau est le gardien d'une véritable institution et le digne fils de son père Bernard (chef mythique) qui lui a transmis son savoir-faire. Il continue ainsi à proposer à sa clientèle de superbes préparations de cuisine landaise (cèpes, foie gras aux raisins, saumon grillé de l'Adour). En salle, il est épaulé par son frère Jacques, sommelier.

Le Relais de la Poste à Magescq - ✆ 05 58 47 70 25.

LES BONS VINS

Avec ses 145 000 hectares de vignes, l'Aquitaine tout entière est comme un immense vignoble. Du Bordelais au Jurançon, en passant par le Tursan et les Côtes-de-Duras, tous les amateurs de bon vin y trouveront leur bonheur, chacun selon ses goûts.

Consultez aussi les rubriques « Vignoble » *(voir p. 34)* et « Vins de Bordeaux » *(voir p. 67)*.

À FAIRE ET À VOIR

Les activités et loisirs de A à Z

Les **comités départementaux** et **comités régionaux de tourisme** *(voir p. 13)* disposent de nombreuses documentations et répondront à vos demandes d'informations quant aux activités proposées dans leur secteur. Pour trouver d'autres adresses de prestataires, reportez-vous aux rubriques « Visite » et « Sports & Loisirs » dans l'encadré pratique des villes ou sites.

Stéphane Sauvignier/MICHELIN

Plage surveillée sur la côte atlantique.

BAIGNADE

Les **plages du littoral** sont en général surveillées durant les mois d'été. Attention cependant aux vagues déferlantes du fait de leur puissance, et aux courants qui entraînent le nageur loin des côtes. Il faut éviter de nager après un repas ou une longue station au soleil, et ne pas sortir de la zone surveillée. En outre, les pavillons hissés chaque jour sur les plages surveillées indiquent si la baignade est dangereuse ou non, l'absence de pavillon signifiant l'absence de surveillance :

Drapeau vert = baignade surveillée sans danger ;

Drapeau jaune = baignade dangereuse mais surveillée ;

Drapeau rouge = baignade interdite.

Si vous préférez des eaux moins tourmentées, **lacs** et **étangs** abondent près du littoral : Hourtin-Carcans, Lacanau, Biscarosse, etc. Mais attention, la baignade n'est pas autorisée partout ; renseignez-vous au préalable dans les offices de tourisme.

Bon à savoir – Soucieux de l'environnement, le conseil général des Landes a initié un service de nettoyage des plages à l'année.

Naturisme

Les plages du littoral aquitain sont également fréquentées par les naturistes qui pourront se rendre au Porge (entre Lacanau et Arcachon)

Délégation régionale de naturisme d'Aquitaine – *Arnaoutchot - 40560 Vielle-St-Girons - ☎ 05 58 49 11 11 - www.arna.com.*

CERF-VOLANT

À la fois loisir familial, expression artistique et compétition sportive, la pratique du cerf-volant a acquis depuis une dizaine d'années ses lettres de noblesse en élargissant son domaine d'activité au-delà des plages du littoral atlantique, où on la rencontrait le plus souvent. La **dune du Pilat** est désormais l'un des terrains de prédilection.

Conseils

Ayant intégré les nouveaux produits de l'industrie chimique, on trouve actuellement une vaste gamme d'appareils volants qui relèguent bien loin le cerf-volant traditionnel. Manipulé par deux poignées et constitué de fibre de verre ou, plus léger mais plus cher, de fibre de carbone, le cerf-volant moderne est pilotable et même parfois doté d'amortisseurs de chute !

La longue pratique des manipulations de base et des connaissances en aérologie peuvent s'acquérir dans un club ; les offices de tourisme des plages d'Aquitaine signalent l'existence de ces organismes. Gardez à l'esprit qu'un cerf-volant peut atteindre 100 km/h lors d'une chute en piqué ; aussi, prenez soin de vous placer derrière le manipulateur.

Fédération française de vol libre (deltaplane, parapente et cerf-volant) – *4 r. de Suisse - 06000 Nice - ☎ 04 97 03 82 82 - http://federation.ffvl.fr.*

COURSE À PIED

Le marathon des châteaux du Médoc – Il a lieu début septembre. Les concurrents, déguisés, traversent villages et châteaux, se ravitaillant en vin de kilomètre en kilomètre et toujours dans la bonne humeur. *Demandez le bulletin d'inscription par courrier dès novembre à l'AMCM : maison du vin - 33250 Pauillac - ☏ 05 56 59 17 20 - www.marathondumedoc.com.*

La course pédestre des grands vignobles – Longue de 16 km, elle a lieu le dernier dimanche d'octobre et traverse le prestigieux vignoble de St-Émilion, classé au patrimoine mondial de l'Unesco. *Inscriptions à partir de mi-septembre auprès de M. Frustier : secrétariat ASPTT - Cedex 203 - 33500 Libourne - ☏ 05 57 51 12 70.*

CYCLOTOURISME

L'Aquitaine est un paradis pour les deux-roues. Elle a adopté en 2003 un schéma régional « véloroutes et voies vertes » avec la mise en place de 10 itinéraires qui, à terme, formeront un réseau de 2 000 km. Les **véloroutes** sont des itinéraires fléchés pour cyclistes, de moyenne ou longue distance, qui permettent de relier entre elles des villes ou des régions en empruntant voies vertes, pistes cyclables, routes à faible trafic... Les **voies vertes** sont réservées aux piétons et véhicules non motorisés.

Bon à savoir – Pensez à vous procurer ou télécharger sur le site Internet la brochure *À vélo* proposée par le comité régional du tourisme d'Aquitaine (*voir p. 13*). Elle fournit aux cyclotouristes de nombreuses adresses utiles et propose 12 itinéraires attrayants dans toute la région ainsi que quelques formules « clés en main ».

Fédération française de cyclotourisme – *12 r. Louis-Bertrand - 94207 Ivry-sur-Seine Cedex - ☏ 01 56 20 88 88 - www.ffct.org.*

Vous trouverez des adresses de loueurs de vélo dans les encadrés pratiques suivants : Arcachon, Biscarosse, Lacanau, Vignoble de Bordeaux.

En Gironde

Ce département est propice au cyclotourisme. Le livret *Les Pistes cyclables de Gironde* (disponible à la Maison du tourisme de la Gironde et dans tous les offices de tourisme du département) propose des adresses de loueurs et indique le tracé de 600 km que compte la Gironde.

Trois topoguides décrivent 18 circuits cyclotouristiques sur le Val de Leyre et le Sud Gironde *(en vente au comité départemental de tourisme)*.

En outre la plupart des sentiers de randonnée pédestre de Gironde *(voir p. 30)* sont praticables à VTT.

Info pratique

En suivant les **pistes cyclables de Gironde**, vous pourrez :
- découvrir l'ensemble du littoral de la pointe de Grave à Lacanau : piste du Médoc ;
- rejoindre Lacanau-Océan depuis Bordeaux *(voir Bordeaux)* ;
- faire le tour du bassin d'Arcachon *(voir ce nom)* ;
- parcourir l'Entre-Deux-Mers de Bordeaux à Sauveterre-de-Guyenne : piste Roger Lapébie *(voir p. 131)* ;
- faire une incursion en haute Gironde depuis Blaye : piste Blaye-Étauliers *(voir Blaye)*.

Dans les Landes

Le *Plan départemental Randonnées pédestres & VTT*, disponible au comité départemental du tourisme des Landes (*voir p. 13*), donne un aperçu des 200 km d'itinéraires.

Vous pourrez parcourir tout le littoral au sud de Biscarosse et le Parc naturel régional des Landes de Gascogne qui commercialise un guide *Le Parc naturel régional des Landes de Gascogne à vélo* comprenant 13 boucles. 11 plans *Rando-Guides* présentant des boucles locales sont en vente dans les offices de tourisme.

GOLF

C'est à Pau que le golf apparut en France en 1856. Depuis cette date, il est devenu un sport-roi en Aquitaine, qui compte aujourd'hui une cinquantaine de parcours dans un environnement varié (entre mer et montagne).

Toute l'information sur les greens d'Aquitaine sont dans la brochure *Golf* du comité régional du tourisme *(voir p. 13)*.

Fédération française de golf – *68 r. Anatole-France - 92309 Levallois-Perret Cedex - ✆ 01 41 49 77 00 et 0 892 691 818 - 3615 ffgolf - www.ffgolf.org.*

Reportez-vous à notre sélection dans les encadrés pratiques des villes :

Golf International d'Arcachon – *Voir Arcachon.*

Golf de Pessac – *Voir Bordeaux.*

Golf des Graves et du Sauternais – *Vignoble de Bordeaux.*

Golf du Médoc – *Voir Vignoble de Bordeaux.*

Golf de Lacanau – *Voir Lacanau.*

Golf de Biscarrosse – *Voir Biscarosse.*

Antonin Thuillier/MICHELIN

Ça swingue en Aquitaine !

Bon plan

En Gironde, 12 golfs se sont associés pour proposer une offre de 20 parcours. Contactez l'Association Golf Bordeaux Gironde (*✆ 05 56 72 96 79 - www.golf-bordeaux-gironde.fr.*).

Le **Médoc Golf Pass** (golfs de Lacanau, Le Pian Médoc et Margaux) propose 3 green fees sur au moins 2 parcours différents *(nov.-mars : 99 €, avr.-oct. 129 €)*. Renseignements auprès du comité régional du tourisme d'Aquitaine.

KAYAK DE MER

Cette discipline utilise le même équipement que le kayak, mais avec des embarcations plus longues et plus étroites. C'est un moyen idéal de visiter la côte, parfois inaccessible à pied.

Recommandations

Il est interdit de s'éloigner de plus d'un mille (1 852 m) de la côte et il est préférable d'avoir de solides notions du milieu marin. Les premières sorties se font accompagnées de navigateurs expérimentés.

Il est possible de pratiquer le kayak dans le **bassin d'Arcachon** *(voir ce nom)*, à condition de ne pas chercher à franchir les passes pour gagner l'Océan.

NAVIGATION DE PLAISANCE

De nombreux ports de plaisance peuvent accueillir les bateaux. Renseignements auprès des capitaineries des ports.

Arcachon – *Régie du Port - quai du commandant Silhouette - 33313 Archachon Cedex - ✆ 05 56 22 36 70/36 75.*

Pauillac – *✆ 05 56 59 12 16 - www.pauillac-medoc.com.*

À savoir

Le permis de naviguer peut être obtenu dès 16 ans ; il est obligatoire pour piloter un navire à moteur à partir de 6 CV.

Tout bon navigateur se renseignera avant de prendre la mer sur les conditions météorologiques et l'heure des marées. Enfin, la vitesse est limitée à 5 nœuds à moins de 300 m du littoral.

PÊCHE EN MER

L'amateur de pêche en eau salée peut exercer son sport favori à pied, en bateau ou en plongée dans l'enclave du **bassin d'Arcachon** ou sur les **côtes landaises**. Des sorties de pêche en mer sont organisées à la belle saison : pêche à la ligne, à la traîne, au « gros » (thon), pour une demi-journée ou à la journée entière en fonction du temps, du nombre de participants et du poisson à prendre. Le matériel est toujours fourni par l'équipage du bateau. Il est conseillé de s'inscrire à l'avance.

Stéphane Sauvignier/MICHELIN

Partie de pêche en mer au Cap-Ferret.

Fédération française des pêcheurs en mer – *Résidence Alliance, centre Jorlis - 64600 Anglet - ✆ 05 59 31 00 73 - www.ffpm-national.com.*

PELOTE BASQUE

Ce sport s'est fortement développé en **Gironde** *(voir l'encadré pratique d'Arcachon)* au point de devenir un véritable sport régional reconnu par le ministère de la Jeunesse et des Sports. La plupart des villages possèdent leur fronton ou leur trinquet où des parties de pelote ont lieu régulièrement.

Fédération française de pelote basque – *60 av. Dubrocq - BP 816 - 64108 Bayonne Cedex - ✆ 05 59 59 22 34 - www.ffpb.net.*

Petit rappel

Alliant la rapidité au coup d'œil, l'intelligence stratégique à la finesse, la pelote basque revêt plusieurs formes. Le jeu au **grand chistera**, du nom de la gouttière en osier qui prolonge le gant protecteur, se pratique à deux équipes de trois joueurs ; il est de loin le plus prisé des touristes. La pelote, plus grosse qu'une balle de tennis, doit allier la dureté à l'élasticité. Elle comporte un noyau de buis ou de caoutchouc enrobé de laine et garni de cuir de chevrette ou de veau. Lancée contre le mur du fronton, elle est reprise de volée ou après un premier rebond, à l'intérieur des limites tracées sur le terrain.

Une variante importée d'Amérique latine, la **cesta punta**, se joue sur un fronton couvert à trois murs. Le but se marque sur le « mur à gauche », entre deux des lignes verticales numérotées. Les connaisseurs préfèrent cependant des jeux plus anciens et plus subtils, comme le « **jeu net** » au petit gant et le jeu à **main nue**.

PROMENADES EN BATEAU

Sur les fleuves et les rivières, sur les canaux et les courants, la promenade en bateau constitue une agréable activité permettant de découvrir les paysages le long des berges : sur l'estuaire de la Gironde (de Bourg à la pointe de Grave) ou sur l'Isle (au départ de Libourne). Vous pouvez également explorer le bassin d'Arcachon.

Croisières accompagnées

Ces croisières durent quelques heures ou une journée. Un forfait avec déjeuner ou dîner est parfois proposé.

Reportez-vous à notre sélection dans les encadrés pratiques des villes :

L'Estuaire au fil de l'eau – Visites-découvertes en vedette. *Voir Blaye.*

Bateau Ville de Bordeaux – Visite du port. *Voir Bordeaux.*

Bateau-promenade L'Escapade – Croisière sur le canal des Deux-Mers. *Voir Vignoble de Bordeaux.*

Info pratique

LEVER LES VOILES

Découvrez l'**estuaire de la Gironde** à bord de deux voiliers, baptisés « Aventure Gironde ». Ces balades sportives à la journée ou à la demi-journée, avec initiation à la voile et halte sur l'île de Patiras, sont accessibles à tous.

Frédéric Brossard – ✆ 06 73 59 25 10.

Navigation

Le comité départemental du tourisme de la **Gironde** met à votre disposition *Les Chemins de l'eau*, document détaillé sur le tourisme fluvial girondin (400 km de voies navigables).

Il est conseillé de se procurer les cartes nautiques et cartes-guides.

Éditions Grafocarte-Navicarte – *125 r. Jean-Jacques-Rousseau - BP 40 - 92132 Issy-les-Moulineaux Cedex - ✆ 01 41 09 19 00.*

Éditions du Plaisancier – *43 porte du Grand-Lyon - 01700 Neyron - ✆ 04 72 01 58 68.*

RANDONNÉE ÉQUESTRE

La randonnée équestre est une activité en plein développement. Il existe des itinéraires balisés dans toute la région.

Comité national de tourisme équestre – *Parc équestre - 41600 Lamotte-Beuvron - ✆ 02 54 94 46 80 - www.ffe.com.*

Le comité édite une brochure annuelle, *Cheval nature, l'officiel du tourisme équestre*, répertoriant les possibilités en équitation de loisirs et les hébergements accueillant cavaliers et chevaux.

Le comité régional du tourisme d'**Aquitaine** édite une brochure *Randonnées équestres en Aquitaine* (téléchargeable sur son site Internet) répertoriant des idées de randonnées de 1 à 7 jours et les coordonnées de prestataires.

Voir aussi notre sélection de prestataires dans les encadrés pratiques de : Arcachon, bassin d'Arcachon, Biscarosse, Parc naturel régional des Landes.

RANDONNÉE PÉDESTRE

Idéale pour découvrir en toute tranquillité les paysages, la randonnée pédestre s'adresse à tout le monde. La **Fédération française de la randonnée pédestre** a mis en place trois sortes de sentiers balisés : les **GR** (sentiers de grande randonnée), les **GRP** (sentiers de grande randonnée de pays) et les **PR** (sentiers de promenade et randonnée). Les GR et les GRP s'adressent aux marcheurs avertis, sur plusieurs centaines de kilomètres pour les GR, limités à une seule région pour les GRP. Les PR sont plus accessibles car faciles, courts et ils n'exigent pas une préparation spécifique.

Les « GR »

Le **GR 6** relie St-Macaire et Montbazillac; le **GR 8** parcourt la Côte d'Argent et se prolonge dans le Pays basque, de Lacanau à Sare.

Fédération française de la randonnée pédestre – *64 r. du Dessous-des-Berges - 75013 Paris - 01 44 89 93 90 - www.ffrandonnee.fr.* Elle donne le tracé détaillé des GR, GRP et PR à travers ses collections de topoguides ainsi que d'utiles conseils. Vous pouvez également acheter les topoguides sur le site Internet.

Autres itinéraires

Les comités régionaux et départementaux de tourisme, les syndicats d'initiative et les offices de tourisme éditent leurs propres parcours, faisant découvrir les paysages spécifiques à leurs régions ou pays, le patrimoine culturel et naturel qui s'y rattache.

En Gironde

Le département possède plus de 4 000 km de sentiers de randonnée pédestre. Pour en profiter aux mieux, les trois numéros de *Balades et randonnées*, édités par le conseil général, décrivent chacun **6 boucles locales** (entre 6 km et 21 km). Une vingtaine de plans-guides, sont aussi disponibles dans les offices de tourisme et syndicats d'initiative.

Comité départemental de la randonnée pédestre de Gironde – *Maison des sports - 153 r. David-Johnston - 33000 Bordeaux - 05 56 00 99 26 - www.ffrandocd33.com.*

Dans les Landes

Onze *Rando-guides* avec plan, en vente dans les offices de tourisme, syndicats d'initiative et librairies du département *(1,50 €)* décrivent les **boucles locales** qui sillonnent les Landes.

Comité départemental de la randonnée pédestre des Landes – *2 r. Paul-Cézanne - 40180 Narosse - 05 58 90 12 84 - www.cdrp40.asso.fr.*

Les chemins de St-Jacques-de-Compostelle

Il existe quatre itinéraires principaux et historiques (ceux qu'empruntèrent les pèlerins depuis le Moyen Âge) partant de quatre points différents et aboutissant tous à Ostabat (sauf la route d'Arles qui passe par le col du Somport) ; après Ostabat, un chemin commun, le Camino Francés, conduit à Puente-la-Reina (Espagne) où il rejoint le chemin d'Arles pour finir à St-Jacques-de-Compostelle.
La **Via Turonensis**, ou chemin de Tours, via Poitiers passe par Aulnay, Saintes, **Blaye**, **Bordeaux** et Dax ;
Ce chemin fait étape dans les lieux de pèlerinage traditionnels mais permettent également de redécouvrir hôpitaux, ponts et croix de chemin qui servaient autrefois aux pèlerins. Ils ont été classés en 1998 au **Patrimoine mondial**

Stéphane Sauvignier/MICHELIN

Halte sur le chemin de St-Jacques.

de l'Unesco. Bénéficient de ce classement un certain nombre de monuments décrits dans ce guide : les basiliques St-Seurin et St-Michel ainsi que la cathédrale St-André à Bordeaux, l'abbaye et l'église St-Pierre de la Sauve-Majeur.
Ce chemin étant partiellement balisé, mieux vaut se procurer un bon guide ou suivre un « pèlerinage organisé ».
Compostelle 2000 *–26 r. de Sévigné - 75004 Paris - ☏ 01 43 20 71 66 - www.compostelle2000.com.* Cette association vous aide à préparer votre itinéraire (conseils, renseignements, hébergement, restauration).
Le comité départemental du tourisme d'**Aquitaine** édite une brochure *Chemins de St-Jacques-de-Compostelle.*
Pour en savoir plus sur ce pèlerinage, reportez-vous au chapitre « Histoire » dans « Comprendre la région ».

ROUTES HISTORIQUES

Pour découvrir le patrimoine architectural local, la **Fédération nationale des routes historiques** (www.routes-historiques.com) a élaboré 21 itinéraires à thème sur toute la France. Tracés et dépliants sont disponibles auprès des offices de tourisme ou à La **Demeure historique** *(Hôtel de Nesmond - 57 quai de la Tournelle - 75005 Paris - ☏ 01 55 42 60 00 - www.demeure-historique.org).*
Des châteaux et cités au cœur d'Aquitaine – Ce circuit prestigieux fait halte notamment dans le Petit Hôtel Labottière *(voir Bordeaux)* dans les châteaux de Le Bouilh *(voir Bourg)*, Vayres, La Louvière, Mongenan, Langoiran, Malle *(voir Vignoble de Bordeaux)*, Roquetaillade *(voir ce nom)*, ainsi qu'à St-Macaire *(voir Vignoble de Bordeaux).*

ROUTES THÉMATIQUES

Route de l'huître – Elle rassemble tous les acteurs désireux de faire partager leur passion et leur connaissance du monde ostréicole et plus généralement du patrimoine maritime du bassin d'Arcachon. Ceux qui la suivent pourront rencontrer des ostréiculteurs, participer à une visite guidée sur un port, embarquer le temps d'une marée sur un bateau d'ostréiculteur, découvrir le kayak de mer et bien sûr déguster les huîtres qui font la renommée du bassin d'Arcachon. Renseignements auprès des offices du tourisme d'Andernos, d'Arcachon, d'Arès, d'Audenge, de Cazaux, de Gujan-Mestras, de Lanton, de La Teste-de-Buch, de Lège-Cap-Ferret, du Teich, du Pyla ou encore à la Maison de la nature au Teich et au Comité départemental du tourisme de la Gironde.
www.route-huitre-bassin-arcachon.com.
Route des métiers d'art en Aquitaine – 200 artistes et artisans vous accueillent dans leur atelier. Un guide comprenant cartes et annuaire, disponible gratuitement dans les comités départementaux du tourisme, offices de tourisme ou syndicats d'initiative, vous permettra d'organiser vos itinéraires.
www.route-metiers-d-art-aquitaine.com.
Itinéraires des Plantagenêts – *Société historique des Plantagenêts - Archives nationales - 60 r. des Francs-Bourgeois-75003 Paris - ☏ 01 44 78 99 28.* 11 itinéraires sillonnent l'Ouest de la France, qui fut marqué par la grande dynastie des Plantagenêts. Dans ce guide est situé l'itinéraire passant par La Sauve-Majeure, Blaye, St-Émilion.

Histoire d'une passion

Né au Collège de Rugby (Angleterre) en 1846, ce nouveau sport est introduit en France en 1872 par les marchands, militaires et marins britanniques. Les premiers clubs sont créés au Havre, à Paris, puis le Bordeaux Athlétic club apparaît en 1877. Au tournant du siècle, la plupart des villes de la région en sont dotées. Le rugby se diffuse largement après la Première Guerre mondiale (la Fédération française de rugby est créée en 1920), avec l'affirmation des clubs du Sud-Ouest et de l'Aquitaine.

RUGBY

D'**octobre à mai**, chaque rencontre dominicale prend l'allure d'une épopée, souvent contée avec beaucoup d'esprit. L'équipe locale est l'objet de toutes les attentions et les discussions, sans cesse avivées par la subtilité des règles du jeu et les décisions de l'arbitre, n'en finissent pas.

En dehors des grands matches nationaux et internationaux, vous pourrez vous procurer le calendrier des matches d'amateurs auprès des offices de tourisme et aux adresses suivantes.
Fédération française de rugby – *9 r. de Liège - 75431 Paris Cedex 09 - ✆ 01 53 21 15 39 - www.ffr.fr.*

STAGES DE CUISINE

Afin de déguster toute l'année de bons plats du Sud-Ouest, rien de mieux que de se mettre à la cuisine aquitaine. Pas de panique, des cuisiniers sont là pour vous l'apprendre.
À **Bordeaux**, capitale gastronomique, les cours de cuisine rencontrent un franc succès. En voici une petite sélection.
Secrets de Chef – *17 bis r. Bories - ✆ 05 57 87 68 92 - www.secretsdechef.com.* Ateliers ludiques animés par des chefs exerçant dans le grand Sud-Ouest, à destination des particuliers.
L'Atelier des chefs – *25 r. Judaïque - ✆ 05 56 00 72 70 - www.atelierdeschefs.com.* Plusieurs formules de cours, dont « l'Encas » qui propose de déguster sur place le plat que l'on a confectionné. Cours pour enfants, initiations à l'œnologie, et aussi une boutique d'ustensiles et de livres de cuisine.
Quai des saveurs – *16 quai des Chartrons - ✆ 05 56 52 94 22 - www.quai-des-saveurs.com.* Ces cours (entre 30mn, à l'heure du déjeuner, et 2h) privilégient recettes et produits régionaux.

SURF

Les plages des **côtes landaises**, avec les impressionnants rouleaux du golfe de Gascogne, constituent un paradis pour les adeptes du surf. Né aux îles Hawaï, le surf arrive dans l'Hexagone en 1957, au Pays basque. Dans les années 1970, des surfeurs australiens découvrent le spot d'Hossegor dans les Landes.
Ce sport de glisse consiste à gagner le large allongé sur une planche puis à retourner au rivage en se laissant porter par une vague déferlante. Figures diverses et virages font partie de l'épreuve.
Plusieurs disciplines dérivées du surf ont vu leur pratique se développer sur la côte atlantique : *bodyboard* (ou *morey*), *bodysurf, longboard, skimboard, kneebord*... Le *kitesurf*, dernier né, consiste à glisser sur l'eau en étant tracté par une voile, à laquelle le sportif est relié par un harnais. Si le surf exige un apprentissage, certaines variantes, comme le bodyboard, sont tout de suite accessibles.

Petit vocabulaire du surf

Le *spot* indique le lieu propice à la pratique du surf, appréciable selon la houle *(swell)*.
Le *line up* désigne la zone où les surfers attendent les vagues, derrière la *barre* (l'endroit où elles se cassent).
Le *take-off* (départ) s'effectue au *peak*, au sommet de la vague.
Le *tube* désigne le cylindre formé par la vague, dans lequel le surfeur vient se glisser.
Le *roller* est le virage à négocier en haut de la vague.
Le *off-shore* est le vent d'est qui fait se redresser les vagues.

Les **meilleurs spots** dans le secteur traité ici se trouvent à Lacanau-Océan, Biscarosse et Arcachon (plage des Arbousiers). Pour obtenir les adresses des clubs et écoles labellisés, contactez la Fédération.
Fédération française de surf – *30 imp. de la Digue-Nord - BP 28 - 40150 Hossegor - ✆ 05 58 43 55 88 - www.surfingfrance.com.*
Pour en savoir plus sur la filière surf, reportez-vous à la partie « Comprendre la région » *(voir p. 64)*.

THALASSOTHÉRAPIE

À la différence du thermalisme, la thalassothérapie n'est pas considérée comme un soin médical (le séjour n'est d'ailleurs pas remboursé par la Sécurité sociale), même si le patient a la possibilité d'être suivi par un médecin. L'eau de mer possède certaines propriétés qui sont surtout utilisées pour des **stages de remise en forme**, de beauté, des séjours pour futures ou jeunes mamans, des forfaits spécial dos, antistress et antitabac.
Fédération Mer et Santé – *57 r. d'Amsterdam - 75008 Paris - ✆ 01 44 70 07 57 - www.thalassofederation.com.*
Les côtes d'Aquitaine sont célèbres pour leurs centres de thalassothérapie, proposant des séjours d'une semaine ainsi que des week-ends, avec ou sans logement. C'est le cas de **Thalazur Arcachon** *(voir l'encadré pratique d'Arcachon)*.

TRAINS TOURISTIQUES

Voilà un moyen reposant pour les grands et amusant pour les petits de découvrir un site, une ville ou une région.

Train forestier du Cap-Ferret (Gironde) – *Voir Bassin d'Arcachon.*

Train des Grands Vignobles de St-Émilion (Gironde) – *Voir Vignoble de Bordeaux, p. 114.*

Train de l'écomusée de la Grande Lande (Landes) – *Voir Marquèze dans le Parc naturel régional des Landes de Gascogne.*

VIGNOBLE

Visite des caves viticoles

L'Aquitaine possède un des vignobles les plus réputés de France. Aussi, n'hésitez pas à vous rendre dans les caves pour découvrir l'extrême diversité des crus locaux. Elles sont généralement ouvertes à la visite et proposent quelquefois des dégustations (bien entendu à pratiquer avec modération). Vous trouverez leurs coordonnées dans les offices de tourisme et les Maisons du vin.

Les **syndicats viticoles** éditent des brochures de présentation de leurs crus, parfois avec un tracé de Routes des vins.

La **Maison de la Gironde** propose un guide gratuit : *Voyages au pays des vins de Bordeaux (voir p. 13).*

Les maisons du vin et syndicats viticoles sont référencés dans l'encadré pratique du vignoble de Bordeaux *(voir p. 129).*

Info pratique

Le label **Destination vignobles** rassemble différents prestataires (hébergement et restauration, professionnels du vin...) qui garantissent à leurs hôtes un accueil de qualité pour leur permettre une découverte optimale des terroirs viticoles d'Aquitaine : 1 000 propriétés réparties sur 13 territoires (liste dans les offices de tourisme).

Réseau partenaire, **Vignobles et Chais en Bordelais** est une marque, dont les caves coopératives et propriétés viticoles adhérantes s'engagent à offrir des visites de qualité, répondant à certains critères d'exigence (vous en trouverez la liste dans la brochure *Voyages au pays des vins de Bordeaux).*

La brochure *Divins détours en Aquitaine,* disponible auprès du comité régional du tourisme d'Aquitaine ou téléchargeable sur son site Internet *(voir p. 13),* entend bien démontrer que toute l'Aquitaine est un vignoble, de Blaye à St-Émilion et de Jurançon à Buzet, où chacun peut trouver un vin à son goût.

Stages de dégustation

Ce type de stage se développe de plus en plus, en particulier dans le Bordelais. Il est désormais accessible à tout public.

Office du tourisme de Bordeaux – *12 cours du 30-Juillet - 33080 Bordeaux - ✆ 05 56 00 66 00 -* ♿. Il propose une initiation à la dégustation : de mi-juil. à mi-août : jeu. et sam. 16h30 ; reste de l'année : jeu. 16h30 - 22 €.

École du vin – *1 cours du 30-Juillet - 33075 Bordeaux Cedex - ✆ 05 56 00 22 85 - http://ecole.vins-bordeaux.fr.* Elle fait découvrir les vins de Bordeaux à travers des stages de 2h (été) à 6 j. mais également en cours du soir, en français, anglais et allemand.

École du Bordeaux – *7 r. du Château-Trompette - 33000 Bordeaux - ✆ 05 56 90 91 92 - www.bordeauxsaveurs.fr.* Initiation à la dégustation, découverte des appellations, et aussi des cours de cuisine au restaurant *Le Chapon Fin.*

Château Maucaillou – *33480 Moulis-en-Médoc - ✆ 05 56 58 01 23 - www.chateau-maucaillou.com.* Créée en 1990, son École du vin enseigne les techniques de dégustation au cours d'un stage de 3 jours.

Maison du vin des Premières Côtes de Blaye – *Voir les coordonnées p. 130.* Initiations gratuites à la dégustation en juil.-août : mar., merc. et jeu. 11h-12h.

Maison du vin de St-Émilion – *Voir les coordonnées p. 130.* Elle a mis en place une école du vin où sont proposées pour individuels des formations à la dégustation, de mi-juil. à mi-sept. : 11h-12h30 - 17 €.

Circuits organisés

L'office du tourisme de Bordeaux propose différentes formules thématiques (réservation obligatoire, places limitées) pour découvrir les vins de la région. Parmi elles :

Châteaux & terroirs : les grands vignobles bordelais – *De déb. avr. à mi-nov. : tlj ; de mi-nov. à fin mars : merc. et sam. - dép. de l'office de tourisme 13h30 - 29 €.* Visite de deux châteaux et dégustation des principales appellations.

LE Guide Vert

Dans la même collection, découvrez aussi :

France Régionaux

- Alpes du Nord
- Alpes du Sud
- Alsace Lorraine
- Aquitaine
- Auvergne
- Bourgogne
- Bretagne
- Champagne Ardenne
- Châteaux de la Loire
- Corse
- Côte d'Azur
- Franche-Comté Jura
- Île-de-France
- Languedoc Roussillon
- Limousin Berry
- Lyon Drôme Ardèche
- Midi-Pyrénées
- Nord Pas-de-Calais Picardie
- Normandie Cotentin
- Normandie Vallée de la Seine
- Paris
- Pays Basque et Navarre
- Périgord Quercy
- Poitou Charentes Vendée
- Provence

France Villes

- Bordeaux
- Deauville
- Lille
- Lyon
- Marseille
- Montpellier
- Nantes
- Nice
- Reims
- Saint-Malo
- Strasbourg
- Toulouse

Idées de week-ends

- La France sauvage
- Les plus belles îles du littoral français
- Paris Enfants
- Promenades à Paris
- Week-ends aux environs de Paris
- Week-ends dans les vignobles
- Week-ends en Provence

Europe

- Allemagne
- Berlin
- Autriche
- Vienne
- Belgique Luxembourg
- Budapest et la Hongrie
- Bulgarie
- Croatie
- Ecosse
- Espagne Atlantique
- Espagne du Centre Madrid Castille
- Espagne Méditerranéenne Baléares
- Andalousie
- Barcelone et la Catalogne
- Angleterre Pays de Galles
- Londres
- Grèce
- Pays Bas
- Irlande
- Italie du Nord
- Italie du Sud Rome Sardaigne
- Florence et la Toscane
- Rome
- Sicile
- Venise
- Moscou Saint-Pétersbourg
- Pays Baltes
- Pologne
- Portugal
- Prague
- Roumanie
- Scandinavie
- Suisse

Monde

- Canada
- Égypte
- Maroc

Photos : Corel/Goodshoot

Stéphane Sauvignier/MICHELIN

Vin de l'Entre-Deux-Mers

De ville en vigne – *De mi-mai à fin oct. : dép. de l'office du tourisme de Bordeaux 9h30 - 75 €.* Le matin vous visiterez une maison de négoce, puis rejoindrez, en début d'après-midi, le vignoble pour la visite de deux châteaux avec dégustation.

Pour en savoir plus, demandez la brochure *Bordeaux porte du vignoble*.

Itinéraires dans les vignobles

Les Routes du vin (en Gironde) – *Voir la Maison du vin de Bordeaux (p. 126).*
Route des vins et des appellations en Entre-Deux-Mers – *Rens. à l'office du tourisme de l'Entre-Deux-Mers (voir p. 126).*

Vinothérapie

Les sources de Caudalie – *Chemin de Smith Haut Lafitte - 33650 Bordeaux-Martillac - ✆ 05 57 83 83 83 - www.sources-caudalie.com.* On peut désormais prendre soin de son corps grâce au raisin ! *(Voir p. 110).*

VISITES GUIDÉES

La plupart des villes proposent des visites guidées. Elles sont organisées toute l'année dans les grandes villes ou seulement en saison dans les plus petites. Dans tous les cas, informez-vous du programme à l'office de tourisme et pensez à vous inscrire. En général, les visites ne sont pas assurées en deçà de quatre personnes et pendant la période estivale les listes sont rapidement complètes.

Reportez-vous aussi à l'encadré pratique des villes, dans la partie « Découvrir les sites », où nous mentionnons les visites guidées qui ont retenu notre attention.

Villes et Pays d'art et d'histoire

Sous ce label décerné par le ministère de la Culture et de la Communication sont regroupés quelque 130 villes et pays, dont **Bordeaux**, qui œuvrent activement à la mise en valeur et à l'animation de leur architecture et de leur patrimoine. Dans ce réseau sont proposées des visites générales ou insolites (1h30 ou plus), conduites par des guides-conférenciers et des animateurs du patrimoine agréés par le ministère.
Renseignements auprès des offices de tourisme des villes ou sur le site **www.vpah.culture.fr**.

Voir également « La destination en famille ».

VILLES ET PAYS D'ART ET D'HISTOIRE

Ministère de la Culture et de la Communication

Logo Villes et Pays d'art et d'histoire.

VOILE, PLANCHE À VOILE, CHAR À VOILE

La côte atlantique et bon nombre de lacs et d'étangs (Cazaux, Sanguinet, Carcans, lac de Bordeaux) attirent les amateurs de voile et de planche à voile. Ceux qui pratiquent le char à voile apprécieront les grandes plages de sable de la Côte d'Argent.

Fédération française de voile – *17 r. Henri-Bocquillon - 75015 Paris - ✆ 01 40 60 37 00 - www.ffvoile.org.* Elle donne la liste des clubs, un guide d'information et les calendriers.

Voir la rubrique « Sports & Loisirs » dans l'encadré pratique d'Arcachon, du bassin d'Arcachon, de Biscarrosse, de Bordeaux et de Lacanau.

Les sports nautiques ont le vent en poupe !

VUE DU CIEL

Avant de vous lancer, informez-vous des conditions météorologiques auprès du service de **prévisions pour l'aviation ultralégère** – *✆ 0 892 681 014 (0,34 €/mn).*

Vol à voile

Il se pratique notamment à La Teste-de-Buch (bassin d'Arcachon), Biscarosse et Bordeaux.

Fédération française de vol à voile – *29 r. de Sèvres - 75006 Paris - ✆ 01 45 44 04 78 - www.ffvv.org.*

Vol libre

Pour vous lancer dans cette activité, vous trouverez 3 sites en Gironde : Andernos-les-Bains, Les Gaillouneys (La Teste de Buch) et Cabanac (20 km au sud de Bordeaux).

Fédération française de vol libre – *4 r. de Suisse - 06000 Nice - ✆ 04 97 03 82 82 - http://federation.ffvl.fr.*

ULM

Nombreux sont les aérodromes où l'on peut faire de l'ULM en Aquitaine : il en existe plus de 20 en Gironde (Bordeaux, Pessac, St-Laurent-du-Médoc, St-Estèphe, Carcans...) et 4 dans les Landes (dont Biscarosse).

Fédération française de planeur ultraléger motorisé – *96 bis r. Marc-Sangnier - 94704 Maisons-Alfort - ✆ 01 49 81 74 43 - www.ffplum.com.*

Aéroclub du bassin d'Arcachon – *Voir l'encadré pratique du bassin d'Arcachon.*

Autres activités

Hydravion Passion – *La Voile - 208 chemin d'Arriaou - 40600 Biscarrosse - ✆/fax 05 58 83 86 04 et 06 70 57 30 97 - http://hydravion.passion.free.fr.* Ce centre propose des stages de formation au pilotage des hydravions.

La destination en famille

Nous avons sélectionné pour vous un certain nombre de sites qui intéresseront particulièrement votre progéniture *(voir le tableau p. 38)*. Vous les repérerez dans la partie « Découvrir les sites » grâce au pictogramme 👪.

Outre les innombrables **plages** qui satisferont les envies de baignade et de châteaux de sable de vos chères têtes blondes, vous pourrez leur faire dépenser leur énergie débordante en les emmenant à vélo à travers la **forêt landaise** : c'est plat, à l'ombre et ça sent bon le pin ; sur votre chemin, vous trouverez des piscines en plein air pour vous rafraîchir *(voir l'encadré pratique du Parc naturel régional des Landes de Gascogne)*.

Sur l'Aquitaine, le réseau Bienvenue à la ferme *(voir p. 21)* recense des **fermes pédagogiques** où vos enfants pourront découvrir les réalités de la vie agricole et rurale. La liste de ces fermes est disponible sur le site www.bienvenue-a-la-ferme.com.

LES LABELS

Villes et Pays d'art et d'histoire

Le réseau des Villes et Pays d'art et d'histoire *(voir la rubrique « Visite guidée »)* propose des visites-découvertes et ateliers du patrimoine aux enfants, les mercredis, samedis ou durant les vacances scolaires. Munis de livrets-jeux et d'outils pédagogiques adaptés à leur âge, ces derniers s'initient à l'histoire et à l'architecture et participent activement à la découverte de la ville. En atelier, ils s'expriment à partir de multiples supports (maquettes, gravures, vidéos) et au contact d'intervenants de tous horizons : architectes, tailleurs de pierre, conteurs et comédiens.

Bon à savoir – En juillet-août, dans le cadre de l'opération « L'Été des 6-12 ans », ces activités sont également proposées pendant la visite des adultes.

Stations Kid

Une station gratifiée du label « Kid » remplit nécessairement une série de conditions qui la rend parfaitement adaptée

à l'**accueil des familles** (hébergement, équipements, animations spécifiques pour chaque âge) ; les enfants y « sont rois ». À la **mer**, les plages possèdent des espaces de jeux, des clubs ou des parcours aventure, elles organisent des spectacles, des fêtes, des stages sportifs et des ateliers musicaux.
La station **Carcans-Maubuisson** est l'une des plus appréciées du réseau.
Pour en savoir plus, consultez le site **www.stationskid.com**.

Famille Plus

Bordeaux est la première ville à obtenir ce nouveau label national, qui identifie les destinations proposant une offre touristique conciliant les attentes des enfants et de leurs parents, avec des tarifs spécifiques, des prestations adaptées aux plus jeunes... Liste des lieux référencés (hébergements, restaurants, sites et activités) à l'office du tourisme de Bordeaux et sur Internet : **www.bordeaux-tourisme.com**.

Que rapporter

Retrouvez nos adresses de boutiques ou d'artisans sous la rubrique « Que rapporter » dans l'**encadré pratique** des villes ou sites.

PRODUITS DU TERROIR

Les produits frais

L'Aquitaine est bien connue pour sa cuisine. Vous l'apprécierez sur place mais vous pouvez également acheter les produits à la dernière minute pour les emporter. Pensez à vous équiper d'un sac isotherme ou d'une glacière pour conserver ces denrées périssables durant le transport. Nous vous conseillons : les **huîtres** du bassin d'Arcachon et, pourquoi pas, le **caviar** de la Gironde, assez rare cependant *(voir Bassin d'Arcachon)*.

Les douceurs

Canelés à Bordeaux, macarons à St-Émilion : voilà de quoi régaler les gourmands.

SITES OU ACTIVITÉS À FAIRE EN FAMILLE

Chapitres du guide	Nature	Musées	Loisirs
Arcachon		Aquarium et musée	
Bassin d'Arcachon	Parc ornithologique du Teich, zoo (La Teste), île aux Oiseaux en bateau	Maison de l'Huître (Gujan-Mestras)	Petit train (Cap-Ferret), Parc de loisirs de la Hume
Biscarosse	Promenade en barque	Musée de l'Hydraviation	Aventure Parc, centre équestre
Blaye	Réserve naturelle des Nouvelles Possessions	Citadelle	
Bordeaux		Cap Sciences, musée d'Art contemporain, musée d'Aquitaine, Écomusée de la vigne et du vin (Gradignan), Planète Bordeaux (Beychac)	Balade en calèche, Miroir d'eau
Vignoble de Bordeaux	La ferme « Oh ! Légumes oubliés » (Sadirac), la grotte Célestine (Rauzan),	Le petit musée des Automates (Pauillac), écomusée du Libournais (Montagne), Fort Médoc, Musée du Chemin de Fer (Guître)	Tépacap (St-Caprais-de-Bordeaux), spectacle de fauconnerie au château de Vayres (été)
Bourg	Grottes Pair-non-Pair	Musée « Au temps des calèches »	
Lacanau	Étang de Cousseau		Lacanau Surf-Club, Forêt des Accromaniaques, Vitalparc Centre équestre.
PNR des Landes de Gascogne	Promenades en calèche	Écomusée de la Grande Lande (Marquèze) ; Graine de Forêt (Garein)	Domaine de loisirs d'Hostens, centre du Graoux, Atelier-Gîte de Saugnacq-et-Muret
St-Émilion	Jardin de la lamproie		

Stéphane Sauvignier/MICHELIN

Macarons de St-Émilion.

Vins et eaux-de-vie

Un séjour en Aquitaine est l'occasion rêvée pour agrandir sa cave de grands et petits crus bordelais.

Reportez-vous aux rubriques « Vignoble » et « Vins de Bordeaux » *(voir pp. 34 et 67).*

Les événements

Des manifestations de moindre importance sont répertoriées dans l'**encadré pratique** des sites sous la rubrique « Événement ». N'hésitez pas à contacter les offices de tourisme des villes citées pour obtenir un calendrier détaillé.

Avril

Landes – Printemps des Landes : une semaine d'activités et d'animations autour d'un thème annuel.

Pauillac – Printemps des châteaux du Médoc (w.-end de Pâques) : portes ouvertes dans les grands châteaux viticoles.

Ste-Terre (près de St-Émilion) – Fête de la lamproie.

Mai

Arcachon – Jumping national d'Arcachon : course sur la plage (mai ou juin selon les marées).

Bordeaux – Foire internationale de Bordeaux.

Bourg – Journées portes ouvertes dans les châteaux (2e w.-end).

Cadillac – Journées portes ouvertes dans les châteaux de l'appellation Premières Côtes de Bordeaux (fin du mois).

Pauillac – Fête de l'agneau (fin avr. déb. mai) : marché de printemps (vide-grenier) et dégustation d'agneau.

Ste-Croix-du-Mont – Fête de la commanderie du Bontemps : promotion des vins de Ste-Croix-du-Mont.

St-Émilion – Journées portes ouvertes des châteaux (1er w.-end).

Juin

Bordeaux – Fête du vin (dernier w.-end de juin ou 1er w.-end de juil.). Dégustations de crus, concerts - *www.bordeaux-fete-le-vin.com.*

St-Émilion – Jurade : fête de printemps (3e dim.) - défilé des jurats, messe, intronisations et proclamation solennelle du jugement du vin nouveau.

Juillet

Andernos-les-Bains – Festival jazz en liberté (dernier w.-end) : plus de 30 concerts gratuits en plein air - *www.andernoslesbains.fr.*

Arcachon – Les 18 heures d'Arcachon Sud-Ouest (1er w.-end) : régates, village de guinguettes plage Pereire.

Blaye – Jumping international (w.-end du 14) - *www.jumpingdeblaye.com.*

Lanton – Fête de l'huître et folklore maritime (w.-end du 14 juil., 3 soirs).

St-Yzans-de-Médoc – Foire aux sarments (2e sam.) : découverte du patrimoine, des traditions et de la gastronomie médocaine.

Août

Arcachon – Fête de la Mer (les 14 et 15) : bénédiction des bateaux, régates de pinasses à voile et musique en soirée - *www.arcachon.com.*

Arès – Fête de l'huître (mi-août) - *05 56 60 18 07.*

Blaye – Les Chantiers de Blaye (fin du mois): festival de théâtre - *www.chantiersdeblaye-estuaire.com.*

Gujan-Mestras (port de Larros) – Foire aux huîtres (1re quinz.) : animations, *bandas*, dégustation, feu d'artifice - *www.ville-gujanmestras.fr.*

Lacanau – Lacanau Pro (mi-août) : étape des championnats du monde de surf - *www.lacanausurfclub.com.*

Septembre

Arcachon – Cadences : festival de danse (3e sem.) - *www.arcachon.com.*

St-Émilion – Jurade : Ban des vendanges (3e dim.), défilé des jurats, messe, intronisations et proclamation solennelle du ban des vendanges - *www.vins-saint-emilion.com.*

Nos conseils de lecture

GÉNÉRALITÉS

Gironde, collectif, éd. Bonneton, 2002.
Landes, collectif, éd. Bonneton, 2001.

HISTOIRE ET PATRIMOINE

Histoire de l'Aquitaine, M. Suffran, Calmann-Lévy, 2003.
La Gironde et les Girondins, F. Furet, M. Ozouf, Payot, 2004.
Aliénor d'Aquitaine, la Reine insoumise, J. Flori, Payot, 2004.
L'Aventure des bastides, G. Bernard, G. Jungblut, Privat, 2003.
Histoire de Bordeaux, C. Higounet, Privat, coll. Univers de France, 2001.
Autrefois Bordeaux, S. Pacaud, Atlantica, 2004.
Bordeaux secret et insolite, P. Prévôt, R. Zeboulon, Les Beaux Jours, 2005.
Bordeaux vu par les peintres, J. Sargos, Horizon chimérique, 2007.
Le Bassin d'Arcachon : à l'âge d'or des villas et des voiliers, F. Cottin, Horizon Chimérique, 2003.
Mémoire d'un fleuve : Garonne et Gironde, L. Barron, Les Chemins de la mémoire, 2004.
L'Aquitaine au temps de François Mauriac, 1855-1970, G. Fayolle, Hachette Littérature, 2004.
La Vie d'autrefois dans les Landes, J.-F. Ratonnat, éd. Sud-Ouest, 2000.

LITTÉRATURE

Les Rives de la Garonne, A. Dufilho, éd. Aubéron, 1990.
Le Pont de la Garonne, H. Sarrazin, éd. Aubéron, 1996.
Bordeaux, une enfance, F. Mauriac, M. Suffran, L'Esprit du Temps, coll. Contraste, 2000.
Ma communale avait raison, G. Coulonges, éd. Pocket.
Thérèse Desqueyroux, F. Mauriac, Le Livre de Poche.
Crépuscule, taille unique, C. de Rivoyre, Le Livre de Poche.
Bords d'eaux, P. Veilletet, Arléa Poche.

NATURE

Les Landes de Gascogne, C. Maizeret, Delachaux et Niestlé, 2005.

ITINÉRAIRES

Les sentiers d'Émilie en Gironde, J.-Y. Rossignol, éd. Rando, 2007.
Les Sentiers d'Émilie dans les Landes, B. Valcke, éd. Rando, 2003.
La Gironde à vélo, C. Feigné, éd. Sud-Ouest, 2004.
La **FFRP** (Fédération française de la randonnée) pédestre édite de nombreux topoguides : *Autour du bassin d'Arcachon à pied ; La Ténarèze et les Landes de Gascogne à pied*.

GASTRONOMIE

Les Bonnes Recettes des Landes, M.-F. Chauvirey, éd. Lavielle, 2000.
Bordeaux - Grands crus classés 1855-2005, collectif, Flammarion, 2004.
L'Esprit du Bordeaux, A. Le Bègue, Hachette, 2002.

JEUNESSE

Contes des Landes de Gascogne, F. Arnaudin, P. Dumas, L'École des Loisirs, 2001.
Sylvie et la forêt des Landes, J. Doutreloux, P. Morin, L'École des Loisirs, coll. Archimède, 2001.

UNESCO

ICCROM

APPORTEZ VOTRE PIERRE À L'ÉDIFICE DE LA SAUVEGARDE DU PATRIMOINE

NE L'EMPORTEZ PAS DANS VOS BAGAGES

Un cœur transpercé d'une flèche et deux prénoms se jurant l'amour éternel, le tout gravé dans la pierre d'un monument historique ; emballages de pellicules, mégots de cigarettes ou bouteilles vides abandonnés sur un site archéologique. Comment confondre notre patrimoine culturel avec un carnet mondain ou une poubelle ? Pour la plupart d'entre nous, ces agissements sont de toute évidence condamnables, mais d'autres comportements, en apparence inoffensifs, peuvent également avoir un impact négatif.
Au cours de nos visites, gardons à l'esprit que chaque élément du patrimoine culturel d'un pays est singulier, vulnérable et irremplaçable. Or, les phénomènes naturels et humains sont à l'origine de sa détérioration, lente ou immédiate. Si la dégradation est un processus inéluctable, un comportement adéquat peut toutefois le retarder. Chacun de nous peut ainsi contribuer à la sauvegarde de ce patrimoine pour notre génération et les suivantes.

Ne considérez jamais une action de façon isolée, mais envisagez sa répétition mille fois par jour

- Chaque micro-secousse, même la plus inoffensive, chaque toucher devient nuisible quand il est multiplié par 1 000, 10 000, 100 000 personnes.
- Acceptez de bon gré les interdictions (ne pas toucher, ne pas photographier, ne pas courir) ou restrictions (fermeture de certains lieux, circuits obligatoires, présentation d'œuvres d'art par roulement, gestion de l'affluence des visiteurs, éclairage réduit, etc). Ces dispositions sont établies uniquement pour limiter l'impact négatif de la foule sur un bien ancien et donc beaucoup plus fragile qu'il ne paraît.
- Évitez de grimper sur les statues, les monuments, les vieux murs qui ont survécu aux siècles : ils sont anciens et fragiles et pourraient s'altérer sous l'effet du poids et des frottements.
- Aimeriez-vous emporter en souvenir une tesselle de la mosaïque que vous avez tant admirée ? Combien de visiteurs avec ce même désir faudra-t-il pour que toute la mosaïque disparaisse à jamais ?

Faites preuve d'attention et de respect

- Dans un lieu étroit et rempli de visiteurs tel qu'une tombe ou une chapelle décorées de fresques, faites attention à votre sac à dos : vous risquez de heurter la paroi et de l'abîmer.
- Les pierres sur lesquelles vous marchez ont parfois plus de 1 000 ans. Chaussez-vous de façon appropriée et laissez pour d'autres occasions les talons aiguilles ou les semelles cloutées.
- L'atmosphère de certains lieux invite à la contemplation et/ou à la méditation. Évitez donc toute pollution acoustique (cris, radio, téléphone mobile, klaxon, etc.).

N'enfreignez pas les lois internationales

- En vous appropriant une partie, si infime soit-elle, du patrimoine (un fragment de marbre, un petit vase en terre cuite, une monnaie, etc.), vous ouvrez la voie au vol systématique et au trafic illicite d'œuvres d'art.
- N'achetez pas d'objets de provenance inconnue et ne tentez pas de les sortir du pays ; dans la majorité des nations, vous risquez de vous exposer à de graves condamnations.

Message élaboré en partenariat avec l'ICCROM (Centre international d'études pour la conservation et la restauration des biens culturels) et l'UNESCO.

Pour plus d'informations, voir les sites :
http://www.unesco.org – www.iccrom.org *ou* www.international.icomos.org

Le vignoble de Bordeaux.

Stéphane Sauvignier / MICHELIN

COMPRENDRE BORDEAUX ET SA RÉGION

BORDEAUX : PORTRAIT DE LA VILLE

Si les rives de la Garonne font l'objet d'un réaménagement qui laisse la part belle aux promeneurs, elles résonnent toujours des rumeurs de l'ancien port de négoce, des grands noms de légendes, de la richesse de son patrimoine. Ici le passé côtoie la modernité et la vitalité se conjugue avec la convivialité. Forte de ses 230 600 habitants, Bordeaux est aujourd'hui la capitale dynamique de l'Aquitaine, à l'origine « pays des eaux » devenu référence en matière de vin.

Jean Malburet / MICHELIN

Fontaines des Girondins, place des Quinconces.

La cité des « rois du monde »

Burdigala est fondée par une tribu celte au 3e s. avant J.-C., les Bituriges vivisques. Leurs noms signifient « rois du monde », rien de moins ! Au 7e s., le bon **roi Dagobert** crée un duché d'Aquitaine dont Bordeaux est la capitale. L'un des ducs d'Aquitaine, le mythique **Huon de Bordeaux**, est resté célèbre. Ayant occis, sans le connaître, l'un des fils de Charlemagne, il est condamné à l'exil. Après moult aventures, il épouse la fille de l'émir de Babylone. Une chanson de geste (13e s.) reprit ce thème en or pour broder d'étonnantes péripéties : afin de gagner son pardon, Huon doit se rendre à Babylone, couper la barbe de l'émir, lui arracher quatre molaires et rapporter le tout à l'empereur. Exploit couronné de succès, bien entendu, et cela grâce au roi des elfes Obéron.

La dot d'Aliénor

En 1137, Louis, fils du roi de France, épouse Aliénor d'Aquitaine, qui lui apporte en dot le duché d'Aquitaine, le Périgord, le Limousin, le Poitou, l'Angoumois, la Saintonge, la Gascogne et la suzeraineté sur l'Auvergne et le comté de Toulouse. Le couple est mal assorti. Louis, devenu le roi Louis VII, est une sorte de moine couronné, la reine est frivole. Après quinze années de vie conjugale, le roi, à son retour de croisade, fait prononcer son divorce (1152). Outre sa liberté, Aliénor recouvre sa dot. Son remariage, deux mois plus tard, avec **Henri Plantagenêt**, comte d'Anjou et suzerain du Maine, de la Touraine et duc de la Normandie, est pour les Capétiens une véritable catastrophe politique : les domaines réunis d'Henri et d'Aliénor sont déjà aussi vastes que ceux du roi de France. En 1154, le Plantagenêt devient, par héritage, roi d'Angleterre, sous le nom de **Henri II**.

Cette fois l'équilibre territorial est rompu, et la lutte franco-anglaise qui s'engage durera trois siècles.

La capitale du Prince Noir

Au 14e s., Bordeaux est la capitale de la **Guyenne**, rattachée depuis deux siècles à la couronne anglaise. Le commerce ne se ralentit pas pendant la guerre de Cent Ans : la ville continue d'exporter ses vins en Angleterre et fournit des armes à tous les belligérants. Le Prince Noir (fils du roi d'Angleterre Édouard III), ainsi nommé à cause de la couleur de son armure, y établit son quartier général et sa cour. C'est l'un des meilleurs capitaines de son temps et l'un des plus féroces pillards. Il terrifie le Languedoc, le Limousin, l'Auvergne, le Berry et le Poitou. Atteint d'hydropisie, l'héritier anglais meurt sans avoir pu régner ailleurs qu'à Bordeaux. En 1453, Bordeaux est repris par l'armée royale française avec toute la Guyenne. C'est la fin de la guerre de Cent Ans.

Le Bordeaux des intendants

C'est Richelieu qui, le premier, a installé dans les provinces ces hauts représentants du pouvoir central et Colbert qui a mis l'organisation au point. D'une cité aux rues étroites et tortueuses, entourée de marais, Claude Boucher, le **marquis de Tourny**, et **Dupré de St-Maur** font au 18e s. l'une des plus belles villes de France, aux solides constructions de pierre. Alors apparaissent de grandioses ensembles, les quais, la place de la Bourse, les allées de Tourny, l'hôtel de ville, le Grand Théâtre, l'hôtel des Douanes, l'hôtel de la Bourse, et des plantations comme les cours et le jardin public. Bordeaux exploite au maximum les avantages de sa situation atlantique et devient le premier port du royaume.

Des hauts et des bas

La ville fait grise mine à l'Empire, car son commerce maritime est profondément atteint par le **blocus**. Elle retrouve le sourire sous la Restauration. Le grand pont de Pierre et l'immense esplanade des Quinconces datent de cette époque. Sous le Second Empire, le commerce continue à se développer grâce à l'amélioration des communications et à l'assainissement des Landes. En 1870, en 1914 devant l'offensive allemande et en 1940, Bordeaux sert de refuge au gouvernement. On la dit « capitale tragique ». À la fin de la dernière guerre, la cité du 18e s. retrouve le dynamisme de ses armateurs, financiers et négociants.

L'ancien grand port

Sur la Garonne, Bordeaux (à 98 km de l'Océan) occupe la situation privilégiée de « ville de premier pont » et, par la vallée de la Garonne et le seuil de Naurouze (franchi par le canal du Midi), commande la plus courte liaison continentale Atlantique-Méditerranée. L'exportation du « claret » au temps de la domination anglaise ainsi que le trafic des denrées et des esclaves en provenance des « Isles » au 18e s. avaient déterminé son dynamisme portuaire. Aujourd'hui, le port de Bordeaux intra-muros, qui a vu décliner ses activités au bénéfice du Verdon, a déménagé vers l'aval.

Une ville en mutation

Avec l'arrivée du tramway, c'est tout un programme de réhabilitation été mis en œuvre (centre piétonnier), parallèlement à un plan de sauvegarde du patrimoine architectural (façades nettoyées). Les places de la Comédie, de Pey-Berland et de la Victoire ont fait peau neuve ; celle de la Bourse se reflète désormais dans un miroir d'eau, et celle des Quinconces sera recouverte d'une pelouse.

Sur la rive gauche, les **quais** (4,5 km de long sur 80 m de large) sont en cours d'aménagement afin que piétons, cyclistes, tramways et automobilistes circulent harmonieusement. Différentes escales paysagées agrémentent le parcours qui devrait être achevé en 2008 ; déjà les Bordelais redécouvrent les bords du fleuve qui deviennent le cadre de manifestations, et où des guinguettes font leur apparition.

Espace « **Les projets de Bordeaux** » - *1 pl. Jean-Jaurès - ✆ 05 56 52 84 02 - merc.-sam. mat. et apr.-midi, 1er dim. du mois apr.-midi.*

NATURE

L'Aquitaine est riche d'une grande diversité de paysages et d'une nature préservée, fièrement aménagée. Avec un littoral de plus de deux cents kilomètres, partagée entre étangs, dunes et plages de sable fin, la côte offre une étendue ouverte sur l'immensité océanique. Si l'on pénètre plus avant dans les terres, les Landes constituent un décor extraordinaire : la plus grande forêt artificielle d'Europe fait face à l'Atlantique. Côté Bordelais, ce sont les vignes qui façonnent le paysage. Puis se dessine le pays des délicates collines du Lot-et-Garonne. .

Stéphane Sauvignier / MICHELIN

La spectaculaire dune du Pilat.

Les paysages

AU FIL DE L'EAU

L'estuaire de la Gironde

C'est le plus vaste d'Europe, s'allongeant sur 75 km du bec d'Ambès, point de jonction entre la Dordogne et la Garonne, à l'embouchure. Il est dragué en permanence afin d'assurer sa navigabilité. La route de la « **corniche fleurie** », entre Bourg et Blaye, offre de beaux points de vue. Elle est bordée de petits ports aménagés dans les esteys (cours d'eau qui s'évanouissent dans l'estuaire) et de carrelets. Sur l'autre rive, la **pointe du Médoc** compte aussi de charmants ports, tandis qu'à l'intérieur des terres s'étendent les marais (asséchés sur l'ordre d'Henri VI) et des parcelles viticoles.

Le mascaret

Phénomène naturel fascinant et unique en France, le mascaret est une longue **vague déferlante** produite dans la Gironde et ses affluents par le flux et le reflux quotidien : lorsque la marée monte, l'eau qui s'engouffre dans l'estuaire se heurte au courant du fleuve, créant ainsi, par effet d'entonnoir, une série de 5 à 10 vagues rapprochées qui s'amplifient au fur et à mesurede leur progression et peuvent atteindre jusqu'à 2 m de haut, selon la largeur et la profondeur du fleuve. Visible toute l'année, le mascaret est plus spectaculaire en **août** et **septembre**. Lors des grandes marées d'équinoxe, il remonte le fleuve jusqu'à plus de 200 km à l'intérieur des terres, à une vitesse de 30 km/h. Pas étonnant que cette fameuse vague attire des **surfeurs** venus de loin. Pour les amateurs de glisse, le meilleur spot se trouve sur la Dordogne, au port de **St-Pardon** (commune de Vayres) : de là, il est courant de pouvoir surfer la vague sur tout un kilomètre.

Pour connaître les horaires de passage du mascaret, contactez la mairie de Vayres (*✆ 05 57 55 25 55*) ou consultez www.mairie-vayres.fr/Mascaret.htm.

La Côte d'Argent

La vaste plaine des Landes, qui s'étend sur 14 000 km^2, s'inscrit dans un triangle dont la base couvrant 230 km est constituée par la côte atlantique, de la Gironde à l'Adour. Cette côte rectiligne formait, à l'origine, une immense **plage** où se sont déposés les sables rapportés par la mer. Ces sables desséchés et transportés par le vent d'ouest vers l'intérieur se sont accumulés jusqu'au siècle dernier, pour former des **dunes** progressant de 7 à 25 m par an. Aujourd'hui boisées et fixées, ces dunes, larges de 5 km, bordent la côte. Ce sont les plus étendues et les plus hautes d'Europe : la dune du **Pilat**, mondialement réputée, culmine à environ 107 m.

À l'exception de la **Leyre** (appelée aussi Eyre dans son cours inférieur) qui vient s'évanouir dans l'Océan au creux du bassin d'Arcachon, les cours d'eau ont été arrêtés par la barrière des dunes, formant ainsi de nombreux **étangs**. Si ces derniers communiquent entre eux, leurs eaux se frayent péniblement un passage jusqu'à l'Océan par des « courants » capricieux dont la descente fait la joie des amateurs de sports nautiques. Les plus typiques sont les **courants d'Huchet** et **de Contis**.

Marée noire

Le 19 novembre 2002, le pétrolier *Prestige*, victime d'une avarie, coulait au large de la Galice. Il transportait 77 000 t de fioul lourd, dont 64 000 se seraient échappées de l'épave. La pollution a touché les côtes du Portugal, de l'Espagne, de la France et de l'Angleterre.

Nettoyées quotidiennement, les plages d'Aquitaine ont délivré 16 000 t de déchets. La faune et la flore ont été sévèrement touchées : sur les 3 000 oiseaux capturés pour nettoyage, seuls 170 ont survécu. Quant aux huîtres, elles ont fait l'objet d'une surveillance permanente : les seuils tolérés de contamination aux hydrocarbures n'ont jamais été atteints.

AUTREFOIS LES MARAIS

Au milieu du 19e s., la zone intérieure était une **lande insalubre** que les pluies transformaient en marécage. Là vivait une population de bergers, se déplaçant sur des échasses pour surveiller les moutons qu'ils élevaient pour l'engrais de leur fumier, indispensable aux cultures vivrières.

Le pin maritime

C'est un arbre peu fourni, mais élégant, dont la croissance est rapide. Depuis l'Antiquité, il a été, dans les **Landes**, à l'origine d'une activité traditionnelle aujourd'hui révolue : le **gemmage** (ou récolte de la résine). Autrefois, le gemmeur incisait périodiquement le pin à l'aide d'un « hapchot ». Par cette plaie, la gemme coulait dans de petits pots de terre « cramponnés » au fût ou dans des sachets en plastique. Les techniques modernes avaient introduit l'acide sulfurique qui activait le processus et avait l'avantage de réduire considérablement la blessure faite à l'arbre.

Pour en savoir plus sur le gemmage et la lutte contre les feux de forêt, rendez-vous à l'**Atelier de produits résineux** et à la **Maison de l'estupe-huc** à Luxey *(voir Parc naturel régional des Landes de Gascogne)*.

La fixation des dunes

L'ingénieur des Ponts et Chaussées **Brémontier** met au point, à partir de 1788, un projet de fixation des dunes. Il construit d'abord une digue destinée à arrêter le cheminement des sables. À 70 m de la ligne atteinte par les plus hautes mers, il dispose une palissade de madriers contre laquelle le sable s'accumule. Relevant les madriers à mesure que le sable monte, il crée une « dune littorale » de 10 à 12 m de haut, formant barrière. Pour fixer les dunes intérieures, des graines de **pin maritime** mélangées à des graines d'ajonc et de genêt sont semées. Après quatre ans, le genêt atteint près de 2 m de hauteur. Le pin, d'une croissance plus lente, grandit ainsi protégé.

L'assainissement de l'intérieur

Au début du 19e s., la plaine intérieure reste mal drainée et rebelle à toute tentative de colonisation agricole. Sous le Second Empire, l'ingénieur **Chambrelant** établit un plan de drainage, de défrichement et d'ensemencement forestier, d'où la plantation massive de pins maritimes sur près d'un million d'hectares.

Stéphane Sauvignier / MICHELIN

Chai dans le vignoble du Médoc.

LE VIGNOBLE BORDELAIS

De l'estuaire de la Gironde aux rives de la Garonne et de la Dordogne, le Bordelais s'étend en une immense terre viticole. Étiré le long des fleuves, étoilé autour de la grande ville, le vignoble est un maillage serré et savant de 112 000 ha de terres de caractère. Y sont piqués avec ordre pieds de vigne, châteaux, maisons de négoce, caves coopératives, tous établissements organisés autour du labeur viticole. Le paysage semble rigoureusement rangé, à l'image des fûts qui s'alignent dans l'ombre des chais. Cette portion de la Gironde écrit ainsi depuis 2 000 ans la plus longue histoire de vins fins de France.
Dans la région du **Médoc**, l'Océan est presque déjà là : la Gironde l'annonce et borde de près la route des vins prestigieux. Au sud de Bordeaux, la région des **Graves** évoque un terrain très caillouteux, fait de graviers, de sable et de galets. Plus à l'est, les vignes de l'**Entre-Deux-Mers**, entre Garonne et Dordogne, s'écartent pour laisser place à des forêts et des coteaux. Au-dessus, **St-Émilion** rappelle qu'ici vigne et patrimoine architectural sont étroitement mêlés.

La faune

Si la plupart des étangs, des lacs et des rivières d'Aquitaine sont très poissonneux (anguilles, truites, tanches et saumons), le littoral peut s'enorgueillir de vastes **parcs d'ostréiculture** *(voir Bassin d'Arcachon)* et d'une variété remarquable de poissons : dorade, bar, thon, sardine, merlu, rouget, congre, raie, sole, lieu…

En gironde, Vous pourrez observer des **oiseaux migrateurs** ou autochtones dans les sites suivants : la pointe du Cap-Ferret, le domaine des Certes d'Audenge, le parc ornithologique du Teich *(voir Bassin d'Arcachon)* ; le marais de Bruges *(voir Bordeaux)* ; l'étang de Cousseau *(voir Lacanau)*.

Questions d'environnement

Conscients de la nécessité de sauvegarder les milieux naturels qui confèrent à l'Aquitaine une forte valeur ajoutée auprès de sa population et de ses visiteurs, les collectivités et différents acteurs locaux se sont engagés dans la préservation, la remise en état de sites et paysages et la valorisation économique du patrimoine.

UNE VOLONTÉ POLITIQUE

La Région a clairement affiché son souhait de s'investir dans une démarche de **développement durable**, grâce à la mise en œuvre de certaines mesures : construction de lycées Haute qualité environnementale, aide à l'agriculture respectueuse de l'environnement et aux productions de qualité, soutien à l'**écotourisme**, suivi de la qualité des eaux des rivières et du littoral, sauvegarde et entretien de sites naturels ou architecturaux d'importance, économies et diversification des sources en matière énergétique… En outre, avec plus d'une centaine de sites **Natura 2000**, l'Aquitaine s'inscrit nettement dans une démarche européenne de protection de l'environnement.

Natura 2000

Cette opération a pour objectif de maintenir la diversité biologique des milieux en tenant compte des exigences économiques, sociales, culturelles et régionales qui s'y attachent. Ainsi, elle encourage, par un soutien financier, les acteurs locaux à entretenir les **espaces naturels** dans lesquels ils vivent.

LA FORÊT EN DANGER...

Les pins maritimes couvrent 1 000 000 ha environ. Pour préserver cette forêt des **incendies**, un corps de sapeurs-pompiers forestiers a été créé. De nombreux observatoires reliés par téléphone et radio permettent la détection rapide des feux. L'accès, dans les moindres délais, au matériel de lutte a été amélioré et des points d'eau ont été établis. Enfin, pour obtenir des coupures plus larges et en même temps assurer le maintien sur place des populations, l'extension des cultures a été encouragée.

L'Aquitaine a été l'une des régions les plus touchées par la **tempête** de décembre 1999 : l'ouragan a détruit plus de 29 millions de m³ dans la forêt de pins maritimes, dont 26 millions sur le seul massif landais. Outre l'incroyable force des vents, de tels dégâts s'expliquent par la particularité de la forêt landaise : constituée d'arbres identiques s'alignant comme des dominos, elle était plus vulnérable que les autres. On estime que le chantier de reconstitution de cette forêt de résineux demandera au moins dix ans. En attendant, les sylviculteurs tentent comme ils peuvent de maintenir leurs affaires à flot.

...LE LITTORAL AUSSI

L'**urbanisation** a aggravé le phénomène naturel d'érosion marine et éolienne. Ce sont en moyenne trois mètres du littoral landais et girondin qui disparaissent ainsi chaque année sous les flots. Le processus, qui a débuté au 18e s., s'est nettement accéléré depuis une trentaine d'années. Un déficit de sédiments dans l'océan l'explique en partie : le vent emporte moins de sable sec vers les dunes, mais continue à disperser celui des buttes vers l'intérieur. Les barrages, empêchant les minéraux fluviaux d'accéder à la mer, les prélèvements de sable sur les dunes, et les travaux de protection des communes (digues, etc.), à l'efficacité limitée, ont favorisé la crise érosive. Dès les années 1970, bien avant la loi littoral de 1986 qui s'en est inspirée, une Mission interministérielle d'aménagement de la côte aquitaine a permis de préserver la majeure partie du cordon dunaire et de limiter l'étalement de l'urbanisation. Elle n'a pourtant pas empêché certaines communes de bétonner leur front de mer, cédant à la pression immobilière. Un groupement d'intérêt public réunissant la Région et l'État a vu le jour en 2005 pour tenter d'apporter des solutions concertées à la protection de la bande côtière.

HISTOIRE

Théâtre de querelles historiques, objet de revendications, l'Aquitaine a connu un passé tumultueux. Des conquêtes romaines au royaume des Wisigoths, de Charlemagne aux invasions normandes, du duché de Guyenne à la guerre de Cent Ans, des guerres de Religion au gouvernement Poincaré de 1914, l'Aquitaine s'est toujours trouvée intimement liée à l'histoire de France, et de l'Europe.

Une terre convoitée

LA PRÉHISTOIRE

À l'époque de l'*Homo sapiens*, entre – 35 000 et – 10 000 (paléolithique supérieur), l'homme de **Cro-Magnon**, caractérisé par le fort volume de son crâne et par son langage articulé, consacrait une part non négligeable de son temps à la création d'œuvres artistiques, comme en témoignent les dessins et ornements découverts en 1881 dans la **grotte de Pair-non-Pair** en Gironde. Quant à la **Dame de Brassempouy**, elle gisait dans les Landes. Sculptée il y a plus de 20 000 ans dans de l'ivoire de mammouth, cette Vénus serait la plus ancienne représentation de visage humain que l'on ait retrouvée dans le monde.

DE L'ÂGE DES MÉTAUX À L'EMPIRE CAROLINGIEN

Dès –1800, de grands mouvements de peuples fixent la physionomie ethnique de l'Occident. Les populations des Pyrénées atlantiques forment déjà une souche homogène résistant aux influences extérieures. Entre le 6e et le 3e s. av. J.-C., les **Celtes**, surnommés « les plus raffinés des barbares », apportent avec eux les prémices de la civilisation. La tribu des Bituriges vivisques s'installe sur un méandre de la Garonne et crée le port de **Burdigala**, future ville de Bordeaux, qui devient la capitale de l'Aquitaine. Le commerce se développe et, déjà, le vin fait la fortune de la nouvelle cité.

Mais la conquête de la Gaule par **César** vient bouleverser les rapports établis : en 56 av. J.-C., P. Licinius Crassus, légat de César, mène deux campagnes victorieuses et soumet l'Aquitaine, malgré l'active résistance de certaines peuplades. L'**Aquitania**, dont le territoire s'étend alors des Pyrénées à la Loire, devient, sous la férule d'Auguste, l'une des quatre provinces de la Gaule romaine ; elle s'urbanise et s'organise grâce à l'aménagement de voies de communication et à la création d'administrations. À partir du 4e s. pénètre progressivement le christianisme.

Avant même que l'Empire romain ne sombre en 476, l'Aquitaine est envahie en 418 par les **Wisigoths** qui la rattachent à leur royaume d'Espagne. Ils perpétuent la culture latine et le droit romain écrit. En 466, Bordeaux devient la capitale d'un royaume florissant qui s'étend de Gibraltar à la Loire. Mais en 507, c'est au tour de **Clovis** de s'emparer de l'Aquitaine tant convoitée ; les Wisigoths sont battus à Vouillé et la province est intégrée au royaume franc. Peu après, à la fin du 6e s., les **Vascons**, peuple ibérique dont descendent les Basques, se répandent dans le plat pays, la « Gascogne ». Pendant toute la période mérovingienne, l'Aquitaine n'aura cessé d'être un duché indépendant gouverné par divers parents des souverains, malgré une tentative de **Dagobert** en 630 de créer un royaume aquitain.

Au siècle suivant, ce sont les **Arabes** qui tentent d'envahir le pays : Bordeaux est incendié et de nombreuses villes rasées. Si Charles Martel enraye la progression des Arabes à Poitiers en 732, il faudra plusieurs années à **Charlemagne** pour refouler les Sarrasins jusqu'aux Pyrénées. C'est en 778 qu'a lieu la célèbre **bataille de Roncevaux**, contée dans *La Chanson de Roland*, où l'arrière-garde de Charlemagne est écrasée, non seulement par les Arabes, mais aussi par les Vascons. Pour soumettre ces derniers, Charlemagne crée la même année, pour son fils **Louis le Pieux**, un royaume d'Aquitaine sous l'autorité du roi franc. L'Aquitaine passe alors entre les mains des différents souverains carolingiens, qui doivent lutter contre les invasions des **Normands**, tandis que ces derniers détruisent Bordeaux en 848. En 877, l'Aquitaine est à nouveau constituée en duché par

Aquitania
L'appellation Aquitaine vient du latin *Aquitania*, « le pays des eaux ». Le mot, apparaît pour la première fois dans les *Commentaires* de César. Avec la prononciation anglaise, Aquitaine se transforme en Guyenne et ce nom lui restera jusqu'à la Révolution.

Louis le Bègue, avant d'être, deux siècles plus tard, unie au duché de Gascogne (1058). Le titre de duc revient alors à la dynastie poitevine qui s'illustre surtout par le prince troubadour **Guillaume IX**, grand-père d'Aliénor d'Aquitaine.

L'AQUITAINE AU CŒUR DE LA GUERRE DE CENT ANS

Les deux mariages d'**Aliénor d'Aquitaine** vont marquer un tournant dans l'histoire de la province et de la France tout entière. En 1137, Aliénor, qui vient tout juste d'hériter du vaste duché d'Aquitaine à la suite de la mort de son père, épouse le futur **Louis VII**. La même année, tous deux se retrouvent propulsés à la tête du royaume de France alors que s'éteint Louis VI le Gros. Ce mariage laissait espérer un prochain retour de l'Aquitaine au royaume de France, mais le couple royal se brouille et l'annulation du mariage est prononcée en 1152. Aliénor épouse aussitôt **Henri Plantagenêt**, livrant du même coup l'Aquitaine à l'héritier de la dynastie angevine qui régnait alors sur l'Angleterre.

Les effets ne s'en font pas attendre : deux ans plus tard, en 1154, la couronne d'Angleterre revient à Henri II, la France est cernée de toutes parts par les possessions de son vassal anglais. Jusqu'au 15e s., l'Aquitaine ne cessera d'être ballottée entre les deux puissances. Confisquée à Jean sans Terre par Philippe Auguste en 1204, l'Aquitaine revient aux Anglais par le **traité de Paris**, signé par Saint Louis en 1259. L'accord est remis en question à plusieurs reprises et les troupes royales envahissent la Guyenne en 1296 puis en 1324. Cette période est marquée par la fondation des bastides, villes neuves *(voir p. 57)*.

La **guerre de Cent Ans** éclate en 1337, lorsque Édouard III d'Angleterre affiche ses prétentions sur la couronne de France. En 1356, son fils, surnommé le Prince Noir, capture le roi de France Jean II le Bon et demande en rançon les pleins droits sur l'Aquitaine. Il obtient gain de cause en 1360 lors du **traité de Brétigny**, au terme duquel la France abandonne à nouveau l'Aquitaine aux

L'ÉTAT PLANTAGENÊT À SON APOGÉE (Milieu du 12e s.)

Les grandes dates

56 av. J.-C. – Crassus, lieutenant de César, conquiert l'Aquitaine.
418 – Invasion de l'Aquitaine par les Wisigoths, eux-mêmes chassés par les Francs de Clovis en 507.
781 – Charlemagne fait sacrer son fils Louis roi d'Aquitaine.
1137 – Le prince Louis, fils du roi de France et futur Louis VII, épouse Aliénor d'Aquitaine.
1152 – Aliénor d'Aquitaine se remarie avec Henri II Plantagenêt, comte d'Anjou.
1154 – Henri Plantagenêt, duc d'Aquitaine, devient roi d'Angleterre ; l'Aquitaine passe sous domination anglaise pendant trois siècles.
1453 – Dernière bataille de la guerre de Cent Ans, gagnée à Castillon-la-Bataille par les frères Bureau ; l'Aquitaine revient à la France.
1571 – Au cœur des guerres de Religion, Jeanne d'Albret impose le calvinisme aux Béarnais.
1607 – Henri IV réunit à la France son propre domaine royal (Basse-Navarre) et les fiefs qu'il détient comme héritier de la maison d'Albret (Foix-Béarn).
1771 – Le trafic maritime de Bordeaux est à son apogée.
1914 – Devant l'offensive allemande, le président Poincaré, le gouvernement et les Chambres s'installent temporairement à Bordeaux.
1940 – Le gouvernement Reynaud s'installe à Bordeaux.
1998 – Procès de Maurice Papon, secrétaire général de la préfecture de la Gironde de 1942 à 1944, accusé de crime contre l'humanité.

Anglais, en échange du renoncement du Prince Noir au trône de France. En 1380, c'est au tour des Anglais de se plier à la force française, mais ils conservent Bordeaux et Bayonne. La France reconquiert définitivement l'Aquitaine avec la **bataille de Castillon** en 1453, qui marque la fin de la guerre de Cent Ans.

L'ESSOR DE BORDEAUX

Au 17e s., les seigneurs de Navarre affirment leur autorité face au pouvoir royal un peu partout en Guyenne, en érigeant des forteresses défensives (château Trompette à Bordeaux, citadelle de Blaye). La **Fronde** est très vive en Gironde : en 1649, Bordeaux s'érige en république autonome, avec le soutien des Anglais. Provoquant des disettes et des épidémies, les guerres de Religion et les luttes de pouvoir auront rendu la vie dure aux Aquitains, tout au long des 16e et 17e s.

Au début du 18e s., un redressement s'amorce : les villes connaissent une forte croissance et les populations urbaines doublent ou triplent de volume. De 1743 à 1757, **Tourny**, intendant de Guyenne, donne au développement économique de Bordeaux une impulsion décisive. À la veille de la Révolution, le Bassin aquitain est considéré comme l'une des régions les plus prospères de France, en particulier grâce au développement des grands vignobles et à celui du commerce colonial et maritime. Le 18e s. voit réellement l'apogée de Bordeaux, sous l'égide de son parlement. Par ailleurs, la côte est aménagée : en 1786, l'ingénieur **Brémontier** présente son projet de fixation des dunes et d'assainissement des marais grâce à la plantation de pins dans les Landes *(voir p. 47)*.

Au 19e s., le développement des chemins de fer apporte la consécration balnéaire de la côte atlantique ; le train arrive à Bordeaux en 1852 et le tourisme prend son essor. Cependant, la côte landaise reste encore inexplorée. C'est pourquoi, en 1905, le journaliste bordelais **Maurice Martin** décide de se lancer dans une expédition de découverte des lieux qu'il rendra célèbre sous le nom de « Côte d'Argent ». Le succès touristique de la région doit beaucoup à la viticulture. Le premier **classement des vins**, esquissé dès les années 1725 avec Haut-Brion, Marguaux, Lafite et Latour, s'élargit dès 1855 avec la classification des grands crus du Médoc, établie à la demande de Napoléon III en vue de l'Exposition universelle de Paris.

L'Aquitaine profite peu du développement industriel et demeure avant tout agricole.

L'Aquitaine contemporaine

En 1914, devant l'offensive allemande, le président **Poincaré**, le gouvernement et les Chambres s'installent temporairement à Bordeaux, comme l'avait fait le gouvernement **Gambetta** en 1870 durant la guerre franco-prussienne. Le réflexe sera le même en 1940, avant que le gouvernement de Pétain ne déménage à Vichy.

L'Aquitaine devient une région productrice d'énergie, tout particulièrement grâce à l'éruption du gaz de Lacq en 1951 et au début de l'exploitation du pétrole à Parentis en 1954.

Les personnalités de la région

ALIÉNOR D'AQUITAINE

Née aux environs de 1122, elle est la fille aînée de Guillaume X d'Aquitaine. En 1137, alors qu'elle n'a que 15 ans, la mort de son père, son mariage au futur Louis VII et la mort de son beau-père Louis VI font d'elle la duchesse d'Aquitaine et la reine de France. Dix ans plus tard, elle prend part à la 2e croisade. De retour en France, les deux époux se brouillent malgré la naissance de leur deuxième fille et Aliénor obtient l'annulation du mariage sous prétexte d'une parenté trop proche (cousinage au 9e degré). Sans attendre, elle épouse **Henri Plantagenêt**, héritier de la Normandie et de l'Anjou, mais aussi du royaume d'Angleterre, à la tête duquel il est bientôt appelé, sous le nom d'Henri II. Aliénor met alors au monde huit enfants dont le troisième fils sera **Richard Cœur de Lion** (1157) et le dernier **Jean sans Terre** (1166). Après quelques années aux côtés de son époux aussi bien en Normandie qu'en Angleterre, elle se retire à Poitiers dans son duché de France où elle s'entoure d'une cour joyeuse. Instigatrice d'un complot qui oppose Henri II à deux de ses enfants, Aliénor est arrêtée et emprisonnée par son mari pendant près de quinze ans. À la mort de ce dernier, en 1189, la reine, libérée par son fils Richard, s'empresse de le faire couronner avant son départ en croisade. Elle assume le pouvoir pendant l'absence de son fils et garantit le trône des tentatives d'usurpation de Jean sans Terre. Richard revenu, Aliénor se retire à l'abbaye de Fontevrault. En 1199, elle accourt au chevet de Richard mourant et négocie avec lui la mise sur le trône de son frère Jean sans Terre. Avant de s'éteindre à Fontevrault le 31 mars 1204, elle part en Castille, où sa fille Aliénor règne aux côtés d'Alphonse VIII : son dernier acte politique sera de ramener sa petite-fille Blanche et de l'unir au futur Louis VIII, dont le fils **Saint Louis** réunira l'Aquitaine à la France.

MICHEL DE MONTAIGNE

Né en 1533 au château de Montaigne en Périgord et fils de riches négociants gascons anoblis, le jeune Montaigne apprend le latin dès son plus jeune âge. À 6 ans, il entre au collège de Guyenne, haut lieu de l'humanisme bordelais. Après des études de droit, il devient magistrat, d'abord à Périgueux, puis au parlement de Bordeaux où il se lie d'amitié avec Étienne de La Boétie. En 1570, il résilie ses charges pour se consacre à l'administration de son domaine et, surtout, à l'écriture des *Essais*, qui paraissent à compte d'auteur, à Bordeaux. Montaigne se lance ensuite dans un grand voyage européen, et fréquente plusieurs villes d'eaux, pour soigner ses calculs vésicaux. En juin 1581, alors qu'il séjourne aux eaux de Lucques, Montaigne reçoit une lettre des jurats de Bordeaux qui lui annoncent son élection comme maire. Pendant ses deux mandats, jusqu'en 1586, Montaigne doit user d'une habile diplomatie pour empêcher la ville de sombrer dans le chaos des guerres de Religion. Terrassé par sa maladie de la vessie, Montaigne meurt le 13 septembre 1592. Son cœur est déposé en l'église St-Michel et son corps enterré à l'église des Feuillants à Bordeaux.

LES ARTISTES

La région a inspiré les Aquitains de naissance ou d'adoption : en témoigne le nombre de musées, dont certains de premier ordre, où vous pourrez notamment admirer les œuvres d'artistes qui lui sont liés par leur biographie ou leurs sources d'inspiration.

Le musée des Beaux Arts de Bordeaux consacre une petite salle à **Odilon Redon** (1840-1916) : natif de la ville, il passa une partie de son enfance au domaine de Peyrelade près de Listrac dans le Médoc. C'est dans cette campagne que naîtront les premiers fusains de l'enfance, inspirés par des promenades à traves champs, vignes et bois. Il y retournera régulièrement après son installation à Paris. Le musée accueille également quelques toiles des peintres bordelais **Pierre Lacour** (1745-1814), qui en fut le fondateur, et **André Lhote** (1885-1962). Ce peintre cubiste, théoricien et critique d'art, qui fit ses études aux Beaux-Arts de Bordeaux, est aussi l'auteur des peintures murales de la faculté de médecine de cette ville (1957), inspirées par l'Art nouveau. Aux alentours, le prieuré de Gayac à Gradignan *(voir Bordeaux)* restitue l'univers d'un autre peintre bordelais méconnu, **Georges de Sonneville** (1889-1978).

L'**école libournaise** s'est développée à la fin du 19e s. autour des figures du romantique Théophile Lacaze, de Jeanne-Louise Brieux, et surtout de **René Princeteau** (1848-1914), dont vous pourrez voir les toiles au musée des Beaux-Arts de Libourne. Issu d'une riche famille libournaise, cet artiste sourd et muet connut le succès parmi la société mondaine parisienne grâce à son talent pour peindre les scènes équestres, ses autres thèmes de prédilection tournant autour de la chasse, des scènes militaire et de la vie rurale. Il fut l'ami et le premier maître de **Toulouse-Lautrec** (1864-1901), qu'il encouragea à se lancer dans la peinture et accueillit à ses débuts dans son atelier parisien. Ce dernier passera lui-même dans la région de nombreux étés, puis la fin de sa vie, au château de Malromé (propriété acquise par sa mère, au sud de Bordeaux), mais aussi à Arcachon et Taussat sur la côte.

Autres personnalités

Jacques-Yves Cousteau – *Voir Bourg.*
Jacques Chaban-Delmas – *Voir Bordeaux.*
St-Émilion – *Voir St-Émilion.*
Les Girondins – *Voir Bordeaux.*
Pierre Latécoère – *Voir Biscarosse.*
Montesquieu – *Voir Vignoble de Bordeaux.*
Les Frères Pereire – *Voir Arcachon.*
Le Prince Noir – *Voir Bordeaux.*
Jaufré Rudel – *Voir Blaye.*

Les pèlerins de St-Jacques

Vieux de plusieurs siècles, le chemin de St-Jacques-de-Compostelle rassemble aujourd'hui encore des Jacquets de plus en plus nombreux. Le long de l'ancienne voie romaine de Bordeaux à Astorga, passant par St-Jean-Pied-de-Port, en Basse-Navarre, c'est un pèlerinage toujours chargé d'émotions.

L'APÔTRE

Jacques vint de Palestine pour évangéliser l'Espagne. Selon la légende, il fut décapité et son corps transporté par deux de ses disciples, échoués sur la côte de Galice. Il aurait alors été enterré à l'emplacement de la ville qui portera son nom. Lors de la reconquête de l'Espagne, Jacques serait apparu au cours d'un combat sur un cheval blanc, terrassant les Maures (d'où son surnom de Matamore). Sanctifié, l'apôtre devint le patron des chrétiens, symbole de la Reconquête.

LE PÈLERIN

La pratique des pèlerinages lointains, tel celui de Compostelle, amenait dans un village un étranger, souvent loqueteux, redouté par les autorités locales, mais véhiculant des récits propres à enflammer l'imagination populaire. Son costume ressemblait à celui des voyageurs de l'époque, mis à part le gros bâton à crosse (bourdon) et les insignes du pèlerinage : coquille et médaille. La vaste cape et le mantelet court (esclavine), une panetière (musette), une gourde, un couvert, une écuelle, un coffret en tôle contenant les papiers et les sauf-conduits complétaient sa tenue. Le fidèle qui avait pris la coquille et le bourdon était à son retour considéré comme un notable. Les confréries de St-Jacques avaient leur chapelle particulière dans les églises ; elles constituaient des frairies et conservaient les comptes rendus de voyage.

LE CHEMIN DE LA FOI

Au Moyen Âge, le tombeau de saint Jacques le Majeur attire en Espagne une foule considérable de pèlerins. La dévotion envers « Monsieur St Jacques » est si vivante que **Santiago**

(Compostelle) devient un lieu de rassemblement exceptionnel. Depuis le premier pèlerinage français accompli par l'évêque du Puy en 951, des millions de jacquets, jacquots ou jacobits ont pris la route pour aller vénérer les reliques de l'apôtre à partir des villes de regroupement que constituaient pour l'Europe entière Paris, Vézelay, Le Puy, Autun et Arles.

Une organisation très complète d'**hospices** facilitait le voyage et pourvoyait, le long des principaux itinéraires, à l'hébergement des pèlerins, et au maintien de leur bonne santé spirituelle. Les itinéraires convergeaient en Basse-Navarre avant le franchissement des Pyrénées, opérant leur jonction à Ostabat. St-Jean-Pied-de-Port représentait la dernière étape avant l'ascension vers le col frontière. Les pèlerins gagnaient Roncevaux par la route des hauteurs, section de l'ancienne voie romaine de Bordeaux à Astorga. Chaque pèlerin portait une croix de feuillage fabriquée de ses mains avant la montée. Au terme de la première escalade, au col de Cize (Ibañeta), près de la « Croix de Charles », le jacquet priait, chantait et plantait sa croix. À l'ermitage voisin, la cloche sonnait par temps de brouillard et durant une partie de la nuit afin de rallier les égarés.

Au cours des siècles, la foi des jacquets s'est s'émoussée. Lucre et brigandage rassemblaient des bandes de « coquillards », faux pèlerins, dont fit partie le poète **François Villon**. Avec les guerres de Religion, le protestantisme et le jansénisme, les mentalités changèrent et la méfiance populaire voyait volontiers sous la pèlerine un aventurier ou un escroc.Si au 16e s. les pérégrinations se raréfient, au 18e s., quiconque voulait se rendre à St-Jacques-de-Compostelle devait se munir d'un extrait de baptême légalisé par l'autorité de police, d'une lettre de recommandation de son curé, elle-même légalisée, et d'un formulaire dûment rempli de son évêque. Depuis une vingtaine d'années, les pèlerins reprennent la route de St-Jacques-de-Compostelle.

Reportez-vous aussi à la rubrique « Randonnée pédestre » *(voir p. 30).*

ART ET CULTURE

Des châteaux féodaux aux villas excentriques du 19e s., chaque siècle a su apposer son cachet en léguant à la région de véritables chefs-d'œuvre. Sur les chemins de Compostelle, l'Aquitaine a hérité d'un riche patrimoine religieux : nombreuses sont les églises et les abbayes romanes qui jalonnent les itinéraires de St-Jacques. Côté civil et militaire, ce sont les bastides qui distinguent tout particulièrement la Guyenne. L'édification de ces villes neuves au plan rigoureux fut encouragée par les nombreuses guerres qui sévirent dans le pays aux alentours du 13e s. Si le 17e s. voit fleurir les fortifications Vauban, le 18e s. est marqué par un souci d'urbanisation d'un style très classique. Quant aux habitats traditionnels, il est remarquables dans les Landes où l'habitat rural se groupait autour de l'airial.

Alain Cassaigne / MICHELIN

Un château dans un écrin de verdure : lieu d'inspiration pour Montesquieu.

La cité médiévale

Du 11e au 14e s., les villes nouvelles se sont multipliées, adoptant une architecture militaire. Des siècles mouvementés du Moyen Âge, la région a conservé nombre de bastides, donjons, églises fortifiées, châteaux, sauvetés et castelnaux, au caractère à la fois défensif et résidentiel.

L'ARCHITECTURE MILITAIRE

L'émiettement de l'autorité féodale au Moyen Âge a entraîné une dispersion générale des points fortifiés. Le Sud-Ouest, et particulièrement l'ancienne Aquitaine, partagée trois siècles durant entre deux couronnes, fut alors saupoudré de châteaux forts. Des fortifications grossières se multiplièrent en rase campagne : un fossé, une palissade d'enceinte (*pau* en langue d'oc, *plessis* en langue d'oïl), une tour de bois puis de pierre élevée sur une « motte », suffisaient pour offrir un simple refuge.

Les donjons

Au début du 11e s. apparaissent des donjons défensifs de pierre, rectangulaires, caractérisés par une maçonnerie peu épaisse et l'absence de meurtrières. Le rez-de-chaussée, obscur, servant de magasin, l'accès se fait par le 1er étage au moyen d'une échelle ou d'une passerelle escamotable.

Les châteaux clémentins

Bertrand de Got devient pape sous le nom de Clément V en 1305. Rome alors en pleine révolution, il demeure dans sa région natale bordelaise. Il est à l'origine des « châteaux clémentins » comme Roquetaillade. Leur plan rectangulaire porte à chaque angle une tour cylindrique. Un des côtés des murailles est percé d'une entrée, précédée d'une bastille, accostée de deux tours cylindriques de mêmes proportions que les tours d'angle. L'intérieur est bordé sur trois côtés par les appartements, vastes salles voûtées et superposées. Seul le **château de Roquetaillade** échappe à ce plan intérieur : il possède un donjon carré central plus élevé que les tours.

Les églises fortifiées

Nombreuses dans le Sud-Ouest, elles occupent une place importante dans l'histoire de l'architecture militaire.
Les deux types de **mâchicoulis** seraient apparus pour la première fois en France, à la fin du 12e s., sur des églises des pays de langue d'oc : mâchicoulis classiques sur corbeaux et mâchicoulis ménagés sur des arcs bandés entre les contreforts.
Traditionnel **lieu d'asile**, l'église représentait, avec son architecture robuste et son clocher tout désigné comme poste de guet, un refuge pour les populations menacées par les assaillants.

LES « VILLES NOUVELLES » DU MOYEN ÂGE

Sauvetés et castelnaux

Les **sauvetés** sont issues d'initiatives ecclésiastiques : prélats, abbés ou dignitaires d'un ordre militaire de chevalerie ont recouru à des « hôtes », initialement des fugitifs et des errants, pour assurer le défrichement et la mise en valeur de leurs terres.
Les **castelnaux** sont à l'origine des agglomérations créées par un seigneur dans la dépendance d'un château.

Les bastides

Nées des besoins démographiques, financiers et économiques ou liées aux préoccupations politiques et militaires, les bastides constituent le premier **habitat aggloméré** dans la région Aquitaine.
La plupart sont issues d'un contrat de **paréage** entre le roi et le seigneur du lieu ou entre un abbé et le seigneur laïc. Ce contrat précisait le statut des habitants, le programme du lotissement et les redevances. Le peuplement était encouragé par la garantie du droit d'asile et l'exemption du service militaire.
Si le plan des bastides se rapproche souvent d'un **modèle type**, en échiquier carré ou rectangulaire, il s'en éloigne parfois selon le relief et la nature du site. On reconnaît l'intervention d'un arpenteur professionnel dans le tracé rectiligne des rues se coupant à angle droit et dans le découpage de lots de valeur égale. Les colons recevaient, outre une parcelle à bâtir, une parcelle de jardin et, hors de l'agglomération, une parcelle cultivable.
La multiplication des bastides s'est accompagnée de l'édification de nombreuses **églises**. Bâties près de la place centrale ou à la périphérie, solidaires du cimetière, elles sont caractéristiques du gothique languedocien, avec une nef unique.

Bordeaux : la renaissance

Bordeaux a longtemps souffert d'une image peu flatteuse : centre ancien noirci par la pollution (et du fait de la composition de la pierre, très calcaire), quais de la Garonne encombrés d'entrepôts abandonnés, ville repliée sur elle-même malgré sa longue tradition portuaire... Tout ceci appartient désormais au passé : une politique ambitieuse de grands travaux, initiée par le maire Alain Juppé, a réussi à redonner à la ville son cachet et son attractivité : les rives du fleuve ont été rendues à la vue et aux piétons, les façades néoclassiques ont retrouvé leur éclat... Pour couronner ce vaste effort de valorisation, et suite au classement par l'Unesco de 3 édifices religieux situés sur les chemins de St-Jacques-de-Compostelle, Bordeaux a obtenu qu'une partie du **centre historique** soit classée au **Patrimoine mondial** au titre « d'ensemble urbain exceptionnel ». Ce souci de préserver l'héritage du passé est aussi une manière de préparer l'avenir. La ville s'est d'ailleurs dotée d'une charte d'écologie urbaine et de développement durable pour accompagner ses transformations.

Bordeaux monumental : une exposition incontournable pour cerner l'évolution de la ville *(voir p. 88)*. À voir également : « Les projets de Bordeaux » *(p. 45)*.

Du classicisme à l'éclectisme

Du 16e au 19e s., l'Aquitaine s'enrichit de nouvelles bâtisses. Aux fortifications érigées par Vauban succèdent un style Louis XVI inspiré de l'art antique, puis un éclectisme triomphant.

L'ÉPOQUE CLASSIQUE

La fin de la Renaissance avait été une époque de stagnation pour l'art français. Avec Henri IV commence une ère de prospérité matérielle qui permet aux artistes de s'engager dans une voie nouvelle. L'avènement de la dynastie des **Bourbons** amène un changement radical. L'art dit classique se développe de 1589 à 1789.

Les fortifications

Nées au 16e s., elles protègent surtout les cités frontalières. Courtines et bastions sont couronnés d'une plate-forme où sont placés les canons, tandis que des tourelles permettent de surveiller fossés et alentours.

Sébastien Le Prestre de **Vauban** (1633-1707), maître incontesté en matière de fortifications, établit son système caractérisé par des bastions que complètent des demi-lunes, dans un ensemble protégé par de profonds fossés. Profitant des obstacles naturels, utilisant les matériaux du pays, il s'attache à donner aux ouvrages une valeur esthétique.

En Gironde, son empreinte reste manifeste à **Blaye**, où la citadelle protectrice du port de Bordeaux participait d'un système de défense comprenant **fort Pâté** et **fort Médoc**.

L'architecture Louis XVI

De majestueux bâtiments évoquent le style Louis XVI, inspiré de l'art antique, dont l'architecte parisien Victor Louis fut un insigne représentant : sa manière, noble et sobre, s'exprime au **Grand Théâtre** de Bordeaux.

Voir aussi « Le Bordeaux des intendants » *(p. 45)*.

Quant aux **chartreuses**, ce sont ces petits châteaux caractéristiques de la Guyenne et plus particulièrement du vignoble bordelais. Bâties aux 18e et 19e s., elles ont été conçues par l'aristocratie locale pour servir de maison de campagne. Basses, habituellement sans étage, les chartreuses s'ouvrent de plain-pied sur une terrasse ou un parterre fleuri ; celle de **Loudenne** compte parmi les plus charmantes *(voir p. 125)*.

L'ÉCLECTISME DU 19e S.

Au 19e s., l'architecture européenne tend vers l'éclectisme, remettant au goût du jour les styles passés (antique, roman, gothique, Renaissance et classique) et empruntant largement aux styles étrangers, notamment à l'Orient. Ce type d'architecture est prétexte à des constructions originales, et à des **villas** somptueuses qui ont fait la réputation de certaines stations *(voir Lacanau)*.

BORDEAUX – Cage d'escalier du Grand Théâtre (fin 18e s.)

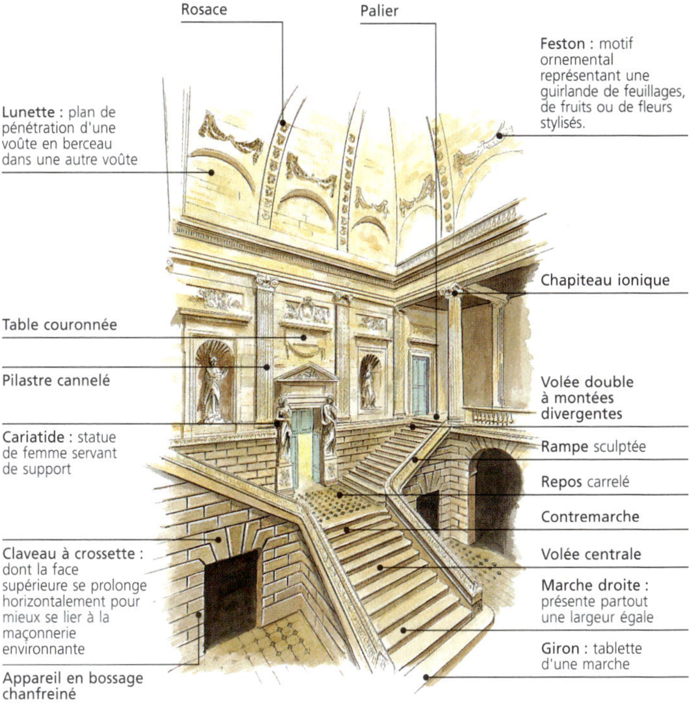

ARCACHON, Ville d'Hiver – Villa Trocadéro (fin 19e s.)

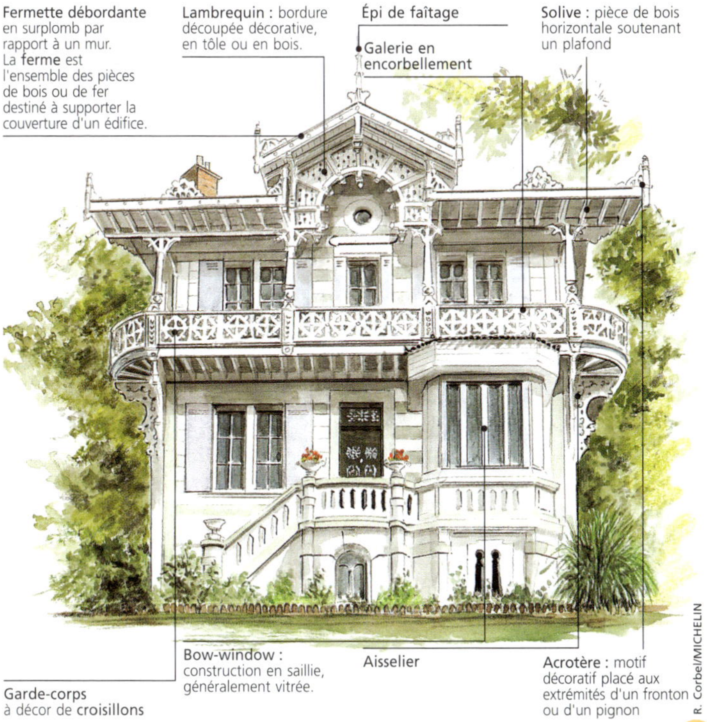

Terre de prédilection pour les constructions éclectiques, le **bassin d'Arcachon** s'est couvert de bâtiments de tous styles : villa algérienne au Cap-Ferret, ville d'hiver à Arcachon, conçue par les frères Pereire (chalets suisses, maisons basques, cottages anglais, villas mauresques, etc.).

En Bordelais, si le style néoclassique domine, il existe de curieux mélanges au **château Lanessan** (Renaissance espagnole et style batave) ou au **château Cos d'Estournel** (orientalisme et classicisme).

Habitat traditionnel

Crépie de couleur claire et s'élevant le plus souvent dans une clairière – survivance de l'ancien *airial* – la **maison landaise** typique fait partie du paysage. Elle est dépourvue d'étage et ne comporte qu'un grenier avec lucarne sous le toit de tuiles. La façade est protégée par un large auvent soutenu par des poutres de bois, l'*estantade*.

Visitez l'écomusée de la Grande Lande qui a reconstitué le quartier de Marquèze *(voir Parc naturel régional des Landes de Gascogne)*.

On peut encore voir, le long des routes forestières, de petites **cabanes** où les gemmeurs *(voir l'encadré p. 47)* rangeaient leurs outils. Ces cabanons rectangulaires, assez bas et sommaires, sont fabriqués en pin des Landes (planches assemblées horizontalement) et couverts d'un toit de tuiles peu pentu. Deux cabanes sont souvent accolées l'une à l'autre.

LA RÉGION AUJOURD'HUI

Si l'Aquitaine a joué un rôle mémorable dans l'histoire de France, sa place, plus discrète aujourd'hui, n'en demeure pas moins substantielle dans l'économie française. Mais l'Aquitaine est avant tout une région où il fait bon vivre. Riche de traditions bien présentes qui s'accompagnent souvent de fêtes joyeuses, elle se distingue tout spécialement par la finesse de ses vins et la qualité de sa gastronomie.

Stéphane Sauvignier / MICHELIN

Les vins de Bordeaux : toute une alchimie.

Les activités économiques

L'Aquitaine connaît un important rayonnement au niveau national, qu'elle doit particulièrement à l'essor du tourisme, ainsi qu'au dynamisme de villes comme Bordeaux.

LES PRINCIPALES ACTIVITÉS

L'Aquitaine reste globalement une région rurale où l'**agriculture** tient le haut du pavé. En Gironde, ce sont les vignes qui dominent le paysage économique. Les vins AOC représentent à eux seuls 40 % de l'ensemble de la production agricole végétale en Aquitaine. Le Lot-et-Garonne s'est, quant à lui, spécialisé dans les productions de fruits et légumes, tandis que le maïs a conquis la première place dans les Landes, aux côtés d'une importante exploitation forestière. Dans le Béarn, ce sont les élevages qui prédominent, permettant à la fois la production de viande et celle de lait et de fromage.

L'**industrie** demeure plus discrète mais tend à s'affirmer dans les secteurs de pointe. Finies les grandes heures de la métallurgie, de l'industrie de la chaussure ou du pétrole de Parentis. Demeurent quelques grandes entreprises publiques comme la fabrique des pièces de monnaie à Pessac (où fut frappé le premier euro) et quelques grands groupes tournés vers l'agroalimentaire (conserveries) et la transformation du bois.

En plein renouveau, **Bordeaux** se distingue dans les domaines de l'aéronautique, l'aérospatiale et les industries électroniques. À **Pau**, la découverte du gisement de gaz de Lacq en 1951 a contribué au développement du secteur de la chimie (Elf Aquitaine y a installé ses laboratoires de recherches) ; aujourd'hui la ville se tourne résolument vers les hautes technologies.

LES RESSOURCES DE LA MER

Dans le **port d'Arcachon**, à la pêche industrielle (du thon et de la sardine) a succédé une importante pêche artisanale (soles, merlus, bars, rougets, dorades…).

L'**huître** du bassin connaît une réputation internationale : 380 entreprises exploitent 780 ha de parcs ostréicoles pour une production annuelle d'huîtres de taille marchande variant entre 8 000 et 10 000 t., réalisée principalement à La Teste et à Gujan-Mestras. En outre, le bassin, véritable « maternité » européenne, fournit 60 à 70 % des 4 milliards de jeunes huîtres (naissain) nécessaires à la production globale française. L'ostréiculture, partagée entre l'élevage et le ramassage, effectués à bord de pinasses (bateaux traditionnels), constitue un atout touristique non négligeable. Le secteur constitue l'une des principales sources locales d'emplois, estimés à plus de 1 500.

Pour tout savoir sur l'huître du bassin, rendez-vous la Maison de l'huître à Gujan-Mestras *(voir Bassin d'Arcachon)*.

Le **port de Bordeaux**, qui fut longtemps l'une des principales sources de richesse de la ville, est aujourd'hui en net déclin. Premier port de France au 18e s., en particulier par le commerce entretenu avec les Antilles et notamment lié à la traite des esclaves, il n'occupe plus que la septième place. Sa position au fond de l'estuaire de la Gironde, à plus de 100 km de la pleine mer, a joué en sa défaveur, occasionnant la construction de nombreux **avant-ports** comme ceux du Verdon, de Blaye, de Pauillac, d'Ambès ou de Bassens. D'autre part, le trafic maritime fut nettement ralenti avec la décolonisation et la fermeture des trois raffineries bordelaises. Même le vin bordelais destiné aux États-Unis ne part plus de Bordeaux : il est exporté depuis Le Havre ou le Benelux. Bordeaux gagne toutefois la première place dans l'exportation du maïs, du pétrole brut des Landes et du papier kraft.

Les quais situés sur la rive gauche du port sont réaménagés afin d'être intégrés à la ville. Quant aux bassins à flot, en cours de reconversion, ils accueilleront un port de plaisance, et des espaces de loisirs et d'animations.

La filière bois

Riche d'une vaste pinède, la sylviculture constitue une part non négligeable de l'économie agricole et permet à l'Aquitaine de se placer en tête de la production nationale pour les lambris, parquets et palettes, ce qui n'a pas empêché l'industrie du papier de traverser une crise sévère.

LES TERRES VITICOLES

L'Aquitaine constitue la **première région viticole française en AOC** avec plus de 30 % de la production française. 50 000 salariés permanents et occasionnels vivent du fruit de la vigne, ce qui représente 4 % du PIB régional et 6 % de l'emploi. Sur les 8 millions d'hectolitres produits en moyenne annuellement en Aquitaine, plus de 80 % proviennent de la Gironde. La diversité des produits du vignoble bordelais, premier au monde pour les vins fins, est prodigieuse : 120 000 hectares de vignes, 12 000 « châteaux », **57 appellations**. Chaque année, près de 850 millions de bouteilles sont ainsi prêtes à la dégustation.

Représentant 40 % du chiffre d'affaires annuel, l'**exportation** constitue un secteur-clé pour le vignoble bordelais : en 2006, le volume total des exportations bordelaises atteignait 1,8 million d'hectolitres, pour une valeur de 1,27 milliard d'euros. En tête des pays amateurs de bordeaux, on trouve le Royaume-Uni et la Belgique, puis l'Allemagne, le Japon, les Pays-Bas et les États-Unis. De gros marchés semblent s'ouvrir en Asie du Sud-Est (Chine et Corée du Sud), qui ne représente pour l'heure que 15 % des exportations. Mais la prospérité n'est pas toujours de mise : en réalité, le vignoble connaît une alternance de périodes d'euphorie et de dépression, avec parfois des crises de surproduction dont la plus marquante sévit dans les années 1990.

Une profession en mutation

Le viticulteur maîtrise l'élevage de la vigne tout au long de l'année, de la taille au choix délicat de la date des vendanges. Après avoir misé sur le perfectionnement des compétences œnologiques dans les années 1980, les professionnels du vin comptent aujourd'hui beaucoup sur la modernisation de la viticulture, grâce à l'apprentissage de nouvelles technologies. Comme en témoigne l'importance croissante du **salon Vinitech** à Bordeaux, les viticulteurs bénéficient aujourd'hui d'outils de plus en plus performants : de nouveaux tracteurs légers, puissants et adaptables ; des sécateurs munis de batteries en lithium ultralégers ; du matériel de guidage par satellite qui permet de planter avec précision les plants de vigne, en tenant

Les vins bio

Officiellement reconnue depuis une quinzaine d'années, la viticulture biologique tend peu à peu à se développer dans la région. Un syndicat des vignerons bio d'Aquitaine regroupe les producteurs qui respectent des conditions précises sur le travail du sol et une fertilisation à base de produits naturels, interdisant l'utilisation des produits chimiques de synthèse. Le Bordelais est l'un des vignobles les plus importants en surface cultivée selon les principes de l'agriculture biologique, avec 1 300 ha et une centaine de viticulteurs bio. Une grande partie de la production est exportée vers les pays de l'Europe du Nord, l'Allemagne étant le plus gros importateur. Fin 2005, la Commission européenne a intégré le vin dans le règlement applicable à l'agriculture biologique. Un programme de recherche (2006-2009) a été lancé pour déterminer les pratiques œnologiques qui seront obligatoires ou interdites en viticulture biologique dans l'espace européen.

compte des textures et des configurations des sols ; des modes de fertilisation qui s'accompagnent d'un souci de préservation de l'environnement. Autant d'outils qui améliorent aussi bien le confort du vigneron que le rendement de la vigne. Les **compétences du viticulteur** doivent être multiples : outre une parfaite connaissance de la vigne, il doit posséder des notions de pédologie (connaissance des sols), de climatologie, et être capable de sélectionner les meilleurs cépages.

Du raisin au vin

Après les vendanges, le viticulteur peut livrer son raisin à une cave coopérative qui assure les opérations de vinification et de commercialisation. Mais il peut aussi choisir de participer lui-même à la fabrication du vin : il lui faudra alors pressurer ou fouler son raisin, vinifier (c'est-à-dire traiter les moûts pour en faire du vin), chaptaliser (ajouter du sucre) et surveiller les fermentations. Il devra ensuite soutirer le vin (le transvaser pour éliminer les dépôts), le mettre dans des fûts puis en bouteilles.

Outre ces aspects techniques, l'exploitant viticole devient de plus en plus un véritable dirigeant et doit acquérir pour cela les savoir-faire spécifiques au management. Ambassadeur de son entreprise auprès du marché et de ses clients, il doit aussi maîtriser les techniques de vente.

L'œnologue et le négociant

Les talents de l'œnologue peuvent être engagés ponctuellement par le propriétaire d'un « château » ou fixement par une coopérative : il veille à la sélection inspirée des cépages, au pressurage et parfois même à la commercialisation des bouteilles. C'est réellement le « scientifique du vin » : intervenant au moment de la vinification, il fait des contrôles et analyse la fermentation, le conditionnement et la distillation.

Quant au négociant, il peut aussi intervenir pour choisir les crus et les commercialiser sous sa marque.

L'influence étrangère

Il arrive aujourd'hui souvent que certains domaines français suivent plus ou moins les goûts et les exigences de leurs clients étrangers, surtout lorsque ceux-ci représentent plus de 30 % des débouchés de la propriété. On assiste d'ailleurs actuellement à l'éclosion de cuvées spécifiques à un pays donné, notamment aux États-Unis et au Japon. La mode des vins concentrés et riches en extraits s'installe lentement mais sûrement.

Cette mondialisation du goût constitue la trame du film *Mondovino* de Jonathan Nossiter *(2004, disponible en DVD)*, à la frontière entre documentaire et fiction. Le réalisateur américain y montre différents domaines viticoles à travers le monde. On voit ainsi que certains industriels prônent la production d'un vin au goût uniforme, tandis que quelques vignerons se battent pour préserver une idée du vin plus traditionnelle et patrimoniale. Le film ne manque pas de faire apparaître Robert Parker, célèbre critique américain qui a une grande influence aux États-Unis. La parution de son guide, où chaque vin reçoit une note sur 100, a sérieusement secoué le monde du vin français.

Reportez-vous aussi au chapitre Vignoble de Bordeaux dans la partie

« Découvrir les sites ». Et pour parfaire vos connaissances sur le vignoble bordelais, rendez-vous à **Planète Bordeaux** à Beychac *(voir Bordeaux)*.

LE TOURISME

L'Aquitaine se situe en bonne place parmi les destinations favorites des touristes français et étrangers : 5e région française pour le nombre annuel de nuitées (et 3e pour la fréquentation des campings), elle se place juste derrière l'Île-de-France pour la fréquentation des activités sportives et de loisirs. Britanniques, Allemands et Hollandais forment le trio de tête pour les clientèles étrangères. Le littoral, avec ses 250 km de côtes, représente le plus grand attrait touristique de la région : après une crise en 2003 due au naufrage du *Prestige*, il connaît aujourd'hui une nette hausse de fréquentation et concentre les deux tiers des nuitées durant la période estivale. Le tourisme y a un impact économique non négligeable, notamment sur les emplois : 27 000 emplois, soit 6,4 % de l'emploi salarié, sont liés à l'activité touristique du littoral. Le département des Landes est celui qui dépend le plus du tourisme, économiquement parlant.

La vague du surf

Le phénomène du surf touche désormais le grand public : la France compte 150 000 pratiquants et 31 000 licenciés : deux surfers sur trois sont Aquitains ! Les plages de la région attirent un nombre croissant de touristes venus de toute l'Europe et même d'ailleurs. Des compétitions internationales sont régulièrement organisées dans le coin et de grandes marques de matériel ou d'habillement y sont nées ou s'y sont implantées. En quelques années, le secteur de la glisse est donc devenu une activité de poids. Selon la chambre de commerce et d'industrie, il représente en Aquitaine plus de 170 entreprises et de 2 000 emplois, pour un chiffre d'affaire annuel de 700 millions d'euros. Pour accompagner ce succès, le conseil général des Landes a cofinancé un nouveau siège pour la Fédération française de surf à Hossegor, qui respecte les normes Haute Qualité Environnementale.

Pour en savoir plus sur la pratique du surf en Aquitaine, reportez-vous à la rubrique « Surf » *(voir p. 33)*.

Étienne Larribère / MICHELIN

La côte aquitaine, un paradis pour les surfers.

Tradition et folklore

LES VENDANGES

C'est toute l'année que les viticulteurs sont à pied d'œuvre pour produire un vin de qualité. De janvier à décembre, le vigneron soigne sa vigne par des tailles, des labours, des débourrements, des rognages, des traitements, l'élimination des mauvaises herbes, l'amendement des sols et la sélection des bourgeons. Point d'orgue d'une année de labeur, les vendanges, qui débutent généralement au mois de septembre, donnent une couleur et une ambiance particulières aux vignobles aquitains.

Manuelles ou mécaniques ?

Les vendanges peuvent prendre des formes très différentes selon que les viticulteurs emploient ou non des machines à vendanger. Permettant un net gain de temps, ces machines ne sont cependant utilisées que dans la mesure où leur emploi est compatible avec la qualité du vin. Que les amateurs se rassurent : les vendanges manuelles ont encore de belles heures devant elles.

Pour la plupart des grands crus classés, ainsi que sur les vignobles très en pente ou dans le cas de vins liquoreux nécessitant plusieurs « tries » successives, les vendanges ne peuvent s'effectuer qu'**à la main** : chaque coupeur prélève les grappes à l'aide d'un sécateur et les dépose dans un panier ; il décharge ensuite le contenu du panier dans la hotte d'un porteur ; puis le porteur verse la cueillette dans une benne, qui sera tractée jusqu'au chai. Pour limiter les manipulations, on supprime parfois le passage des grappes dans la hotte : la récolte du coupeur passe directement de la cagette dans la benne. La cueillette à la main fait appel à une nombreuse main-d'œuvre saisonnière. Dans le Bordelais, on attend chaque année des milliers de porteurs et de coupeurs.

La **vendange mécanique** ne s'est répandue en France et dans le Bordelais que depuis une trentaine d'années : parmi les secteurs importants de l'agriculture, la viticulture est celui qui s'est mécanisé le plus tardivement. La machine à vendanger enjambe la rège dont elle va recueillir les raisins. Elle est équipée de batteurs à secouage latéral qui détachent les baies de la rafle. Une chaîne à godets remonte ensuite les raisins vers un aspirateur qui élimine les feuilles et les pétioles risquant d'altérer le goût du vin ; la vendange tombe enfin dans une benne. Sur une vigne convenablement conduite, la mécanisation de la vendange n'entraîne pas d'effets dommageables. On a par exemple remarqué que les pertes par égrenage étaient à peine supérieures à celles que provoquent les vendangeurs travaillant manuellement. Mais pour ce qui est de la vitesse de travail, elle est multipliée par plus de dix et dépasse 0,5 ha par heure pour des vignes bien palissées et bien taillées. Les détracteurs de ce procédé reprochent à la machine d'écourter la durée de vie des ceps à cause des secousses qui lui sont imprimées ; d'autre part, toute vendange à la machine nécessite un tri, puisqu'elle ramasse indistinctement les raisins pourris comme ceux qui sont sains.

Le ban des vendanges

Plus connu pour désigner une manifestation folklorique, c'est avant tout un **arrêté préfectoral** qui définit chaque année et pour chaque appellation la date à partir de laquelle les viticulteurs peuvent commencer les vendanges. Le préfet se soumet pour cela à l'avis d'un comité technique composé de responsables syndicaux, de techniciens, d'œnologues et de chercheurs qui analysent le degré de maturité et la richesse en sucre d'une parcelle témoin. Libre ensuite à chaque vigneron de fixer la date de démarrage de ses propres vendanges, après avoir analysé et goûté son raisin, la maturité étant aussi fonction du type de vin recherché. Car si le viticulteur ne peut pas, sauf dérogation, vendanger avant la date autorisée (le non-respect de cette convention entraîne le risque que toute sa récolte soit exclue de l'appellation), rien en revanche ne lui interdit de la retarder. Une telle réglementation vise à garantir la qualité du vin : certains viticulteurs, par crainte de voir leurs raisins endommagés par les premières pluies d'automne, seraient tentés de se livrer à des vendanges précoces.

LES PÈLERINS DU 21e S.

Nombreux sont les marcheurs qui se lancent aujourd'hui sur les **sentiers de St-Jacques**. En dix ans, la fréquentation des chemins a plus que décuplé et les adeptes de Compostelle sont aujourd'hui plusieurs dizaines de milliers chaque été. Les raisons d'un tel engouement sont diverses. Elles tiennent tout d'abord à la médiatisation dont ont bénéficié les chemins de St-Jacques au cours des vingt dernières années. En 1987, le Conseil de l'Europe classait le chemin de St-Jacques « Itinéraire culturel européen » et, en décembre 1988, l'Unesco inscrivait les itinéraires vers Compostelle au **Patrimoine mondial de l'humanité**. Ainsi, les ouvrages, guides ou récits de voyage sur le sujet se sont multipliés. On sait aussi le regain d'intérêt pour la marche. Le plaisir de redécouvrir ce que le progrès et nos empressements quotidiens avaient soustrait à nos regards y est pour beaucoup, le goût retrouvé pour la simplicité et le naturel s'y mêlant. Poussés par la foi, ou le besoin de se ressourcer, les pèlerins du 21e s. acceptent le dénuement et l'effort du chemin.

Reportez-vous à la rubrique « Randonnée pédestre » *(p. 30)* ou consultez **www.saint-jacques-aquitaine.com**.

L'Aquitaine gourmande

Fière de ses traditions et de la qualité des produits de son terroir, l'Aquitaine sait cultiver ses foyers d'art culinaire, toujours inventifs. Ici, la saveur est reine.

EN GIRONDE

Poissons et fruits de mer

Si vous passez dans le bassin d'Arcachon, impossible d'en repartir sans une bourriche sous le bras, après avoir goûté les **huîtres** dans une cabane traditionnelle de pêcheur.

Pour tout savoir sur l'huître, suivez la Route de l'huître *(voir p. 32)*.

La cuisine bordelaise accommode les **aloses**, saumons, **lamproies**, anguilles et éperlans que lui apporte la Garonne. La lamproie à la bordelaise est cuite dans son sang, comme un civet, puis agrémentée de vin rouge corsé et de poireaux. Avant d'être servie, l'alose est préalablement marinée dans le vin blanc et l'huile parfumée de laurier.

Mais le « poisson-roi » de l'estuaire demeure l'**esturgeon**. C'est vers 1920 qu'un Russe blanc apporta en Aquitaine la recette de la confection du caviar. En une quinzaine d'années, l'industrie du caviar s'est véritablement organisée et jusque dans les années 1950, la production était de 3 à 5 t par an.

Les **chevrettes** de l'Estuaire sont devenues une spécialité de Bourg-sur-Gironde. Ces crevettes blanches que l'on pêche en été se préparent avec du laurier et un peu d'anis. Nombreux sont les cafés qui vous en proposeront à l'apéritif.

Les viandes

L'**agneau de Pauillac** est réputé pour son exceptionnelle tendreté. Élevé en bergerie, il est abattu non sevré à l'âge de 75 jours maximum.

Label Rouge, le **bœuf de Bazas**, réputé pour sa finesse, est issu d'élevages sélectionnés des meilleures races à viande, en particulier la fameuse bazadaise. Élevé en pâturage, il est nourri de maïs, d'orge ou de blé.

Quelques douceurs

À Bordeaux, on se régale de **canelés**, petits gâteaux caramélisés dont l'intérieur est moelleux. La ville de St-Émilion est quant à elle célèbre pour ses délicieux **macarons**. Trempées dans du vin rouge ou du champagne à l'apéritif, ou servies avec le café, ces petites merveilles moelleuses et délicatement croustillantes existent depuis 1620, date de leur invention par les religieuses de la ville. La légende affirme que les **pralines** furent créées à Blaye, en 1649, par le duc César de Choiseul du Plessis-Praslin. Quoi qu'il en soit, vous pourrez déguster ces délicieuses confiseries dans cette ville. Enfin, la **figue de Bourg** est une spécialité sucrée encore peu connue.

Antonin Thuillier / MICHELIN

Canards des Landes à Aire-sur-l'Adour.

DANS LES LANDES

Les viandes

Le **foie gras** d'oie et de canard relève d'une tradition régionale qui a depuis longtemps traversé les frontières. Aujourd'hui, à l'aide d'une gaveuse pneumatique, les palmipèdes ingurgitent de la semoule puis des grains de maïs, 2 à 3 fois par jour. Après un mois, l'oie ou le canard sont si lourds qu'ils ne marchent plus qu'avec peine. Quand ils refusent de se lever, ils sont « à point ».

Filet détaché des flancs de la bête, le **magret** se mange frais et grillé, plus ou moins saignant selon les goûts. Fumé, il entre dans la composition de la salade landaise. Quant à la graisse, elle sert à confectionner le **confit**.

Autre volaille prestigieuse, le **poulet fermier** des Landes est le premier produit à s'être vu décerner le Label Rouge en France, en 1965. Élevé en plein air et en totale liberté, sa chair tendre en fait un mets de choix.

Pour le plus grand bonheur des amateurs de gibier à plume, le département des Landes est réputé comme le pays de la **palombe** ou pigeon ramier. Celle-ci se mange rôtie, et de préférence saignante, en salmis et en confits.

Le **salmis** est une préparation à partir d'une pièce de gibier ou d'une volaille rôtie détachée en morceaux. La chair de la carcasse se hache menu avec les abats pour obtenir une sauce épaisse, passée au tamis fin. Après cuisson, on ajoute les morceaux du volatile.

Les bovins sont également fièrement représentés dans les Landes, par l'intermédiaire du célèbre **bœuf de Chalosse**, issu de la race limousine ou de la Blonde d'Aquitaine. Élevé en alternance entre prairie et étable, l'animal, nourri de fourrages et de maïs, produit une viande goûteuse et fondante.

Les pibales

À la fin de l'hiver, on pêche les civelles, ici nommées **pibales**, petits alevins d'anguilles qui remontent la Gironde et l'Adour. C'est la nuit que les pêcheurs capturent, avec des filets à mailles serrées, ces petites bêtes. Vendus à prix d'or sur les marchés aquitains, les pibales, que l'on fait revenir dans l'huile d'olive, constituent un mets très prisé des Espagnols.

Les fruits et légumes

Le **kiwi de l'Adour** est le seul kiwi reconnu par un Label Rouge : on dit qu'il est le meilleur d'Europe ! Favorisé par un climat océanique doux et par la richesse des terres alluviales, il est cultivé sur plus de 600 ha dans les vallées du Gave et de l'Adour qui fournissent à elles seules un quart de la production française.

L'**asperge des sables**, dont le département produit 3 500 t par an, vient d'être reconnue par une Identification géographique protégée. Le sol sablonneux des Landes lui fournit un terroir idéal. Blanche, fraîche et tendre, elle apparaît sur les marchés dès le mois de mars. Aussi bien cuisinée en vinaigrette qu'en omelette, elle accompagne également les salades landaises aux côtés des gésiers et du magret.

Les vins

Le **tursan** (VDQS), dont le vignoble s'étend sur 400 ha, se décline en vins blancs, vins rouges et rosés corsés et généreux.

L'inventaire ne serait pas complet sans l'**armagnac**, cette eau-de-vie à l'arôme délicat de pruneau et de violette. Les Landes accueillent l'une des trois régions de production, le Bas-Armagnac, pays de sables fauves. Obtenu à partir de la distillation de vins blancs, l'armagnac titre 40°.

Vins de Bordeaux

LES APPELLATIONS

Une garantie de qualité

Un « bordeaux » est une appellation générique donnée à tous les vins issus du département de la **Gironde** en tenant compte du caractère de chacun.

Ces vins sont des Appellations d'origine contrôlée (AOC) : l'**étiquette** indique clairement la région, la sous-région ou la commune de production.

Enfin, ce ne sont pas seulement la bouteille et le verre qui font preuve de transparence, mais le vin lui-même ! Un gage de qualité précieux pour le consommateur.

Le jeu des sept familles

On distingue sept grandes appellations :
- les bordeaux supérieur et bordeaux ;
- les saint-émilion, pomerol et fronsac ;
- les vins blancs secs ;
- les côtes ;
- les vins blancs moelleux et liquoreux ;
- les médoc et les graves ;
- les rosé, clairet, crémant et fine.

Chacune de ces sept familles réserve encore des subtilités déclinées en différents styles de vins.

Tenir son rang

Une appellation particulière peut être liée au classement : grand cru, premier cru, cru bourgeois... Le premier classement officiel, calé sur le prix du vin, remonte à l'Exposition universelle de Paris de **1855** : le premier grand cru

Un puissant voisin

Les congrégations religieuses et les commerçants d'Agen firent prospérer le **vignoble de Buzet**, implanté par les Romains, jusqu'à ce qu'Aliénor d'Aquitaine autorisât les seuls vignerons et négociants du bordelais à commercer avec l'Angleterre et l'Europe du Nord. L'abolition de ce privilège permit aux vins de Buzet de connaître un certain développement jusqu'au milieu du 19e s. Ils resteront néanmoins colonie bordelaise, vendus sous le nom de Bordeaux, jusqu'en 1911 : un décret réserve depuis lors l'appellation bordeaux aux seuls vins de la Gironde. L'AOC fut accordée en 1973.

classé était le plus cher ; le cinquième grand cru classé le moins onéreux.
Le système qui prévaut aujourd'hui a été fixé en **1973**, après quelques modifications apportées au classement de départ : des crus précédemment oubliés (mouton-rothschild) ont été classés, d'autres ont perdu leur titre. La classification est désormais révisable en fonction de la qualité du millésime, ce qui pique fortement l'attention des maîtres des lieux.

LES GRANDS CRUS

Au total, la production se partage entre 75 % de rouges et 25 % de blancs.

La carte des rouges

L'aptitude des vins rouges au vieillissement est remarquable. À l'élégance des **médocs** (les grands bordeaux rouges), auxquels s'apparentent les **graves rouges** fins et bouquetés, font écho l'arôme puissant et le caractère corsé des **saint-émilion**. Les **pomerols**, chauds et colorés, rappellent à la fois les médocs et les saint-émilion. Les **fronsacs**, fermes et charnus, plutôt durs en primeur, s'affinent avec l'âge. Plus en aval, les régions du **Bourgeais** et du **Blayais** sont réputées pour leurs « grands ordinaires », rouges et blancs.

Le vignoble de l'or blanc

Avec une gamme très harmonieuse, les vins blancs ont également une belle réputation. Ici, la place d'honneur revient aux grands vins de **Sauternes** et à ceux de **Barsac**, premiers vins blancs liquoreux du monde, obtenus à partir d'un raisin cueilli grain à grain et à un stade de maturation très particulier : la fameuse « pourriture noble ». Sur la rive opposée de la Garonne, les **sainte-croix-du-mont** et **loupiacs** ont aussi gagné leurs galons d'excellence. Radicalement différents au palais, les **graves secs**

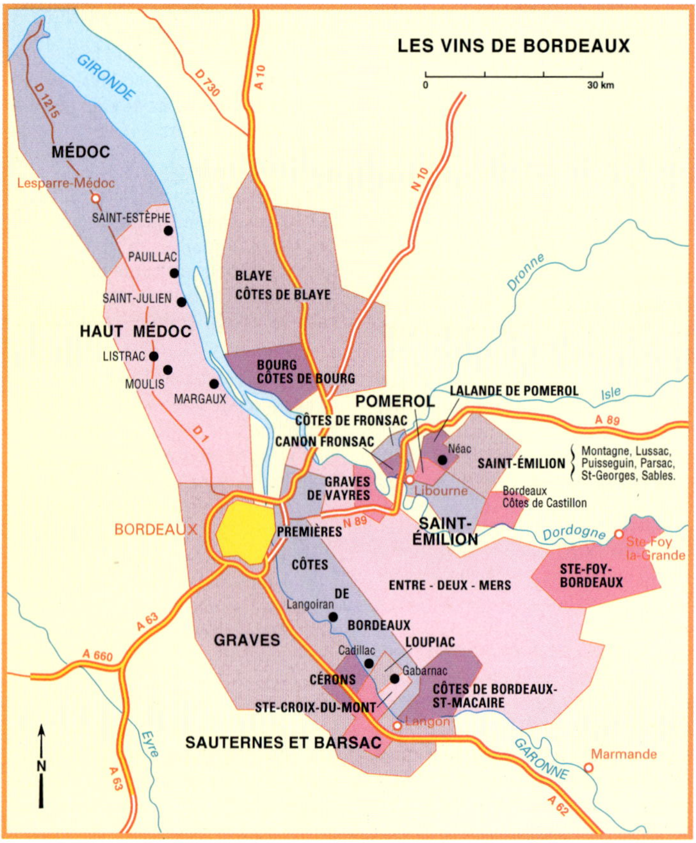

Vocabulaire à déguster

« **Bien en bouche** » : vin riche et équilibré, qui remplit la bouche.
« **Charnu** » : vin qui a du corps, qui donne la sensation de mordre dans un fruit.
« **Gras** » : vin à la fois moelleux, charnu, corsé et riche en alcool (signes d'un grand vin).
« **Corsé** » : vin riche en alcool ; on dit aussi qu'il a du « corps », de la « cuisse », de la « jambe ».
« **Souple** » : vin peu chargé en tanin, agréable au palais.
« **Gouleyant** » : vin facile à boire, fruité, frais.
« **Mâché** » : vin assez consistant, qui donne la sensation de pouvoir être mâché.
« **Nerveux** » : vin qui dénote un caractère vif, avec une pointe d'acidité.
« **Rond** » : vin souple, charnu, légèrement velouté.
« **Chaleureux** » : vin qui procure, par sa richesse en alcool, une sensation de chaleur.
« **Épais** » : vin très coloré, donnant une sensation de lourdeur et d'épaisseur.
« **Râpeux** » : vin très astringent, qui racle le palais.

ont fini par représenter le type du bordeaux blanc, un vin nerveux. Les produits des **vignobles de Créon** forment le trait d'union entre les meilleurs graves et les grands sauternes. Dans les premières **Côtes de Bordeaux**, le **cadillac** donne des vins blancs veloutés, moelleux, à l'agréable fraîcheur. Enfin, la large région de l'Entre-Deux-Mers est une grande productrice de vins blancs secs et de rouges « grands ordinaires ».

LA DÉGUSTATION

Après la sélection délicate et judicieuse des bons crus, il faut savoir servir le vin en suivant certaines règles qui assurent à l'amateur le meilleur plaisir de bouche.
Pour un **vin rouge**, il est conseillé de laisser reposer la bouteille quelques heures à température ambiante (18 à 20 °C) puis de l'ouvrir une heure avant le repas. Un vin rouge de grand âge demande à être servi dans un panier verseur ; il peut ainsi mieux décanter, en particulier s'il présente des impuretés en suspension. Selon leur âge, les rouges sont servis plutôt chambrés (14° à 18 °C) ou relativement frais, comme on le conseille pour les vins jeunes (5 ans) qui se boivent à 12 -14 °C.
Les **vins blancs secs** et les **rosés** seront appréciés frais (à 8 °C), et les blancs **moelleux** encore plus frais (environ 6 °C).
Bon à savoir – Il est préférable d'aller crescendo pendant le repas : commencez par le cru le plus jeune et le plus léger pour finir par le plus âgé et le plus corsé.

L'ART ET LA MANIÈRE

Avant même de porter votre verre aux lèvres, goûtez le vin avec les yeux, et avec le nez. Si vous voulez mettre des mots sur vos sensations, nous vous indiquons les termes les plus usités *(voir l'encadré ci-contre)*.

La vue

La dégustation commence par un examen visuel de la « robe » et du « disque » du vin. La robe, différente selon les crus, désigne la couleur et la limpidité du vin. Le disque est la surface du vin dans le verre : il doit être brillant et ne présenter aucune particule.

L'odorat

Chaque vin a son parfum, à l'odeur évocatrice classée en 10 familles : animale, boisée, épicée, balsamique, chimique, florale, fruitée, végétale, empyreumatique et éthérée. On commence par inhaler le nectar puis à le faire tourner dans le verre pour mieux libérer les arômes, en essayant de distinguer chaque famille. Avec les années, un vin dégage des odeurs sauvages et épicées.

Le goût

L'examen gustatif débute par une « attaque en bouche » de quelques secondes, où le vin entre brièvement en contact avec la langue. Ensuite, l'« évolution en bouche » permet d'apprécier plus longuement toutes les nuances du vin qui éclatent sur le palais. On avale alors une gorgée pour se délecter de la « fin de bouche ».

La fontaine des Girondins.

J. Malburet / MICHELIN

BORDEAUX

BORDEAUX★★★

230 600 BORDELAIS
CARTE MICHELIN DÉPARTEMENTS 335 H5 – GIRONDE (33)

Au front des maisons de Bordeaux, des silènes couronnés de pampres invitent le passant à goûter la capitale de la dive bouteille. Cette ville de courses lointaines, qui depuis des siècles a le commerce dans la peau, séduit le nouveau venu par ses multiples facettes. Avec l'un des secteurs sauvegardés les plus vastes de France, désormais classé au Patrimoine mondial de l'Unesco, elle continue de se métamorphoser à mesure de l'avancée de ses projets : l'arrivée du tramway, l'aménagement des quais sur la rive gauche rendant l'accès au fleuve, le développement rive droite d'un nouveau quartier qui laisse la part belle aux espaces verts. Voilà une ville fière de son passé et résolument tournée vers l'avenir.

Antonin Thuillier / MICHELIN

Le pont de Pierre enjambe la Garonne pour relier le Vieux Bordeaux au quartier La Bastide.

Se repérer – De nombreuses communes jouxtent Bordeaux dont elles sont séparées par une ceinture de grands boulevards. La **rocade** est accessible depuis les quais de la Garonne. Elle rejoint plusieurs autoroutes : l'A 10 (Paris-Bordeaux), l'A 63 (Bordeaux-Bayonne-Espagne) et l'A 62 (Bordeaux-Toulouse-Marseille).

Se garer – *Voir « Transports » dans l'encadré pratique.* Tous les premiers dimanches du mois, le centre-ville est interdit aux voitures.

À ne pas manquer – La cathédrale St-André ; la vue depuis la tour Pey-Berland ou la tour St-Michel ; le musée d'Aquitaine ; les portes de la Grosse Cloche et Cailhau ; la place de la Bourse ; la rue Ste-Catherine ; la boutique Baillardran Canelés ; le Conseil interprofessionnel du vin de Bordeaux ; Planète Bordeaux à Beychac.

Organiser son temps – Pour une visite guidée de la ville, comptez 2h. Un passage par l'exposition Bordeaux monumental vous donnera un aperçu général et vous permettra de bâtir votre itinéraire en fonction de vos centres d'intérêt. Vous pouvez prévoir une journée culturelle autour du quartier Pey-Berland où sont rassemblés les principaux musées.

Avec les enfants – Le musée d'Aquitaine ; le musée d'Art contemporain ; Cap Sciences ; une visite de la ville en calèche ; le miroir d'eau et ses fontaines-brumisateurs au bord du fleuve, les jours de chaleur ; l'écomusée de la vigne et du vin à Gradignan. En outre, Bordeaux est une ville « Famille Plus » *(voir p. 38)* : retrouvez les prestataires concernés auprès de l'office de tourisme et sur Internet.

Bordeaux pratique

Adresses utiles

Office du tourisme de Bordeaux – *12 cours du 30-Juillet - ✆ 05 56 00 66 00 - www.bordeaux-tourisme.com - tte la journée - fermé 1er janv., 25 déc.* Le *Guide d'accueil* vous y attend.

Maison du tourisme de la Gironde – *Voir p. 13.*

Visites

Bon à savoir – L'accès aux collections permanentes dans tous les musées municipaux de Bordeaux est gratuit.

Forfaits « Bordeaux Découverte » – *Voir p. 18.*

DÉCOUVRIR LA VILLE

Visites guidées – *Rens. à l'office de tourisme ou sur www.vpah.culture.fr et www.bordeaux-tourisme.com. - de mi-juil. à mi-août : 10h et 15h ; le reste de l'année 10h - 7,50 €.* Bordeaux, qui porte le label **Ville d'art et d'histoire** et est classé depuis juin 2007 au Patrimoine mondial de l'Unesco, propose des visites-découvertes animées par des guides-conférenciers agréés par le ministère de la Culture et de la Communication.

Tour commenté – *Rens., réserv. et RV à l'office de tourisme.*

À vélo – *1er dim. du mois 15h - 6,50 €.*

En autocar – *De déb. avr. à mi-nov. : merc. et sam. 10h - 7,50 €.*

En omnibus « Belle Époque » – *Juil.-août : dép. ttes les h.*

En attelage à chevaux – *Juil.-août.*

En petit train touristique – *Avr.-nov. - horaires : se renseigner à l'office de tourisme - dép. allées de Tourny face à l'office de tourisme - durée 45mn - 6 € (5-12 ans 4 €).*

Segway – *373 av. Thiers - ✆ 05 57 54 05 31.* Voici la nouvelle façon de découvrir la ville sans effort : un brin futuriste, ce mode de locomotion est muni de gyroscopes reproduisant le sens de l'équilibre humain. Debout, le promeneur se penche en avant pour avancer et en arrière pour faire reculer le Segway. Les prix comprennent initiation et accompagnement.

AUTOUR DU VIN

Bon à savoir – L'office de tourisme organise des circuits dans le vignoble bordelais, et des initiations à la dégustation du vin *(voir p. 34).*

Chais Calvet - *81 cours du Médoc - ✆ 05 56 43 59 71 - juin-oct. : mar.-sam. 10h-17h - 4 €.* Installée depuis 1818 dans le quartier des Chartrons, c'est la dernière maison de vin encore en activité au centre de Bordeaux : visite de la maison, de la cuverie, des chais et des caves, puis dégustation de 4 vins *(40mn).*

AUTRES VISITES

Bon à savoir – L'office de tourisme propose de nombreuses **visites à thème** *(sur réserv.)*, parmi lesquelles les « découvertes économiques » (visite d'une société ou d'un site industriel remarquables), ou la « balade gourmande », ponctuée d'étapes-dégustations de produits régionaux...

En bateau – *Réserv. et RV à l'embarcadère des Quinconces, quai Louis-XVIII - ✆ 05 56 52 88 88.* Visite commentée du port à bord du bateau Ville de Bordeaux *(apr.-midi - 8 €)*, l'histoire de Bordeaux racontée par son fleuve *(selon programme, juil.-août : apr.-midi - 10 €)*, promenade fluviale commentée dans le port de la Lune *(juil.-août : apr.-midi - 3 €).*

Transports

VENIR À BORDEAUX

Aéroport Bordeaux-Mérignac – *Voir p. 17.* Navette (Jet'bus) vers le centre-ville (pl. de la Comédie et la gare St-Jean) 30 à 45mn, ttes les 45mn *(7/7j.- aller simple 7 €).*

Gare St-Jean – Pour rejoindre le centre-ville, prenez la ligne C du tramway.

EN VOITURE DANS BORDEAUX

Bon à savoir – Tous les 1ers dim. du mois, le centre-ville est interdit aux voitures.

Parkings – 27 parkings totalisant quelque 15 000 places permettent de se garer en ville. Parmi les plus grands : parking couvert de Tourny (pl. de Tourny), parking couvert Mériadeck (r. Claude-Bonnier), parking couvert de la Cité mondiale (20 quai des Chartrons), parking couvert de la place de la Bourse, parking couvert du Chapeau Rouge (cours du Chapeau-Rouge) et parking couvert des Salinières (quai des Salinières).

Location de voitures – Inutile pour un séjour en ville (on se déplace très facilement à pied ou en transports en commun), la location d'un véhicule permet en revanche d'explorer les alentours de Bordeaux en toute liberté. Les principaux loueurs sont représentés à l'aéroport Bordeaux-Mérignac et à la gare St-Jean : **Ada** – *✆ 05 56 34 67 67 (aéroport), ✆ 05 56 31 21 11 (gare St-Jean) - www.ada.fr* ; **Avis** – *✆ 0 820 611 673 (aéroport), ✆ 0 820 611 674 (gare St-Jean) - www.avis.fr* ; **Budget** – *✆ 05 56 47 84 22 (aéroport) - www.budget.fr* ; **Europcar** – *✆ 0 825 740 040 (aéroport),*

✆ 0825 004 246 (gare St-Jean) - www. europcar.fr ; **Hertz** – *✆ 0 825 002 400 (aéroport), ✆ 05 57 59 05 95 (gare St-Jean) - www.hertz.fr* ; **Leader Rent** – *46 rue Peyronnet - ✆ 05 56 92 60 40 - leader-rent. bordeaux@wanadoo.fr* (location de voitures à la gare).

EN TRANSPORTS EN COMMUN

La desserte urbaine combine tramway et bus. Un même titre de transport dans les deux cas, la **Tickarte** (carte magnétique) valable pour un voyage ou plus selon la formule choisie. Un trajet coûte 1,30 € et un titre journalier 4,10 €. Des distributeurs se trouvent sur les quais des stations *(rens. : ✆ 05 57 57 88 88 ou www.infotbc. com)*.

Bordeaux compte **3 lignes** de tramway :

A - Mérignac-Lormont Lauriers/Floirac Dravemont (d'ouest en est) ;

B - Bassins à Flot-Pessac (du nord au sud) ;

C - Gare St-Jean-Quinconces (du sud au nord, le long du fleuve).

Se loger

Bon à savoir – Tous les deux ans autour de la deuxième quinzaine de juin, il est pratiquement impossible de se loger à Bordeaux et dans la région. Agen, qui est pourtant située à plus de 100 km, est aussi touchée par la vague de professionnels du vin qui déferle sur la ville à l'occasion du salon Vinexpo.

Hôtel Opéra – *35 r. de L'Esprit-des-Lois - ✆ 05 56 81 41 27 - hotel.opera.bx@ wanadoo.fr - fermé 24 déc.-2 janv. - 28 ch. 45/60 € - ☕ 6 €.* Hôtel familial sans prétention à deux pas du Grand Théâtre et des allées de Tourny. Accueil, entretien régulier (couloirs, moquettes, literie et voilages neufs), chambres fonctionnelles et prix raisonnables pour la ville composent les atouts de l'adresse.

Hôtel des Quatre Sœurs – *6 cours du 30-Juillet - ✆ 05 57 81 19 20 - http://4sœurs. free.fr - 36 ch. 80/100 € - ☕ 8 €.* Ce vénérable établissement idéalement situé en plein cœur de Bordeaux s'enorgueillit d'avoir hébergé le musicien Richard Wagner et l'écrivain John Dos Passos. Restauré, il abrite aujourd'hui des chambres claires, climatisées, très bien insonorisées et garnies de jolis meubles peints.

Hôtel Notre-Dame – *36 r. Notre-Dame - ✆ 05 56 52 88 24 - www. hotelnotredame33.com - 21 ch. 50 € - ☕ 6 €.* Cette maison du 18e s. abrite un hôtel familial plutôt modeste, mais où l'on affiche des prix très raisonnables. Petites chambres bien tenues, confortable salon et plaisante salle des petits-déjeuners. L'ancien « pavé » des Chartrons (belles demeures de négociants) constituera une jolie balade à deux pas de l'établissement.

Étap'Hôtel – *37 cours du Mar.-Juin - ✆ 0 892 680 584 - www.etaphotel.com - P - 109 ch. 48 € - ☕ 4 €.* Cet hôtel de chaîne situé en plein centre-ville propose des chambres fonctionnelles toutes identiques : murs blancs crépis, tissus bleus, climatisation, TV. Une adresse pratique à prix sages, pour visiter le quartier historique de Bordeaux.

Hôtel Acanthe – *12 r. St-Rémi - ✆ 05 56 81 66 58 - www.acanthe-hotel-bordeaux.com - fermé 23-30 déc. - réserv. obligatoire - 20 ch. 52/72 € - ☕ 6 €.* La situation centrale et les prix très raisonnables sont les points forts de cet établissement en partie rénové et non-fumeurs. Les chambres, de taille correcte, sont claires et bien insonorisées, et l'accueil est agréable.

Hôtel Citéa – *1 bis r. Jean-Renaud-Dandicolle - ✆ 05 56 56 18 00 - www.citea. com - P - 98 studios et 10 appartements 57/77 € - ☕ 7 €.* Un immeuble neuf qui abrite une résidence hôtelière avec plusieurs formules : studios ou deux pièces, toujours avec une cuisinette équipée, mais aussi possibilité de prendre le petit déjeuner dans le salon au rez-de-chaussée. Décoration sobre et fonctionnelle et prix dégressifs suivant la durée du séjour.

Hôtel Presse – *6 r. de la Porte-Dijeaux - ✆ 05 56 48 53 88 - www. hoteldelapresse.com - fermé 25 déc.-2 janv. - 27 ch. 72/91 € - ☕ 9 €.* Sympathique petit hôtel situé dans le quartier piétonnier et commerçant de la vieille ville ; précisons toutefois que l'accès en voiture est parfois un peu difficile. Un escalier agrémenté d'un tapis rouge carmin conduit à de confortables chambres fonctionnelles.

Une Chambre en Ville – *35 r. Bouffard - ✆ 05 56 81 34 53 - www. bandb-bx.com - 5 ch. 79/89 € - ☕ 8 €.* Cet immeuble du centre historique a été entièrement rénové et abrite des chambres personnalisées et parfaitement tenues : la suite « Bordelaise » (teintes chaudes, mobilier de style), la « Nautique » décorée sur le thème de la mer, l'« Orientale » aux couleurs vives et garnie de meubles rapportés du Maghreb...

Hôtel de la Tour Intendance – *16 r. de la Vieille-Tour - ✆ 05 56 44 56 56 - www.hotel-tour-intendance.com - P - 24 ch. 98/148 € - ☕ 10 €.* Rénovation réussie pour cet hôtel du centre-ville : façade typiquement bordelaise bien mise

Stéphane Sauvignier / MICHELIN

Grand choix de vins.

en valeur, pierres apparentes et tomettes à l'intérieur. Les chambres confortables, modernes, climatisées et personnalisées participent au charme de l'endroit. Accueil agréable et souriant.

Se restaurer

L'huître dans l'assiette – Le bassin d'Arcachon est proche, mais si vous n'avez pas le temps ou pas prévu d'y faire un saut, vous trouverez facilement un restaurant affichant le traditionnel plateau d'huîtres sur sa carte.

Le Valentino – *6 r. des Lauriers - 05 56 48 11 56 - 7,50/24 €.* Le dernier-né des restaurants de cette rue piétonnière est très sympathique. Le décor offre un charme certain : murs blancs, photos encadrées, chaises en hêtre et éclairage étudié. La cuisine régionale satisfera les plus gourmands.

Sarl la Cheminée Royale – *56 r. St-Rémi - 05 56 52 00 52 - fermé lun. midi et dim. - 9/27 €.* La grande cheminée où sont préparées les grillades (pavé de bœuf au foie gras, brochettes, etc.) trône dans la salle à manger de ce restaurant du centre-ville. Les menus proposés tournent autour d'une cuisine traditionnelle parfaitement maîtrisée.

La Bonne Table – *17 r. Huguerie - 05 56 01 11 49 - fermé 15-25 août et dim. soir - 10/27 €.* D'appétissants menus à dominante de produits de la mer, frais émoulus de la criée d'Arcachon, vous seront servis dans ce restaurant de quartier au cadre très sobre. Sachez en outre que le chef fume lui-même son saumon, et que si vous n'avez jamais goûté à la lamproie bordelaise, vous avez frappé à la « bonne table » !

Chez Mémère – *11 r. de la Devise - 05 56 81 88 20 - 12,50/30 €.* Retrouvez l'ambiance et la saveur des repas pris chez grand-mère sous les voûtes de cette échoppe du 16e s. qui propose garbure landaise, agneau de Pauillac, bœuf de Bazas, encornets frais aux piments d'Espelette et autres recettes du Sud-Ouest. Cave de dégustation de vins régionaux.

Lou Magret – *62 r. St-Rémi - 05 56 44 77 94 - fermé 7-21 juil., dim. et j. fériés - formule déj. 11,5 € - 12,90/22 €.* Dans une rue envahie par les restaurants, laissez-vous tenter par ce modeste établissement dont la spécialité est le canard sous toutes ses formes, simplement grillé ou accommodé d'une savoureuse sauce. Décor sans façon et terrasse sur la rue.

Quaizaco – *80 quai des Chartrons - 05 57 87 67 72 - fermé 7-20 août, sam. midi et dim. - 13 €.* Dans un entrepôt du 18e s., où les pierres de taille côtoient harmonieusement meubles et tableaux contemporains (expositions temporaires). Carte actuelle.

Auberge ' Inn – *245 r. de Turenne - 05 56 81 97 86 - fermé 23 fév.-3 mars, 30 juil.-19 août, 22 déc.-2 janv., sam., dim. et j. fériés - 17/27 €.* Murs couleurs aubergine et vert anis, décor contemporain épuré, mobilier moderne, agréable petite terrasse et cuisine dans l'air du temps : une auberge vraiment « in » !

Le Bistro du Musée – *37 pl. Pey-Berland - 05 56 52 99 69 - www.lebistrotdumusee.com - fermé dim. - 14,90 € déj. - 22,50/30 €.* D'emblée, on éprouve de la sympathie pour ce bistrot à la jolie devanture en bois vert foncé et au cadre soigné : murs de pierres apparentes, parquet en chêne, banquettes en moleskine et décor d'outils vignerons. Cuisine du Sud-Ouest escortée d'une belle carte de vins du Bordelais.

Le Café Bordelais – *15 allée de Tourny - 05 56 81 49 94 - 18 € déj. - 25/40 €.* Un bien joli endroit au cœur de la ville, sur les célèbres allées de Tourny. Cette brasserie a su marier l'ancien du parquet et des banquettes au design des lampions et autres bibelots de-ci de-là. Service jeune et souriant, cuisine du Sud-Ouest accompagnée d'une carte des vins elle aussi très régionale.

Les Restaurants de l'Atrium – *R. du Card.-Richaud - 33300 Bordeaux-le-Lac - dans le casino de Bordeaux-Lac - 05 56 69 49 00 - www.casino-bordeaux.com - 14,50/25 €.* Pas moins de trois enseignes vous attendent dans l'enceinte du casino : l'Atrium, carte bistrot de spécialités régionales et fruits de mer, ainsi que deux restaurants ouverts uniquement le soir, qui vous proposent de dîner dans un cadre chic et feutré bénéficiant de la vue sur le lac (à la Passerelle) ou dans l'ambiance des jeux (à la Carène).

Faire une pause

Ailleurs à Bordeaux – *3 pl. du Parlement - ☏ 05 56 52 92 86 - sais. 10h-0h ; hors sais. 10h-20h30 - fermé 1er janv.* Cette boutique originale et dépaysante abrite sous le même toit un salon de thé, une librairie consacrée aux voyages et une belle sélection d'objets « d'ailleurs ». L'adresse, pleine de charme et tenue par un couple qui a parcouru de nombreux pays, invite à savourer le bonheur de l'évasion.

Le Bar à Vin – *3 cours du 30-Juillet - ☏ 05 56 00 43 47 - www.bordeaux.com - 11h-22h - de 10 à 30 €.* Le hall de cet immeuble du 18e s. au décor design est consacré à la dégustation. Trois sommeliers pour des explications et des assiettes de fromages ou charcuteries pour accompagner.

En soirée

Bon à savoir – Cinéma, pièces de théâtre, musique, danse… Tout l'agenda des sorties bordelaises est réuni dans l'hebdomadaire *Bordeaux Plus*. Il est également disponible dans quelques offices de tourisme autour de la ville ou dans les hôtels.

Les **quais**, autrefois à l'abandon, ont subi un changement radical : les façades des immeubles ont été ravalées et les hangars transformés en commerces, salles de spectacles, etc. Côté Dordogne, bars et petits restaurants modernes avec terrasses comptent désormais parmi les adresses branchées de Bordeaux.

Bienvenue dans le fief des jeunes Bordelais ! Sur la **place de la Victoire**, une douzaine de bars et de cafés prodiguent en permanence concerts et soirées à thème. Parmi ces établissements, citons El Bodegon réputé pour son ambiance et le Plana, lieu de passage obligé, dit-on, pour tout étudiant digne de ce nom.

Guidés par un instinct festif très sûr, de nombreux lucifuges viennent finir la nuit dans l'un des bars ou l'une des discothèques qui jalonnent le **quai Paludate**. Aux alentours de trois heures du matin, c'est bien simple : l'endroit est tellement bondé qu'il faut jouer des coudes pour ne pas tomber à l'eau.
À fréquenter en priorité : le Comptoir du Jazz (concerts de jazz et de blues) et la Distillerie, spécialisée dans les whiskies.

Le Grand Théâtre - Opéra National de Bordeaux – *Pl. de la Comédie - ☏ 05 56 00 85 95 - www.opera-bordeaux.com - billetterie : tlj sf dim. 11h-18h - fermé j. fériés.* Le Grand Théâtre de Bordeaux est l'un des plus beaux de France. Sa richesse culturelle ne le cède en rien à sa richesse architecturale. Au cours de son histoire, il a accueilli les créations mondiales de *Sampiero Corso* d'Henri Tomasi (1956) et de *Colombe* de Jean-Michel Damase (1961) et la création française de *Gloriana* de Benjamin Britten (1967). Bénéficiant d'une excellente acoustique, il est le lieu de représentation de nombreux concerts symphoniques, d'opéras et de ballets.

Théâtre national de Bordeaux en Aquitaine – *Sq. Jean-Vauthier, quartier Ste-Croix - ☏ 05 56 33 36 80 - www.tnba.org - billetterie : 13h-19h - fermé 14 juil.-25 août, dim., lun. et j. fériés.* Trois salles (120, 450 et 750 places) pour une programmation pluridisciplinaire : théâtre, cirque, danse, musique, etc. Pièces classiques et contemporaines,
et spectacles dédiés au jeune public avec le Théâtre des Enfants.

L'Onyx – *11 r. Fernand-Philippart - quartier St-Pierre - ☏ 05 56 44 26 12 - www.theatre-onyx.net - permanence : 19h-20h les soirs de spectacle ; oct.-mai : merc. 13h-18h ; jeu.-vend. 9h30-12h, 13h-18h - fermé juil.-sept. - 14 €.* C'est le plus ancien café-théâtre de la ville et un lieu indispensable pour découvrir la culture « bordeluche ».

Théâtre « La Boîte à Jouer » – *50 r. Lombard - ☏ 05 56 50 37 37 (réserv.) - billetterie : merc.-sam. 20h ; spectacles 20h30 - fermé juil.-sept. - 10 € (enf. 6 €).* Ce théâtre compte deux salles de taille modeste (60 et 45 places) où se produisent de petites compagnies régionales, nationales et même internationales, spécialisées dans le théâtre contemporain et musical. Possibilité de dîner sur place.

Théâtre Fémina – *10 r. Grassi - ☏ 05 56 52 45 19 - selon spectacles.* D'une capacité de 1 100 places, ce bel édifice accueille pièces de théâtre, comédies, opérettes, chorégraphies et concerts.

Casino de Bordeaux – *R. du Card.-Richaud - ☏ 05 56 69 49 00 - 10h-4h.* Ce casino regroupe des jeux de black-jack, poker, roulettes anglaise et française, ainsi que 250 machines à sous. Restaurants, spectacles, animations, etc.

Que rapporter

Bon à savoir – La chambre de commerce et d'industrie met en ligne un guide de shopping : www.bordeaux-shopping.com. L'office de tourisme abrite un espace boutique où vous trouverez des souvenirs à l'effigie de la ville et des cadeaux autour du vin.

Conseil interprofessionnel du vin de Bordeaux – *1 cours du 30-Juillet - ☏ 05 56 00 22 88 - www.vins-bordeaux.fr - tlj sf w.-end 9h-17h - fermé j. fériés.* Tout ce que vous avez voulu savoir sur les vignobles et les crus du Bordelais sans jamais oser le demander, ou sans jamais le trouver : stages dispensés par l'école du Vin, dégustations, boutique, documentation, conseils, etc. Plusieurs cavistes à proximité.

Voir notre sélection d'adresses où acheter des vins de Bordeaux dans l'encadré pratique : Vignoble de Bordeaux, Blaye, Bourg, Libourne.

RUES COMMERÇANTES

La rue Ste-Catherine, qui traverse le Vieux Bordeaux, est longue de près de 2 km. Elle est bordée de commerces de tous types, grands magasins, boutiques de mode, bars, restaurants, etc. Formant un angle entre cette rue et la rue de la Porte-Dijeaux, à quelques pas de la Comédie, le passage de la Galerie-Bordelaise permet de faire du lèche-vitrine dans un cadre architectural romantique.

Dans le quartier des Chartrons, la rue Notre-Dame (et rues adjacentes) est devenue celle des antiquaires et des brocanteurs, tandis que la rue du **Faubourg-des-Arts**, dédiée aux métiers des arts, accueille de nombreux artisans et créateurs.

MARCHÉS

Marchés traditionnels – *Lun.-sam., pl. de la Ferme-de-Richemont ; dim. cours Victor-Hugo ; mar.-dim. pl. des Capucins ; dim. quai des Chartrons.*

Marchés biologiques – *Jeu. quai des Chartrons ; vend. pl. Lucien-Victor-Meunier ; sam. pl. St-Amand (quartier Caudéran).*

SPÉCIALITÉS

Huîtres Brunet – *11 r. de Condé - ☏ 05 56 81 66 60 - tlj sf lun. 10h-12h30, 16h-20h30, dim. et j. fériés 9h-13h - fermé juil.-août.* Depuis 25 ans, cet ostréiculteur amène des naissains à maturité dans le bassin d'Arcachon pour les vendre ensuite sur son petit étal bordelais posté non loin de la place des Quinconces. Chaque matin, un nouvel arrivage d'huîtres fraîches et charnues part donc de ses parcs pour prendre place sur ce comptoir. Si vous prenez soin de téléphoner auparavant, la maison peut ouvrir les huîtres pour vous.

Baillardran Canelés – *Galerie des Grands-Hommes - ☏ 05 56 79 05 89 - tlj sf dim. 8h30-19h30 - fermé j. fériés.* Située dans le marché des Grands-Hommes, cette boutique confectionne de délicieux canelés : ces petits gâteaux bordelais à la

Les fameux canelés.

robe brune, fine et caramélisée épousent la forme du moule en cuivre dans lequel ils sont cuits. Croquants à l'extérieur, ils sont mœlleux à l'intérieur.

Chocolaterie Saunion – *56 cours Georges-Clemenceau - ☏ 05 56 48 05 75 - tlj sf lun. mat. et dim. 9h30-12h30, 13h30-19h15, lun. 14h-19h15 - fermé 15-22 août, j. fériés sf 25 déc., 1er janv. et Pâques.* C'est l'un des chocolatiers les plus réputés de Bordeaux : donc, à ne pas manquer.

Darricau – *7 pl. Gambetta - ☏ 05 56 44 21 49 - www.darricau.com - tlj sf dim. 10h-19h - fermé 1er-15 août et j. fériés.* Depuis 1913, la maison régale les gourmands avec son Week-End à Bordeaux (spécialité), ses ganaches fondantes ou son chocolat pétillant. Michel Garrigue, qui tient actuellement les rênes de cet établissement, travaille avec de grands crus de cacao et les associe aux épices et herbes aromatiques rapportées de ses nombreux voyages.

Confiserie Cadiot-Badie – *26 allées de Tourny - ☏ 05 56 44 24 22 - www.cadiotbadie.com - tlj sf dim. 9h15-19h (lun. 10h) - fermé 2 sem. en août et j. fériés sf Noël et Pâques.* Vous serez sûrement charmé par le style rétro de cette belle boutique fondée en 1826. Truffes et bouchons bordelais confectionnés avec passion valent vraiment le détour.

AUTRES ACHATS

Librairie Mollat – *15 r. Vital-Carles - ☏ 05 56 56 40 40 - www.mollat.com - 9h30-19h30 - fermé j. fériés.* La première librairie indépendante de France demeure une véritable institution régionale.

Passage St-Michel – *14-17 pl. Canteloup (quartier St-Michel) - ☏ 05 56 92 14 76 - www.passage-st-michel.com - 9h30-18h30, dim. 8h30-14h - fermé 1er janv. et 25 déc.* Ancien entrepôt reconverti en galerie de brocanteurs (49 marchands).

Sports & Loisirs

AU BORD DE L'EAU

Bon à savoir – Par beau temps ou forte chaleur, vous aurez sans doute envie de vous rafraîchir dans l'Atlantique, toute proche. Vous ne serez pas le seul ! Attendez-vous donc à étouffer dans les embouteillages avant d'atteindre la mer promise.

Une **piste cyclable** (59 km), accessible depuis Bordeaux-Lac, permet de rejoindre Lacanau.

Les plages – Arcachon est à 50 km à l'ouest, Lacanau à 60 km au nord-ouest et Biscarosse à 74 km au sud-ouest.

Le **Porge** est la plage de prédilection des Bordelais, située entre Lacanau-Océan et le bassin d'Arcachon. Il faut avouer que cet endroit présente un charme indéniable avec ses restaurants-bars installés dans des petits chalets de bois, juste derrière la dune de sable.

Le lac – Il couvre 160 ha et offre un centre de voile et d'aviron. Autour du plan d'eau se situent des équipements sportifs (golf, tennis), un ensemble de grands hôtels, un palais des congrès et un parc des expositions. Le quartier du Lac est desservi par le pont d'Aquitaine, mis en service depuis 1967, voie d'accès à l'autoroute A 10 vers Paris.

Centre de Voile de Bordeaux-Lac – *Bd du Parc-des-Expositions - 33520 Bruges - 05 57 10 60 35 - tlj sf dim. 9h-12h, 14h-18h30 - fermé 9 avr., 1er, 8, 17 mai, 14 Juil., 15 août.* Ce centre nautique organise des stages de bateau et de planche à voile pour les jeunes comme pour les adultes. Également, location de matériel.

AU VERT

Golf de Pessac – *R. de la Princesse - 33600 Pessac - 05 57 26 03 33 - 8h-19h30.* À quelques minutes de l'aéroport, ce golf est agréable car bordé de pins et de plans d'eau. Parcours de 27 trous et 9 trous compact. Club-house et restaurant.

Événements

Fête du fleuve – *www.bordeaux-fete-le-fleuve.com.* Les années impaires, le dernier w.-end de juin, les quais s'animent sous les flonflons de la Fête du fleuve.
Au programme, dégustations de vins et de fruits de mer, sons et lumières, bal, régates et feu d'artifice.

Fête du vin – *05 56 00 66 00 - www.bordeaux-fete-le-vin.com.* Les années paires le dernier w.-end de juin ou 1er w.-end de juillet est dévolu au roi Vin. Sur la place des Quinconces et une partie des Quais. On achète un carnet de tickets avec un verre, que l'on va remplir ensuite dans les stands des différents producteurs. Animations, concerts.

« Scènes de jardins » – Cette manifestation investit fin juin (années impaires) l'esplanade des Quinconces : paysagistes, designers, décorateurs se mettent au vert pour imaginer des « jardins extraordinaires » où poussent des légumes oubliés ou des labyrinthes de fraises.

Le Vieux Bordeaux

Ét,du sur la rive gauche de la Garonne, entre le quartier des Chartrons et le quartier St-Michel, le secteur du Vieux Bordeaux compose un ensemble architectural exceptionnel hérité du 18e s. Autour des grands incontournables, tels que la place de la Bourse ou le Grand Théâtre, quelque 5 000 immeubles reflètent les tendances classiques et néoclassiques de l'époque. La vaste campagne de réhabilitation redonne tout son éclat à la belle pierre ocre extraite des carrières alentour (St-Macaire, Bourg-sur-Gironde).

1 Des Quinconces aux Chartrons

Le quartier des Quinconces s'inscrit autour du triangle de grandes artères formé par le cours Clemenceau, le cours de l'Intendance, piétonnier, et les allées de Tourny, pourvues d'une agréable esplanade.

Esplanade des Quinconces DE1

Son intérêt réside avant tout dans sa superficie (126 000 m^2). Elle a été aménagée, pendant la Restauration, sur l'emplacement du château Trompette qui avait été bâti après la guerre de Cent Ans par Charles VII et agrandi par Louis XIV. On planta alors l'esplanade d'une série d'arbres disposés en quinconce, d'où son nom.

Vous saluerez au passage deux grandes figures de Bordeaux : **Montaigne**, qui fut maire de la ville à deux reprises, et **Montesquieu**, qui résidait au château de la Brède *(voir ce nom)* et était membre du parlement de Bordeaux (statues datant de 1858). Face au fleuve se dressent deux colonnes rostrales.

Pendant longtemps parc de stationnement, l'esplanade, en cours d'embellissement, est célèbre pour son **monument aux Girondins** (D1). Monument allégorique érigé entre 1894 et 1902 à la mémoire des Girondins décapités en 1792, il forme un ensemble sculptural étonnant. En haut d'une colonne de 50 m de haut, la *Liberté brisant ses fers* surmonte deux remarquables **fontaines★** en bronze : des chevaux marins toute crinière au vent, cabrés et levant haut leurs sabots palmés, y tirent les chars du *Triomphe de la République* (côté Grand Théâtre) et celui du *Triomphe de la Concorde* (côté jardin public). À terre, côté Grand Théâtre, les trois personnages tragiques ne représentent pas les Girondins, mais le Vice, l'Ignorance et le Mensonge.

Les Girondins

Pendant la Révolution, les députés de Bordeaux – dont le plus célèbre est **Vergniaud** – créent le parti des Girondins qui aura la majorité à la Législative et au début de la Convention. Comme ils sont de tendance fédéraliste, les Montagnards les accusent de conspirer contre l'unité et l'indivisibilité de la République ; vingt-deux d'entre eux sont mis en accusation, condamnés à mort et exécutés.

Place de la Comédie D1

Elle délimite, avec les places Tourny et Gambetta, le cœur des plus beaux quartiers de Bordeaux. La restauration du *Grand Hôtel de Bordeaux* achève de lui redonner tout son cachet.

Grand Théâtre★★ D1

Voir l'illustration p. 59. Visite guidée selon le planning des répétitions et sur réserv. à l'office de tourisme - 6 €.

Situé place de la Comédie, il fut élevé de 1773 à 1780 sur les vestiges d'un temple gallo-romain détruit par ordre de Louis XIV. Récemment restauré, il compte parmi les plus beaux de France et symbolise richesse architecturale et culture. Construit par l'architecte Victor Louis, il se distingue par son péristyle à l'antique, surmonté d'une balustrade ornée des neuf Muses et des trois Grâces.

Le plafond à caissons du **vestibule** repose sur seize colonnes. À l'arrière s'ouvre un bel escalier droit, puis à double volée, dominé par une coupole (disposition imitée par Garnier pour l'Opéra de Paris).

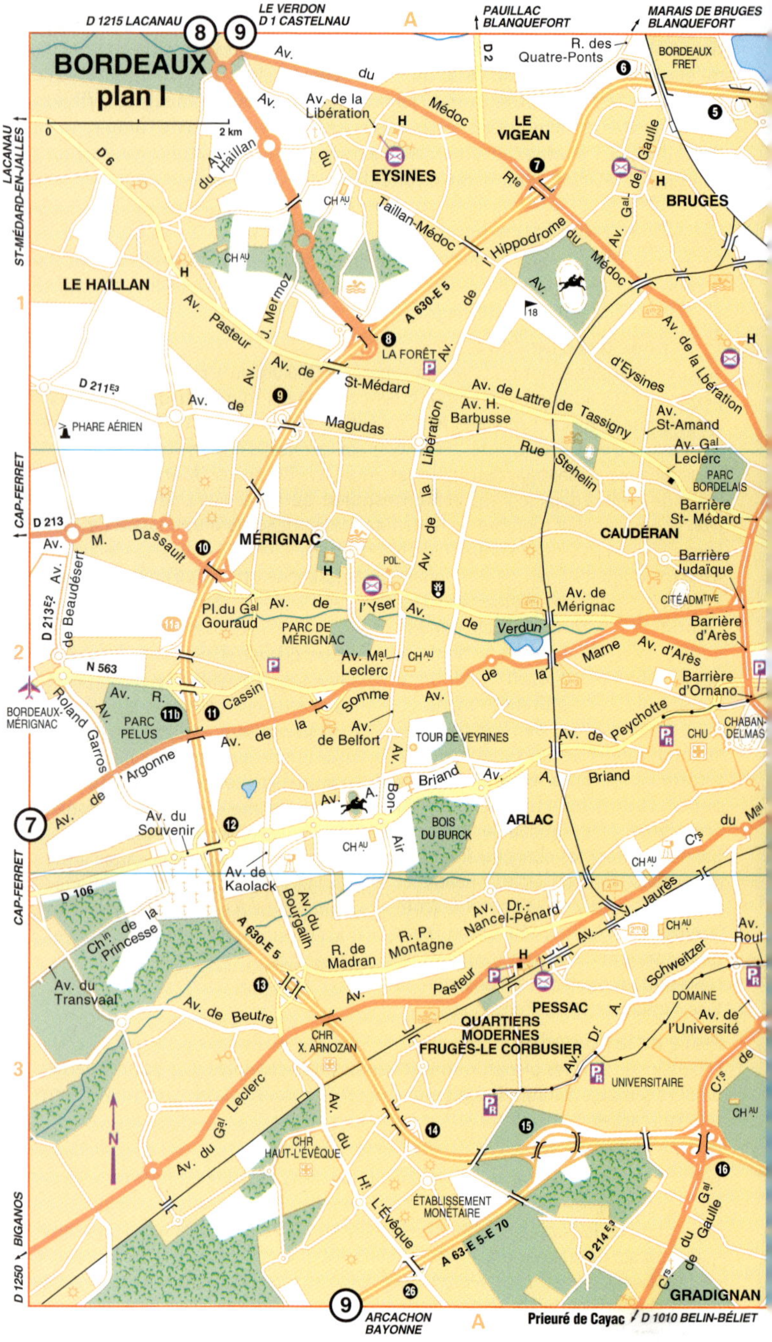
BORDEAUX
plan I
0
2 km
D 1215 LACANAU
LE VERDON
D 1 CASTELNAU
PAUILLAC
BLANQUEFORT
MARAIS DE BRUGES
BLANQUEFORT
LACANAU
ST-MÉDARD-EN-JALLES
CAP-FERRET
CAP-FERRET
BIGANOS
D 1250
ARCACHON
BAYONNE
Prieuré de Cayac
D 1010 BELIN-BÉLIET
A
1
2
3
8
9
7
9
D 2
R. des Quatre-Ponts
BORDEAUX FRET
Av. du Médoc
Av. de la Libération
Av. du Taillan-Médoc
Av. du Haillan
D 6
LE VIGEAN
EYSINES
BRUGES
Av. Gal de Gaulle
Rte du Médoc
Av. de l'Hippodrome
LE HAILLAN
Av. Pasteur
Av. J. Mermoz
A 630-E 5
LA FORÊT
Av. de St-Médard
Av. de Magudas
D 211E3
PHARE AÉRIEN
Av. de la Libération
Av. de Lattre de Tassigny
Av. H. Barbusse
Rue Stehelin
Av. d'Eysines
Av. de la Libération
Av. St-Amand
Av. Gal Leclerc
PARC BORDELAIS
Barrière St- Médard
CAUDÉRAN
Barrière Judaïque
CITÉ ADMTIVE
Barrière d'Arès
Barrière d'Ornano
D 213
Av. M. Dassault
MÉRIGNAC
POL.
Av. de Beaudésert
D 213E2
Pl. du Gal Gouraud
Av. de l'Yser
PARC DE MÉRIGNAC
Av. de Verdun
Av. de Mérignac
Av. d'Arès
Av. Mal Leclerc
Av. de la Marne
N 563
BORDEAUX-MÉRIGNAC
Av. R. Cassin
Av. Roland Garros
PARC PELUS
Av. de la Somme
Av. de Belfort
Av. de l'Argonne
TOUR DE VEYRINES
Av. de Peychotte
CHU
CHABAN-DELMAS
Av. A. Briand
Av. A. Briand
Av. Bon-Air
BOIS DU BURCK
ARLAC
Av. du Souvenir
Av. de Kaolack
Crs du Mal
Av. J. Jaurès
Av. du Bourgailh
Av. Dr.- Nancel-Pénard
R. P. Montagne
R. de Madran
D 106
Chin de la Princesse
Av. du Transvaal
Av. de Beutre
A 630-E 5
Av. Pasteur
Av. Schweitzer
Av. Roul
PESSAC
DOMAINE
Av. de l'Université
QUARTIERS MODERNES FRUGÈS-LE CORBUSIER
CHR X. ARNOZAN
Av. Dr A. Schweitzer
UNIVERSITAIRE
Crs de
Av. du Gal Leclerc
CHR HAUT-L'ÉVÊQUE
Av. du Ht L'Évêque
ÉTABLISSEMENT MONÉTAIRE
A 63-E 5-E 70
D 214E3
Crs du Gal de Gaulle
GRADIGNAN
N
CHAU
H
P
18
5
6
7
8
9
10
11
11a
11b
12
13
14
15
16
26

PARC FLORAC
STADIUM
MACAU
BEC D'AMBES
BASSENS
PARIS ANGOULÊME
1
PARC DES EXPOSITIONS
Le Lac
PALAIS DES CONGRÈS
CASINO
D 209
CARBON-BLANC
D 10
D 911
A 10-E 5
E 606
BORDEAUX-LAC
Bd du Parc des Expositions
LE LAC
Av. de Tourville
Pont d'Aquitaine
Bd. Brandenburg
A 630
BACALAN
LORMONT
N 230
Route de Paris
Planète Bordeaux
Pl. de Latule
N 210
Daney
LES 4 PAVILLONS
2
PÉRIGUEUX
N 89 LIBOURNE
LE BOUSCAT
Crs Louis-Blanc
Bd Godard
Pl. Ravesies
Bd
R. St-Louis
R. L. Faure
R. Lombard
Cap Science
Quai de Bacalan
PORT
Av. Carnot
CENON
Av. R. Cassagne
Barrière du Médoc
LES CHARTRONS
Cours
Vinorama
D 113
Quai de Brazza
voir plan II
LA BASTIDE
Av. Thiers
R. Galin
Curie
Bd. de L'Entre-Deux-Mers
D 241
D 936
3
BERGERAC
GRD THÉÂTRE
CATHÉDRALE
Crs Joliot-
Gambetta
Av. Pasteur
Observatoire
Bd.
Quai de la Souys
R. J. Guesde
FLOIRAC
N 230
Bd. Georges V
Gallieni
Barrière de Pessac
Barrière St-Genès
Crs de la Somme
Quai de Brienne
M.I.N.
GARONNE
A 631
Av. G.
Cabannes
Barrière-de-Bègles
Crs Gambetta
Bd. Franklin Roosevelt
Bd Albert 1er
Bd J. J. Bosc
BOULIAC
R. Lamartine
Barrière de Toulouse
Crs V. Hugo
Av. A. Capelle
Av. J. Guesde
TALENCE
Rte de Toulouse
BÈGLES
R. F. Buisson
Musée de la Création Franche
Pont François Mitterrand
D 10 E4
Rte de Latresne
Libération
Av. de Thouars
Leysotte
Av. J. d'Arc
ARCINS
TARTIFUME
ST-BRIS
R. A. Labro
Chin de
D 651 E1
D 10
D 113
LATRESNE
A 630
PONT-DE-LA-MAYE
VILLENAVE-D'ORNON
D 113 E1
D 10 LANGON
SE RESTAURER
Auberge'Inn 2
Les Restaurants de l'Atrium 4
Quaizaco 6
SARCIGNAN
D 108 E1
4
5
LÉOGNAN D 651
D 1113 LA BRÈDE
A 62-E 72 PAU, TOULOUSE
B

Prolongez votre voyage en bus...
Correspondance bus aux stations tramway
Tramway A Rive Gauche
Mérignac Centre
30 35 50 35Exp
Lycées de Mérignac
30 35 70 35Exp
Pierre Mendès-France
35
Fontaine d'Arlac
Peychotte
François Mitterrand
Hôpital Pellegrin
Stade Chaban Delmas
9
Hôtel de Police
Saint-Bruno Hôtel de Région
20 21 20Exp
Mériadeck
4
Palais de Justice
20 21 20Exp
Porte de Bourgogne
45
Tramway A Rive Droite
Stalingrad
5 6 7 8
Jardin Botanique
Galin
Cenon Gare
8 62
Carnot - Mairie de Cenon
8 62
Buttinière
29 62
Gravières
29
Bois Fleuri
Lormont Lauriers
29 92 93 95
La Morlette
62
Jean Zay
La Marègue
Floirac Dravemont
5 6
Tramway B
Bassins à Flot
1
Les Hangars
9
Quinconces
51 53 56 57 53Exp 55Exp
Gambetta
4 50 51 53 53Exp
Musée d'Aquitaine
23 45
Victoire
20 21 23 34 20Exp 23Exp
Barrière St-Genès
9 11
Peixotto
35Exp
Arts et Métiers
34 35 21Exp 35Exp
UNITEC
35 35Exp
Saige
Bougnard
Pessac Centre
34 35 45 46 48 35Exp
Tramway C
Grand Parc
31
Camille Godard
27
Place Paul Doumer
4
Quinconces
51 53 56 57 53Exp 55Exp
Porte de Bourgogne
45
Gare Saint-Jean
9 34 23Exp
BORDEAUX
Mérignac Centre
Lycées de Mérignac
Quatre Chemins
Pierre Mendès-France
MÉRIGNAC
Alfred de Vigny
Saint-Augustin
Fontaine d'Arlac
Peychotte
François Mitterrand
Hôpital Pellegrin
Stade Chaban-Delmas
Gaviniès
Hôtel de Police
Boulevard Gautier
St-Bruno - Hôtel de Région
Mériadeck
Palais de Justice
Hôtel de Ville
Grand Théâtre
Gambetta
Musée d'Aquitaine
Victoire
Saint-Nicolas
Bergonié
Barrière St-Genès
Roustaing
Forum
Peixotto
Béthanie
Arts et Métiers
PESSAC
Pessac Centre
Camponac Médiathèque
François Bordes
Doyen Brus
Montaigne Montesquieu
UNITEC
Bougnard
Saige
TALENCE
VILLENAVE D'ORNON
GRADIGNAN

BASSENS
CARBON BLANC
LORMONT
CENON
FLOIRAC
BOULIAC
BÈGLES
Garonne
Le Lac
Lormont Lauriers
Bois Fleuri
Gravières
Iris
Buttinière
Palmer
Pelletan
La Morlette
Jean Zay
La Marègue
Floirac Dravemont
Abonnés
Carnot Mairie de Cenon
Cenon Gare
Jean Jaurès
Galin
Thiers - Benauge
Jardin Botanique
Stalingrad
Porte de Bourgogne
Grand Parc
Émile Counord
Camille Godard
Place Paul Doumer
Jardin Public
Quinconces
Place de la Bourse
Place du Palais
Sainte-Catherine
Saint-Michel
Sainte-Croix
Tauzia
Gare Saint-Jean
Victoire
Bassins à Flot
Les Hangars
Cours du Médoc
Chartrons
CAPC (Musée d'Art Contemporain)
Édition Novembre 2007
Réseau de substitution
Navette Tram A
Navette Tram B
Navette Tram C
Navettes Tram en circulation lors de l'arrêt d'exploitation du tramway
Parc Relais

SE LOGER

Étap'Hôtel 1
Hôtel Acanthe 3
Hôtel Citéa 5
Hôtel de la Tour Intendance 6
Hôtel des Quatre Sœurs 8
Hôtel Notre-Dame 10
Hôtel Opéra 12
Hôtel Presse 14
Une Chambre en Ville 16

SE RESTAURER

Chez Mémère 1
La Bonne Table 4
Le Bistro du Musée 6
Le Café Bordelais 8
Le Valentino 10
Lou Magret 14
Sarl la Cheminée Royale 16

INDEX DES RUES

Bordelaise (Galerie) 2
Condé (R. de) 4
Esprit-des-Lois (R. de l') 5
Mautrec (R.) 6
Parlement St-Pierre (R. du) 8
Pas St-Georges (R. du) 10
Philippart (R. F.) 12
Piliers-de-Tutelle (R. des) 14

E
F
BORDEAUX
plan II
0
300 m
N
PORT DE LA LUNE
Cité Mondiale
Arnozan
Q. des Chartrons
Quai des Queyries
R. Mal Niel
Rue Reignier
LA BASTIDE
Allée Jean Giono
Jardin Botanique
R. Nuyens
R. G. Carde
R. Serr
Quai des Queyries
Q. Louis XVIII
d'Orléans
Pl. J. Jaurès
Rouge
St-Rémi
PL. DE LA BOURSE
Musée national des Douanes
Quai de la Douane
Pl. St-Pierre
Square Vinet
ST-PIERRE
R. des Argentiers
Bordeaux monumental
Pl. du Palais
R. Ausone
Pte Cailhau
STE-MARIE
Av. Thiers
R. P. Camelle
R. de la Bénauge
Pl. de Stalingrad
Pont de Pierre
Quai Deschamps
Q. Richelieu
Lorraine
R. de la Rousselle
Pl. Lafargue
Maison de J. de Lartigue
R. Neuve
R. St-James
Pte des Salinières
R. de la Fusterie
Quai des Salinières
Q. de la Grave
GARONNE
ST-ÉLOI
Victor Hugo
Pl. Meynard
St-François
R. des Faures
Tour St-Michel
ST-MICHEL
Pl. Duburg
Pl. Canteloup
R. Leyteire
R. du Mirail
R. C. Sauvageau
R. Carpenteyre
R. Pte de la Monnaie
Q. de la Monnaie
Q. Ste-Croix
Pont St-Jean
Pl. des Capucins
R. du Hamel
Pl. Léon Duguit
THÉÂTRE PORT DE LA LUNE
CENTRE ANDRÉ MALRAUX
Ste-Croix
I. U. T. MONTAIGNE
R. des Douves
Pl. P. Renaudel
R. Peyronnet
Q. de Paludate
R. de Tauzia
R. C. Domercq
Rue Kléber
Crs de la Marne
Pl. A. Meunier
Rue de l'Yser
Rue de Bègles
Crs Barbey
Rue Malbec
R. Eug. le Roy
Lafontaine
R. J. Steeg
Crs de
R. Vilaris
Porte de la Grosse Cloche....... N
St-Jean
E
F

La **salle de spectacle**, parée de lambris et de douze colonnes dorées à l'or fin, témoigne d'une harmonieuse géométrie et d'une acoustique parfaite. Du plafond, peint en 1917 par Roganeau sur le modèle des fresques primitives de Claude Robin, se détache un lustre scintillant de 14 000 cristaux de Bohême.

En face du théâtre, la petite rue Mautrec mène à la place du Chapelet.

Alain Cassaigne / MICHELIN

Fastueuse décoration intérieure du Grand Théâtre.

Église Notre-Dame★ D1

Mat. et apr.-midi - possibilité de visite guidée.

La façade de l'église Notre-Dame, de style jésuite-baroque, donne un air très romain à la place du Chapelet. Ancienne chapelle des Dominicains, elle fut édifiée entre 1684 et 1707. Le portail central est surmonté d'un bas-relief illustrant l'apparition de la Vierge à saint Dominique. Elle lui remet le chapelet qui a donné son nom à ladite place.

L'**intérieur** frappe par la pureté du travail de la pierre : voûte en berceau de la nef percée par les lunettes des fenêtres hautes, voûtes d'arêtes des collatéraux, tribune d'orgues prolongée sur les côtés par deux balcons arrondis aux courbes harmonieuses. La décoration de ferronnerie contribue également à la noblesse de l'ensemble ; remarquez en particulier les portes qui ferment les deux côtés du chœur.

Un **cloître** du 17e s. est accolé au mur latéral droit de l'église.

Prendre le passage Sarget à gauche de la place du Chapelet et emprunter le cours de l'Intendance sur la droite.

Cours de l'Intendance D1

Ici alternent les commerces de luxe et des enseignes à la mode. S'y trouve également la **Maison du tourisme de la Gironde** *(voir p. 13)*. À droite, au niveau de la rue Voltaire, on aperçoit la jolie rotonde des Grands-Hommes (centre commercial). Des abords du n° 57 (maison de Goya, qui y mourut en 1828, aujourd'hui centre culturel espagnol), bel aperçu sur les tours de la cathédrale St-André, dans l'échancrure de la rue Vital-Carles.

Place Gambetta D1

Remarquable unité architecturale de maisons Louis XV, au rez-de-chaussée sur arcades et au dernier étage mansardé. Sur la place, agrémentée d'un petit jardin à l'anglaise, se dressa l'échafaud, durant la Révolution. Un peu en retrait s'élève la **porte Dijeaux (D1)**, datée 1748, point de départ de la rue commerçante piétonnière du même nom.

Remonter la rue du Palais-Gallien, puis faire le tour par la gauche pour rejoindre l'entrée rue du Dr. A.-Barraud.

Palais Gallien C1

S'adresser à l'office de tourisme - juin-sept. : apr.-midi - 2,50 €.

Amphithéâtre romain dont les gradins en bois pouvaient contenir 15 000 spectateurs. Il n'en reste que quelques travées et arcades envahies par les herbes folles, qui charmeront les âmes romantiques.

Poursuivre rue du Dr. A.-Barraud, traverser la rue Fondaudège pour prendre en face la rue St-Laurent.

Petit Hôtel Labottière C1

14 r. Francis-Martin - ✆ 05 56 48 44 10 - toute l'année visite-conférence sur RV.

Cet hôtel particulier néoclassique (fin 18e s.) dû à Laclotte, l'architecte du musée des Arts décoratifs *(voir « Visiter »)*, a été restauré à l'identique afin de faire revivre l'esprit des lieux. Chaque pièce à la décoration raffinée est harmonieusement meublée d'époque. À droite du vestibule, bel escalier suspendu.

Continuer dans la rue St-Laurent, puis tourner à droite dans la rue É.-Zola.

Jardin public D1

Aménagé à la française au 18e s., il fut transformé en parc à l'anglaise sous le Second Empire. On s'y promène à l'ombre de beaux arbres (palmiers, magnolias, etc.), au milieu de massifs richement fleuris. Il abrite le **Muséum d'histoire naturelle** *(voir « Visiter »)*.

Au nord des Quinconces, entre le quai du même nom et les cours de Verdun, Portal et St-Louis, s'étend le **quartier des Chartrons**. Ce nom rappelle un ancien couvent de chartreux qui fut transformé au 15e s. en un gigantesque entrepôt de vins. Le quartier connut, comme toute la ville, son heure de gloire au 18e s. La haute société bordelaise, enrichie par le négoce, y édifia alors de beaux hôtels. Au 19e s. se multiplient de petites maisons populaires de plain-pied aux hautes portes étroites, dont les façades ornées de clefs de fenêtres sculptées imitent celles des demeures bourgeoises. Ces échoppes dessinent le paysage urbain bordelais, dès que l'on s'éloigne du centre-ville.

Cours Xavier-Arnozan DE1

C'est l'ancien « pavé » des Chartrons. De grands négociants, qui souhaitaient disposer d'une habitation somptueuse à l'écart de la cohue du port, y firent bâtir de belles demeures vers 1770. De splendides **balcons★** sur trompe sont ornés d'un garde-corps en ferronnerie.

À mi-chemin du cours, sur la gauche, la rue Foye permet de rejoindre le musée d'Art contemporain (voir « Visiter »).

Des **mascarons** ornent les façades bourgeoises du Vieux Bordeaux. Ces clefs de fenêtres dont le nom vient de l'italien *maschera* (« masque »), représentent des têtes souvent grotesques et introduisent des éléments évoquant le vin (pampres, tonneaux).

Cité mondiale E1

Conçue sur les plans de l'architecte bordelais Michel Petuaud-Letang, elle arbore, côté quai des Chartrons, une harmonieuse façade de verre incurvée, où s'imbrique une tour ronde. Inaugurée en janvier 1992, la Cité mondiale, consacrée aux vins et spiritueux jusqu'en 1995, est aujourd'hui devenue un centre d'affaires et de congrès, avec divers commerces et restaurants.

Revenir à l'esplanade des Quinconces par les quais des Chartrons puis Louis-XVIII.

2 Au départ de la place de la Bourse

Cette visite fait parcourir le lacis de ruelles pittoresques s'étendant entre les quartiers St-Pierre et St-Michel.

Place de la Bourse★★ E1

Cette jolie place en fer à cheval fut aménagée de 1730 à 1755, d'après les plans des architectes Gabriel père et fils. Elle est cantonnée par deux édifices caractérisés aux étages par des colonnes portant des frontons triangulaires : au nord le palais de la Bourse et au sud l'ancien hôtel des Fermes, qui abrite le **musée national des Douanes** *(voir « Visiter »)*. La **fontaine des Trois-Grâces** (1860) orne le milieu de la place. En face, côté fleuve, le **miroir d'eau** et sa dalle de granit, imaginé par **Michel Courajoud**, reflète l'élégante façade 18e s., tandis que des fontaines-brumisateurs rafraîchissent les passants, remportant un franc succès auprès des plus jeunes.

Par la rue Fernand-Philippart, gagner la place du Parlement.

Remarquez les façades Louis XV : arcades au rez-de-chaussée, fenêtres hautes des deux étages surmontées de mascarons et d'agrafes, balcons ornés de ferronnerie.

Le bordeluche

Issu du gascon, le bordeluche fut longtemps le parler des quartiers populaires de Bordeaux. Sur le marché des Capucins, au contact des « étrangers » venus du Périgord, de l'Agenais, du Médoc, de la Chalosse et même d'Espagne, il s'est enrichi d'expressions truculentes et imagées. C'est un parler vrai et affectif qui, aujourd'hui, réapparaît sur les places et les marchés de Bordeaux.

Loin des conventions, le bordeluche est fait de mots simples, évoquant la vie de tous les jours : une *mounaque*, c'est une poupée et par extension une femme quelconque ; *grigoner* signifie nettoyer, *se harter* se goinfrer ; une *escarougnasse* est une égratignure ; être *dromillous*, c'est être mal réveillé, attardé ; une *bernique* est une femme maniaque du ménage et de la propreté, un *sangougnas* un homme sans goût ; celui qui est *quintous* est coléreux ; s'il est *pignassous*, c'est qu'il est fâché ; enfin, avoir les *monges*, c'est avoir peur.

Place du Parlement★ DE1

Anciennement place du Marché-Royal, elle présente un harmonieux quadrilatère d'immeubles Louis XV, ordonnés autour d'une cour centrale au pavage ancien, remis en valeur. Au centre, fontaine du Second Empire.

Par la rue du Parlement-St-Pierre, gagner la place St-Pierre.

Place St-Pierre E1

Cette placette charmante est illuminée par son église des 14e et 15e s. (très remaniée au 19e s.).

Poursuivre par la rue des Argentiers.

Remarquez au n° 14 de cette rue la **maison dite de l'Angelot**, construite vers 1750, qui présente un beau décor sculpté (haut-relief avec un enfant et agrafes rocaille).

Bordeaux monumental E2

Au n° 28 - ✆ 05 56 48 04 24 - www.bordeaux-tourisme.com - ♿ - mai-oct. : mat. et apr.-midi ; nov.-avr. : mat. et apr.-midi, dim. et j. fériés apr.-midi - fermé 1er janv. et 25 déc. - gratuit. Animation pour les enfants (jeu d'énigmes).

Le rez-de-chaussée de cet autre bâtiment du 18e s. abrite une exposition (vitrine permanente du patrimoine), qui retrace les grandes étapes du développement de la ville. Plus d'une centaine de monuments sont présentés, donnant un aperçu de sa richesse architecturale. Cette remontée dans le temps (de la ville actuelle à la ville gallo-romaine) est une invitation à partir à la découverte de Bordeaux selon ses centres d'intérêt. Plan lumineux et vidéos complètent le dispositif multimédia (une borne interactive permet de consulter des fiches thématiques et d'imprimer l'itinéraire de son choix).

Poursuivre jusqu'à la place du Palais.

Place du Palais E2

Elle doit son nom au palais de l'Ombrière, qui fut érigé au 10e s. par les ducs de Guyenne. Reconstruit au 13e s., il devint le séjour des rois d'Angleterre, ducs d'Aquitaine, puis en 1462, sous Louis XI, le siège du parlement de Bordeaux avant d'être démoli en 1800 pour ouvrir la rue du Palais.

Porte Cailhau E2

Cet arc de triomphe dédié à Charles VIII date de 1495. Il juxtapose les éléments défensifs et décoratifs (toits coniques, mâchicoulis, lucarnes et fenêtres surmontées d'arcs en accolade), à tel point qu'il prend des airs de décor de théâtre. Son nom viendrait soit des Cailhau, vieille famille bordelaise, soit des cailloux accumulés à ses pieds par la Garonne et qui servaient à lester les navires. À l'intérieur, une **exposition** retrace l'histoire de cette porte. Au dernier niveau, sous les combles, vue insolite sur les quais et le pont de Pierre, terminé en 1822. *☏ 05 56 00 66 00 - juin-sept. : apr.-midi - 2,50 €.*

Prendre la rue Ausone et traverser le cours d'Alsace-et-Lorraine, pour emprunter à droite la rue Porte-St-Jean qui rejoint la rue de la Rousselle.

Dans cette rue s'alignent les anciennes boutiques de marchands de vins, de grains ou de salaisons, caractérisées par un rez-de-chaussée en hauteur, surmonté d'un entresol bas de plafond. Au no 25 se trouve la **maison de Montaigne**.

Prendre à droite pour rejoindre la rue Ste-Colombe et tourner à gauche pour gagner l'impasse de la rue Neuve.

Elle conserve, du 14e s., un mur percé de deux fenêtres géminées à remplage. Après le porche, à droite, s'élève la **maison de Jeanne de Lartigue** (**E2**), épouse de Montesquieu, aux arcades surmontées de bustes.

Tourner à gauche dans la rue Renière puis à droite.

En traversant le cours Victor-Hugo, vue sur la **porte des Salinières** (**E2**), ancienne porte de Bourgogne (18e s.).

Emprunter en face à gauche la rue de la Fusterie qui mène à la place Duburg et à la basilique St-Michel.

Basilique St-Michel★ E2

☏ 05 56 94 30 50 - jeu. apr.-midi ; 1er et 3e dim. de chaque mois : visite guidée.

La construction de la basilique, commencée en 1350, se poursuivit durant deux siècles, au cours desquels elle subit nombre de remaniements ; à partir de 1475 débuta l'édification des chapelles latérales. L'ensemble s'impose par l'ampleur des dimensions. Dans la 1re chapelle du bas-côté droit, statue de sainte Ursule abritant mille vierges sous son manteau. Les vitraux modernes, derrière le maître-autel, sont dus à Max Ingrand. Le croisillon gauche offre un portail à voussures moulurées qui abrite un tympan orné, à gauche, de la scène du péché originel et, à droite, de celle d'Adam et Ève chassés du paradis. Tribune d'orgues et chaire datent du 18e s. ; la chaire, faite d'acajou et de panneaux de marbre, est surmontée d'une statue de saint Michel terrassant le dragon.

Tour St-Michel E2

Juin-sept. : apr.-midi - 2,50 €.

C'est le clocher (fin 15e s.) isolé de la basilique St-Michel. Les Bordelais en sont fiers car c'est le plus haut du Midi. Avec ses 114,60 m (cathédrale de Strasbourg 142 m), il laisse loin derrière lui les 50 m de la tour Pey-Berland.

Prendre la rue Camille-Sauvageau.

Église Ste-Croix F3

Juil.-août : merc. apr.-midi. et jeu. mat, sept.-juin : jeu. mat.

Des 12e et 13e s. et fortement restaurée au 19e s. **Façade★** de style roman saintongeais ; la tour de gauche est moderne. Les voussures des fenêtres aveugles qui encadrent le portail central sont décorées de curieuses sculptures représentant l'Avarice et la Luxure.

Rejoindre la place de la Victoire en passant par la place Léon-Duguit et la place des Capucins.

Porte d'Aquitaine D2/3

Piqué de manière un peu anachronique au milieu de la place de la Victoire où se déploient les terrasses de cafés, cet imposant **arc de triomphe** élevé au 18e s. arbore un fronton triangulaire aux armes royales et aux armes de la ville. La colonne en marbre, sculptée par **Timer**, présente des bas-relief racontant l'histoire du vin.

Prendre la rue Ste-Catherine et tourner à droite dans le cours Victor-Hugo.

Porte de la Grosse Cloche★ E2 N

Les Bordelais sont très attachés à leur « Grosse Cloche », rescapée de la démolition d'un beffroi du 15e s. Autrefois, quand le roi voulait punir Bordeaux, il faisait enlever la cloche et les horloges.

Prendre l'étroite rue St-James qui passe sous la Grosse Cloche, et la place F.-Lafargue, puis suivre en face la rue du Pas-St-Georges, pour atteindre à gauche la place Camille-Jullian.

En face de la place se trouve le **square Vinet**, un nouvel espace vert où s'élève un **mur végétal** réalisé par le paysagiste Michel Desvignes, dans le sillon du botaniste **Patrick Blanc** à qui l'on doit, entre autres, le mur végétal du Musée des Arts Premiers du quai Branly à Paris.

Longer la place Camille-Jullian vers la rue Ste-Catherine.

Rue Ste-Catherine D1/2

Cette très longue rue piétonne, qui suit le tracé d'une ancienne voie romaine, est la plus commerçante de la ville. En la remontant, remarquez certaines maisons au rez-de-chaussée sous arcades et au 1er étage percé de larges baies en arc de cercle.

À l'angle avec la rue de la Porte-Dijeaux s'ouvre la **Galerie-Bordelaise**, passage couvert édifié par Gabriel-Joseph Durand en 1833, qui débouche sur le Grand Théâtre.

À droite, la rue St-Rémi rejoint la place de la Bourse.

QUARTIER MÉRIADECK

Son nom rappelle **Ferdinand Maximilien de Mériadeck**, prince de Rohan, archevêque de Bordeaux au 18e s. Ce quartier, érigé dans les années 1970, est le centre directionnel de la région Aquitaine. Englobant bureaux, bâtiments administratifs, habitations, centre commercial, bibliothèque municipale et patinoire, il est aussi agrémenté de pièces d'eau et d'espaces verts. Des passerelles suspendues assurent l'accès vers les rues limitrophes. Les immeubles sont en verre et béton, arrondis ou cubiques et parfois encagés dans des structures métalliques. Les plus caractéristiques sont la **Caisse d'épargne** avec ses plans courbes et rectangulaires empilés, la **bibliothèque** aux parois réfléchissantes, l'**hôtel de région** (C2) à la façade rythmée par des lames verticales en béton et l'**hôtel des impôts** où triomphe le métal.

LA BASTIDE

Pour rejoindre ce quartier, prendre la ligne A du tramway.

De la rive droite, vous aurez une belle vue sur la prestigieuse façade des quais d'une parfaite homogénéité, qui épouse la courbe de la Garonne sur plus de 1 km.

Jardin botanique F1

Quai de Queyries - ✆ 05 57 14 23 65 - www.bordeaux.fr - tte la journée - gratuit.

Conçu par l'architecte paysagiste Catherine Mosbach, il renouvelle le genre du jardin botanique, à vocation scientifique d'étude et de préservation des espèces, par sa présentation thématique. Le visiteur est sensibilisé à l'écologie à travers une « galerie des milieux » (reconstitution d'une prairie humide, d'un coteau calcaire, etc.), à l'ethnobotanique avec les « champs de cultures ». Outre un jardin aquatique et un jardin urbain (entretenu par les habitants du quartier), des serres tropicales complètent l'ensemble.

Une ville à visiter

Tout savoir sur l'histoire de l'Aquitaine, admirer l'intérieur d'un hôtel particulier du 18e s., rendre hommage aux peintres et artistes du pays, grimper au sommet d'une tour pour embrasser la ville d'un regard, détailler la statuaire des églises, s'initier à la science en famille… N'hésitez pas à vous aventurer dans les nombreux musées, sites et monuments afin de faire plus ample connaissance avec la ville.

Quartier de la Bourse

Musée national des Douanes E1

1 pl. de la Bourse - ✆ 05 56 48 82 82 - www.douane.gouv.fr - ♿ - tte la journée - fermé 1er janv. et 25 déc. - 3 € (-18 ans 1,50 €), gratuit 1er dim. du mois.

C'est dans une grande salle aux belles voûtes restaurées de l'**hôtel des Fermes** qu'est retracée l'histoire des douanes en France. À droite, présentation chronologique : gravures, archives, matériel, dont la balance de l'hôtel des Fermes (1783). À côté du guichet, remarquez le portrait de saint Matthieu, patron des douaniers : il exerçait les fonctions de publicain (collecteur d'impôts et douanier) lorsque Jésus fit sa rencontre. À gauche, la douane est présentée suivant plusieurs thèmes : la douane armée (uniformes, armes), la vie de la brigade et la vie des bureaux, les activités douanières (saisies de drogues ou de contrefaçons) et, pour clore la visite, l'ordinateur, nouvel allié du douanier qui a avantageusement supplanté l'arithmomètre !

Stendhal à Bordeaux

En 1838, Stendhal, alors consul de France pour les États Pontificaux, séjourne à plusieurs reprises dans la ville : son *Journal de voyage de Bordeaux à Valence* livre ses impressions sur le Bordeaux du début du 19e s.

L'office de tourisme organise régulièrement des visites sur les pas de l'écrivain.

Quartier Pey-Berland

Musée d'Aquitaine★★ D2

20 cours Pasteur - ✆ 05 56 01 51 00 - www.bordeaux.fr - ♿ - tte la journée - fermé lun. et j. fériés - gratuit ; 2,50-5 € billet combiné avec expositions temporaires.

Demander le livret « Jeu de découverte sur les collections permanentes ».

Aménagé dans les locaux de l'ancienne faculté des lettres et des sciences, ce musée d'histoire retrace, à travers d'importantes collections réparties sur deux niveaux, la vie de l'homme aquitain de la préhistoire à nos jours.

On aborde tout d'abord la section **préhistoire et protohistoire** : précieux témoins des activités artisanales et artistiques des chasseurs de l'âge de pierre. Vous verrez notamment la *Vénus à la corne*, trouvée à Laussel (20 000 ans avant J.-C.), et le bison de l'abri du Cap-Blanc (magdalénien moyen). Une vitrine montrant un ensemble de haches trouvées dans le Médoc illustre la diversité de l'outillage façonné par les métallurgistes de l'**âge du bronze** (4000-2700 avant J.-C.). L'**âge du fer** est représenté par l'abondant matériel funéraire (urnes, bijoux, armes) découvert dans les nécropoles girondines ou les tumulus pyrénéens, mais surtout par le prestigieux **trésor de Tayac**, masse d'or composée d'un torque, de monnaies et de petits lingots datant du 2e s. avant J.-C.

La section **gallo-romaine** rassemble, autour du rempart antique reconstitué, des mosaïques, des fragments de corniches ou de bas-reliefs, des céramiques, verreries, et autres objets illustrant tous les aspects de la vie quotidienne, économique et religieuse dans la capitale de la province d'Aquitaine. Remarquez, en particulier : l'autel dit des Bituriges vivisques en marbre gris des Pyrénées, le **trésor de Garonne** composé de 4 000 pièces de monnaie aux effigies des empereurs Claude à Antonin le Pieux, et l'altière statue d'Hercule en bronze.

Les premiers temps chrétiens et le Haut Moyen Âge sont évoqués à travers des sarcophages en calcaire ou en marbre gris, des mosaïques et d'autres pièces significatives découvertes lors de travaux urbains (chapiteaux romans de la cathédrale St-André,

rosace flamboyante du couvent des Grands Carmes). D'autres pièces proviennent de Gironde, dont de beaux bas-reliefs en albâtre.
L'âge d'or bordelais (18e s.) s'accompagne de la mise en œuvre de grands projets d'urbanisme et de la construction de magnifiques hôtels particuliers luxueusement aménagés (belle armoire bordelaise provenant du château Gayon, céramiques et verreries). Au 19e s., l'**Aquitaine** est une société rurale. Plusieurs scènes illustrent l'habitat et l'agriculture traditionnels. L'accent est mis sur les principales ressources des pays aquitains que recèlent le territoire pastoral béarnais, les Landes de Gascogne, la Gironde et son vignoble, le bassin d'Arcachon et l'ostréiculture. Enfin une dernière salle présente, au moyen d'une frise chronologique et d'objets symboliques, les changements et enjeux du 20e s.

Musée des Arts décoratifs★ D2

39 r. Bouffard - ✆ 05 56 10 14 00 - apr.-midi - fermé mar. et j. fériés - gratuit exposition permanente.
L'**hôtel de Lalande** (1779), l'un des plus beaux bâtiments anciens de Bordeaux, a conservé ses lucarnes et ses hauts toits d'ardoise.
Dans l'aile des communs, quatre petits salons, traités dans le goût et l'esprit du 19e s., présentent la **collection Jeanvrot**.
Viennent ensuite les salles du musée proprement dit, aux élégantes boiseries et pièces de mobilier, dont la salle de compagnie, décorée d'une terre cuite du 18e s. symbolisant l'Amérique. La **salle à manger** rassemble une collection de faïences stannifères bordelaises et un ensemble de porcelaines dures du 18e s. À côté, le **salon Cruse-Guestier**, avec ses meubles en marqueterie et ses bronzes de Barye, est caractéristique d'un intérieur de négociant bordelais.
Par l'**escalier d'honneur**, embelli par une belle rampe en fer forgé, on atteint les pièces du 1er étage : céramiques françaises et étrangères, verreries. Belles carafes et gourdes du 18e s. dans le **salon Jonquille**, décoré d'un lustre en verre de Venise. Une pièce regroupe le mobilier bordelais que l'on trouvait chez les aristocrates de la ville. Dans les combles, collections antérieures au 18e s. : mobilier Renaissance et 17e s., ferronnerie, serrurerie, émaux champlevés. Une salle expose le design des années 1950 à nos jours.

Musée des Beaux-Arts★ CD2

20 cours d'Albret - ✆ 05 56 10 25 17 - tte la journée - fermé mar. et j. fériés - gratuit.
Aménagé dans les galeries sud et nord du jardin de l'hôtel de ville, le musée conserve de très belles œuvres du 15e au 20e s.
L'**aile sud** abrite des tableaux de la Renaissance italienne, des œuvres françaises du 17e s. dont une toile très caravagesque de Vouet, *David tenant la tête de Goliath* ; des œuvres de l'école hollandaise du 17e s. dont le *Chanteur s'accompagnant au luth* par Ter Brugghen, le symbolique *Chêne foudroyé* par Van Goyen et le beau portrait de *L'Homme à la main sur le cœur* attribué un temps à Frans Hals ; des tableaux de l'école flamande du 17e s. avec l'admirable *Danse de noces* par Bruegel de Velours, d'un style populaire et rustique. Le 18e s. et le début du 19e s. sont représentés, entre autres, par deux saisissantes toiles du Génois Magnasco, qui évoquent la vie des galériens, le gracieux *Portrait de la princesse d'Orange-Nassau* par Tischbein, la *Nature morte au carré de viande* par Chardin et quatre tableaux du Bordelais Pierre Lacour, qui fut le premier conservateur du musée en 1811.
L'**aile nord** est consacrée à la peinture moderne et contemporaine. L'école romantique est présente à travers la célèbre toile de Delacroix, *La Grèce sur les ruines de Missolonghi*. Une œuvre de Diaz de la Peña (né à Bordeaux), *La Forêt de Fontainebleau*, illustre l'école de Barbizon, qui fut la première à peindre en plein air. La seconde moitié du 19e s. s'ouvre sur le scandaleux *Rolla* d'Henri Gervex, tableau de nu refusé au Salon en 1878, puis sur la grande toile d'inspiration symboliste

Odilon Redon

Bertrand-Jean, dit Odilon Redon (1840-1916), est natif de Bordeaux. Une petite salle du musée lui rend hommage à travers quelques-unes de ses œuvres : *Char d'Apollon* (1909), *Chevalier mystique*, *La Prière*…

d'Henri Martin, *Chacun sa chimère*. Du 20e s. : *L'Église Notre-Dame à Bordeaux* de l'expressionniste autrichien Kokoschka, le sinueux et tourmenté *Homme bleu sur la route* par Soutine et le très beau *Portrait de Bevilacqua* (1905), visage cerné de bleu, par Matisse. À ces œuvres viennent s'ajouter *L'Entrée du bassin à flot à Bordeaux* (1912) du Bordelais André Lothe, qui intègre les concepts cubistes à la tradition picturale. La dernière salle est consacrée à des œuvres contemporaines.
La **galerie des Beaux-Arts** *(pl. du Colonel-Raynal)*, où sont organisées des expositions temporaires, complétera la visite de ce musée.

Étienne Larribère / MICHELIN

Le portail Royal de la cathédrale St-André.

Cathédrale St-André★ D2

✆ 05 56 52 68 10 - mar.-dim. tte la journée, lun. mat. - possibilité de visite guidée sur demande préalable.
La cathédrale St-André et sa célèbre tour occupent le centre de la place Pey-Berland, aux alentours de laquelle se situent les principaux musées de la ville. C'est le plus majestueux des édifices religieux de Bordeaux. La nef a été élevée aux 11e-12e s. et modifiée aux 13e et 15e s. ; le chœur, de style gothique rayonnant, et le transept actuel furent reconstruits aux 14e et 15e s. Plus tard, la voûte de la nef menaçant de s'écrouler, on ajouta les importants contreforts et arcs-boutants qui la flanquent irrégulièrement.
Aborder la cathédrale par la face nord et la contourner par la droite.
Le **portail Royal**, du 13e s., est célèbre pour ses sculptures inspirées de la statuaire de l'Île-de-France. Remarquables sont les dix apôtres qui ornent les ébrasements, et le tympan représentant le Jugement dernier, belle œuvre du gothique. Le **portail nord** (porche de bois) date quant à lui du 14e s. Ses sculptures illustrent l'Ascension. Le **chevet** se distingue par l'harmonie de ses proportions et par son élévation. Remarquez, dans les contreforts séparant la chapelle axiale de la chapelle de gauche, Thomas, patron des architectes, tenant une équerre et Marie Madeleine, avec son vase de parfum. Enfin, allez jusqu'au **portail sud** : ce dernier est surmonté d'un fronton percé d'un oculus et de trois rosaces. L'étage supérieur, orné d'arcades trilobées, est dominé par une élégante rose, inscrite dans un carré.
À l'intérieur de l'édifice, la nef forme un beau vaisseau dont les parties hautes, de la fin du gothique, prennent appui sur des bases du 12e s. L'opulente chaire, en acajou et marbre de différentes couleurs, est du 18e s. Le **chœur★** gothique est plus élevé que la nef. Son élévation est accentuée par la forme élancée des grandes arcades surmontées d'un triforium aveugle, éclairé par les fenêtres hautes flamboyantes. Il est entouré d'un déambulatoire sur lequel ouvrent des chapelles.

Contourner le déambulatoire par la droite.
Contre le 4e pilier à droite du chœur, jolie sculpture du début du 16e s. figurant sainte Anne et la Vierge. La chapelle axiale renferme des stalles du 17e s. En face, fermant le chœur, belle porte en bois sculpté du 17e s. Revenez vers la façade Ouest, au revers de laquelle s'élève la tribune d'**orgues Renaissance**. En dessous, deux bas-reliefs Renaissance. À droite, le Christ descendant aux Enfers ; à gauche la Résurrection, figurant le Christ monté sur un aigle comme Jupiter.

Tour Pey-Berland★ D2

Pl. Pey-Berland - ✆ 05 56 81 26 25 - www.monuments-nationaux.fr - ✆ 05 56 81 26 25 - mat. et apr.-midi - fermé 1er janv., 1er Mai, lun. Pâques, lun. Pentecôte, 25 déc. - 5 € (-18 ans gratuit).
La montée est assez ardue (229 marches par un étroit escalier à vis). À la 2e terrasse, faire attention à ne pas se cogner la tête : la porte est étroite et très basse.
Construite au 15e s. à l'initiative de l'archevêque du même nom et couronnée d'un clocher, elle est toujours restée isolée du reste de la cathédrale. La flèche, tronquée par un ouragan au 18e s., supporte la statue de Notre-Dame d'Aquitaine installée au 19e s. *(restaurée en 2002).*
Du sommet de la tour, **vue★★** panoramique sur la ville et ses clochers. Prenez un peu de recul pour voir, côté sud, les deux flèches dominant le transept nord et, au premier plan, les deux puissantes tours carrées en terrasses qui flanquent le transept sud.

Centre Jean-Moulin D2

48 r. Vital-Carles - ✆ 05 56 79 66 00 - tlj sf lun. et j. fériés apr.-midi - gratuit.
Le centre Jean-Moulin constitue un véritable musée de la Résistance et de la Déportation et présente un panorama de la Deuxième Guerre mondiale.
Au rez-de-chaussée, tracts, correspondances clandestines, imprimerie, poste radio… illustrent la Résistance et la clandestinité, notamment le rôle de Jean Moulin.
Au 1er étage, la déportation et le nazisme sont évoqués par des toiles pathétiques de J.-J. Morvan sur le thème Nuit et Brouillard ainsi que par des maquettes, photos de camps, uniformes de détenus.
Au 2e étage, les Forces françaises libres : les hommes, le matériel dont le bateau *S'ils-te-mordent* qui relia Carantec à l'Angleterre, rempli de volontaires. Reconstitution du bureau clandestin de Jean Moulin.

Hôtel de ville - palais Rohan D2

✆ 05 56 00 66 00 - www.bordeaux-tourisme.com - ♿ - visite guidée sur demande préalable - mer. apr.-midi - 3 €.
Il occupe l'ancien palais épiscopal, construit au 18e s. pour l'archevêque **Ferdinand Maximilien de Mériadeck**, prince de Rohan, et marque l'introduction du néoclassicisme en France. La **cour d'honneur** est fermée sur la rue par un portique à arcades ; à l'opposé s'élève le palais dont la façade, quelque peu solennelle, est animée par le ressaut de l'avant-corps central et des pavillons d'angle. Pendant la visite, on remarquera l'escalier d'honneur, des salons ornés de beaux lambris d'époque et une salle à manger avec grisailles de Lacour.

Quartier des Chartrons

Musée d'Art contemporain★ D1

Entrée 7 r. Ferrère - ✆ 05 56 00 81 50 - www.bordeaux.fr - tlj sf lun. et j. fériés apr.-midi - gratuit ; expositions temporaires 5 € (-18 ans gratuit).
Le CAPC Musée propose des activités pédagogiques ; il organise également conférences, entretiens et visites commentées.
Le CAPC musée d'art contemporain est installé dans l'ancien **entrepôt Lainé★★**, construit en 1824 pour servir de stockage aux denrées coloniales de Bordeaux. Il a été réaménagé de façon particulièrement réussie.
Autour de la spectaculaire **nef centrale** sont réparties les galeries d'exposition, une bibliothèque et le centre d'architecture Arc en rêve. La terrasse, située au second étage entre les toits du bâtiment, abrite le café du Musée (aménagé par Andrée Putman).
Le **musée** présente ses collections permanentes qui couvrent une période allant de la fin des années 1960 jusqu'aux tendances les plus actuelles de la création, et des expositions temporaires.

Cap Sciences B1

Hangar 20 - Quai de Bacalan - ☏ 05 56 01 07 07 - www.cap-sciences.net - ♿ - tlj apr.-midi - fermé lun. (ouvert lun. apr.-midi pdt vac. scol.) et j. fériés - 5,50 € (-16 ans 3,80 €).

Le Centre de Culture scientifique technique et industrielle de la région Aquitaine accueille une grande exposition annuelle, ludique et pédagogique, avec des animations organisées en permanence autour de la thématique. À l'étage prend place une autre exposition temporaire, plus petite mais également interactive. Espaces lecture et multimédias, ateliers enfants (*merc., w.-end et vac. scol., sur réserv.*).

Muséum d'histoire naturelle D1

5 pl. Bardineau - ☏ 05 56 48 29 86 - www.bordeaux.fr - 11h-18h, w.-end apr.-midi - fermé j. fériés - 5 € (-18 ans gratuit) billet combiné avec expositions temporaires, gratuit pour exposition permanente - fermeture pour travaux fin 2008 (se renseigner).

Un petit air vieillot qui ne manque pas d'un certain charme, pour ce musée installé dans un hôtel du 18e s. en bordure du jardin public. Collections minéralogiques, paléontologiques et zoologiques consacrées, en partie, au Sud-Ouest de la France.

Quartier St-Seurin

Basilique St-Seurin C1

☏ 05 56 24 24 80 - mar.-sam. mat. et apr.-midi - possibilité de visite guidée de déb. mai à mi-sept. w.-end apr.-midi ; de mi-sept. à fin avr. sam. apr.-midi ou sur demande.

Comme la cathédrale St-André et la basilique St-Michel, qui se trouvent elles aussi sur le chemin de St-Jacques-de-Compostelle, la basilique St-Seurin est depuis 1999 inscrite au Patrimoine mondial de l'Unesco.

Entrez par le porche ouest (11e s.), aux intéressants chapiteaux romans. Il est enterré d'environ 3 m. L'ensemble manque d'envolée ; l'église fut, comme le porche, remblayée au début du 18e s. À l'entrée du **chœur** : beau siège épiscopal en pierre (14e-15e s.). En face, retable orné de quatorze bas-reliefs en albâtre retraçant la vie de saint Seurin. À gauche du chœur, dans la chapelle N.-D.-de-la-Rose (15e s.), retable orné de douze panneaux d'albâtre figurant la vie de la Vierge.

La **crypte**, du 11e s., recèle des colonnes et des chapiteaux gallo-romains, de beaux sarcophages en marbre sculpté du 6e s. et le tombeau (17e s.) de saint Fort.

Site paléochrétien de St-Seurin C1

Pl. des Martyrs-de-la-Résistance - ☏ 05 56 00 66 00 - juin-sept. : apr.-midi - 2,50 €.

Une nécropole, des fresques, des sarcophages et des amphores, constituant un véritable musée archéologique, nous révèlent l'art des premiers chrétiens.

La grande banlieue de Bordeaux

Avant de vous échapper dans les vignobles ou vers les plages de la Côte d'Argent, quelques sites méritent une étape dès la sortie de la capitale aquitaine. Nature, patrimoine, art ou œnologie : à vous de faire votre choix !

Bègles

Musée de la Création franche

Au sud de Bordeaux (par la route de Toulouse, ou la sortie n° 20 de la Rocade : suivre Bègles-centre, puis mairie) - 58 av. du Mar.-de-Lattre-de-Tassigny - ✆ 05 56 85 81 73 - www.musee-creationfranche.com - apr.-midi - fermé j. fériés (sf 1er et 11 Nov.) - gratuit.

Voilà un site original qui ne laisse pas indifférent. D'abord c'est une histoire : celle d'une galerie, créée en 1989, attachée à diffuser « **l'Art Brut et ses apparentés** », devenue musée municipal en 1996 et qui fait désormais référence dans le domaine (prêtant des œuvres à des musées de par le monde). Ensuite c'est un lieu : une ancienne maison bourgeoise entourée d'un parc, qui accueille au rez-de-chaussée les expositions temporaires (5 par an) et à l'étage la collection permanente (le fonds compte 10 000 œuvres). Que l'on apprécie ou pas, on ne peut ignorer ce courant d'art basé sur la spontanéité de la créativité, en marge de toutes institutions.

Gradignan

Au sud de Bordeaux (par le cours de la Libération, ou la Rocade sortie n° 16).

Ancien prieuré de Cayac

À la sortie sud de Gradignan, par la D 1010.

Sis dans le beau parc de Cayac, agrémenté de voies d'eau et d'un moulin, ce prieuré bâti au début du 13e s., mais restauré au 17e s., constituait jadis une étape sur la route de Compostelle. Ses dépendances accueillent aujourd'hui des expositions temporaires, ainsi que le **musée Georges de Sonneville** (1889-1978), peintre bordelais des « années folles » et créateur de la Société des Indépendants bordelais. *✆ 05 56 75 34 28 - merc., vend., sam. et 1er dim. du mois apr.-midi.*

Écomusée de la vigne et du vin

288 cours du Général-de-Gaulle - à la sortie sud de Gradignan (dans l'enceinte du lycée des Graves, accès par un chemin à gauche du parking) - ✆ 05 56 89 00 79 - merc., vend., sam. et 2e dim. du mois apr.-midi - 4,40 € (enf. 2,20 €). Visite guidée (adaptée pour les enfants).

Installé dans une ancienne ferme, ce musée présente une collection d'objets liés au travail de la vigne et à la fabrication du vin, entre 1850 et 1950.

Pessac

Quartiers Modernes Frugès-Le Corbusier

Au sud-est de Bordeaux, par le cours du Mal-Gallieni, ou la Rocade sortie n° 13. Fléché depuis le centre-ville de Pessac.

Construite en 1926 à la demande d'Henri Frugès, un industriel bordelais qui souhaitait investir dans une cité jardin pour loger des ouvriers, la Cité témoigne de l'esprit d'avant-garde de leur concepteur, **Le Corbusier** (1887-1965), qui put mettre ici en pratique ses réflexions en matière d'urbanisme, d'habitat collectif et de maisons standardisées. Les 50 pavillons « zig-zag », « quinconce », « gratte-ciel », etc. (sur les 150 initialement prévus), aux formes à la fois ludiques et épurées, ont subi d'importantes altérations au fil du temps, mais une politique de protection et de mise en valeur tente de restituer l'unité originelle du quartier, dans le respect de ses occupants.

La **Maison Frugès-Le Corbusier** est ouverte au public et accueille des expositions temporaires sur l'urbanisme et l'architecture. *4 r. Le Corbusier - ✆ 05 56 36 56 46 - visite guidée possible - merc., vend., w.-end. apr.-midi, jeu. mat. et apr.-midi - gratuit - visite guidée du quartier jeu. à 10h et dim. à 15h.*

Bruges

Marais

Au nord de Bordeaux, sortie n° 6 de la Rocade. Prendre l'av. des Quatre-Ponts. http://assoc.orange.fr/federation.sepanso - accès libre toute l'année - possibilité de visite guidée et sorties nature : se renseigner au ✆ 05 56 66 45 87 - guide du visiteur : 4,50 €.

Dans ce milieu préservé, suivez l'itinéraire balisé et ne vous aventurez pas hors des cheminements autorisés. Des grands marais de Bruges, il ne reste que cet îlot de 280 ha qui se partage entre prairies humides pour les trois quarts, *jalles* (anciens bras de rivières), plans d'eau et boisements. Cette réserve naturelle est située sur l'un des axes migratoires les plus importants d'Europe.

Floirac

À l'est de Bordeaux (sortie n° 23 de la Rocade).

L'**observatoire astronomique de Bordeaux-Floirac** (**B2**) s'élève au bout de la route montant à l'église. *✆ 05 57 77 61 00 - www.obs.u-bordeaux1.fr/ - visite guidée sur demande écrite (15 j. av.) à Jérôme de La Noë, LAB/OASU, BP 89 - 33270 Floirac ou par messagerie à delanoe@obs.u-bordeaux1.fr, sous les mêmes délais - oct.-juil. : 1er sam. du mois à 10h - gratuit.*

En chemin, le petit **parc municipal**, devant un château adossé à la falaise verdoyante, propose ses pins parasols et ses pelouses fleuries.

Beychac

Planète Bordeaux★

Voir schéma dans Vignoble de Bordeaux p. 104. 26 km par la D 1089 dir. Libourne (sortie 5) - ✆ 05 57 97 19 20 / 35 - www.planete-bordeaux.net - juin-oct. : tte la journée sf dim. ; reste de l'année : lun.-vend. mat. et apr.-midi - 5 € avec dégustation de 3 vins ou 20 € avec 7 vins (- 16 ans gratuit).

Siège du syndicat des **AOC Bordeaux et Bordeaux supérieurs**, ce site propose un parcours pédagogique multimédia et interactif (films, animations son et lumière, maquettes...) permettant de découvrir les terroirs au fil des saisons, les techniques de production et les processus de transformation du raisin en vin, le fonctionnement de l'odorat et du goût... La visite se termine bien sûr par une dégustation ! La cave-boutique propose un très vaste choix de châteaux au prix de la propriété. À l'accueil, informations et orientation vers les différentes propriétés des deux appellations.

Un questionnaire ludique est distribué au enfants et un petit espace est réservé aux plus jeunes.

Saint-Émilion et son fameux vignoble.

Stéphane Sauvignier / MICHELIN

AUTOUR DE BORDEAUX

Vignoble de Bordeaux

CARTE MICHELIN DÉPARTEMENTS 335 E/F3-4 ; I/J/K6-7 ; K/L5 ; H/I5-6 – GIRONDE (33)

Ce sont les Romains, dit-on, qui ont introduit la vigne en Aquitaine. Mais on ne buvait alors qu'une triste piquette relevée de miel et d'épices. Rien à voir avec les vins « aimables » et « épanouis » qui mûrissent aujourd'hui à l'ombre des chais bordelais. Aucun doute, la vigne est souveraine aux portes de Bordeaux. Elle règne sur la vie des hommes comme sur le paysage. C'est une impressionnante mer verdoyante, fleurie çà et là de rosiers, qui monte à l'assaut des collines, occupant chaque parcelle de terrain et ne s'arrêtant qu'au pied des demeures.
On distingue six grandes zones de production : la rive droite de la Garonne, l'Entre-Deux-Mers, la rive gauche de la Garonne, le Libournais, le Blayais et le Bourgeais, enfin le Médoc. Voici pour vous huit routes pour parcourir les terroirs du Bordelais, entre châteaux prestigieux et villages vignerons.

A. Cassaigne / MICHELIN

Le Château d'Yquem.

Comprendre

Histoire locale de la vigne – La vigne, présente dès la conquête romaine, ne s'est vraiment développée qu'à partir du 4e s. Mais ce sont les trois siècles de domination anglaise, du 12e au 14e s., qui ont pérennisé la réputation des vins de Bordeaux au-delà des mers. Les vins clairets appréciés en Europe du Nord n'avaient sans doute pas grand chose à voir avec les bordeaux d'aujourd'hui, mais ils n'en ont pas moins assuré la prospérité d'une région à laquelle se sont intéressés, dès la Renaissance, les marchands hanséatiques de Hollande et d'Allemagne. Bordeaux doit en effet son succès tout autant à ses terroirs et à son climat qu'à ces marchands venus du froid qui ont mis en place un système encore en vigueur aujourd'hui, fondé sur la trilogie négoce, propriété, courtage. Les premiers vendent, les seconds produisent et les troisièmes servent d'intermédiaire entre les deux premiers.

Le 18e s. est l'âge d'or de Bordeaux, avec l'institution des crus, délimités autour des principaux villages, et des châteaux, bâtis sur la prospérité viticole. Ainsi naît une « aristocratie du bouchon » qui, faute

Le Bordelais en bref

Superficie : 124 000 ha dans le seul département de la Gironde.

Production : 5,8 millions d'hl en 2005, soit 13 % des vins français en AOC.

Conseil interprofessionnel du vin de Bordeaux – *1 cours du 30-Juillet - 33000 Bordeaux - ✆ 05 56 00 22 66 - www.vins-bordeaux.fr - lun.-vend. 9h-17h - fermé w.-end et j. fériés.*

de blason, va acquérir ses titres sous le Second Empire grâce au fameux classement de 1855, véritable privilège héréditaire transmis non aux hommes, mais aux châteaux. Victime, comme les autres vignobles, du phylloxéra et autres calamités naturelles, le vignoble bordelais n'en a pas moins survécu avec brio, insolence même, si l'on en juge par le prix actuel des grands crus dans un contexte que d'autres jugent morose. Et même si des réformes sont nécessaires pour faire face à la concurrence des vins du Nouveau Monde, Bordeaux porte encore avec fierté la couleur de la perfection.

Le classement des bordeaux – C'est sous le Second Empire, à l'occasion de la foire-exposition de Paris de 1855, que les vins de Bordeaux firent l'objet d'un classement. Il tenait surtout compte du prix des vins. Seuls furent classés, à l'époque, les vins du Médoc et de Sauternes, ainsi que le Château Haut-Brion dans les Graves. Le classement du Médoc comprend cinq catégories, celui du Sauternais trois. En 1973, le classement fut révisé pour ériger le Château Mouton Rothschild au rang de premier cru. Plus tard, les vins du Médoc ont créé la catégorie des crus bourgeois, qui peut être révisée.

En 1955, le saint-émilion s'est doté lui aussi d'un classement, qui a été revu plusieurs fois. Les vins des Graves ont un classement sans catégorie.

S'ils restent globalement valables, les classements des vins sont régulièrement contestés… par les vignerons mécontents de ne pas en faire partie. Mais le seul vrai classement est celui que le consommateur peut faire en comparant les rapports qualité-prix.

	Caractéristiques	Garde	Prix
Vins rouges	Du carmin clair au violet sombre en passant par le rubis. Au nez, des notes de fruits noirs (cassis, mûre) et parfois de poivron vert dans leur jeunesse. Après élevage en barrique : notes torréfiées et vanillées. En vieillissant, notes de sous-bois, de truffe, de cuir et de fumée. En bouche, tanniques dans leur jeunesse, s'assouplissent en vieillissant, tout en restant charnus.	Bonne bouteille : au moins 5 ans. Grands vins : jusqu'à 50 ans et plus.	**Entre-deux-mers, fronsac** : 5 à 8 €. **Bordeaux supérieur, premières-côtes-de-blaye, côtes-de-castillon** : 5 à 15 €. **Bordeaux, premières-côtes-de-bordeaux, appellations satellites de St-Émilion, graves, côtes-de-bourg** : 5 à 20 €. **Médoc, lalande-de-pomerol** : 8 à 15 €.
Vins blancs secs	Clairs à reflets verts jeunes, paille à or clair en vieillissant. Arômes d'agrumes, de fruits exotiques, de buis, de menthe dans leur jeunesse. Fruits confits, écorce d'agrumes en vieillissant.	En général, à boire dans les 5 ans. Les graves : jusqu'à 20 ans.	Pessac-léognan, haut-médoc : 8 à 30 €. **St-émilion, ste-foy-bordeaux, canon-fronsac, listrac-médoc, côtes-de-blaye** : 10 à 15 €. **St-émilion grand cru, moulis, pauillac** : 10 à 30 €. **Margaux, st-julien, st-estèphe** : 15 à 30 €. **Pomerol** : 23 à 76 €. **Crus classés de toutes appellations** : 30 à plus de 76 €.
Vins blancs liquoreux	Jaune paille dans leur jeunesse, à caramel lorsqu'ils sont très vieux. Fruits exotiques, poire, ananas au nez évoluant vers des notes d'amande grillée, de cédrat confit et de fraise des bois. Bouche onctueuse sur pointe acide.	10 à 100 ans.	**Loupiac** : 8 à 20 €. **Cadillac** : 8 à 43 €. **Sauternes** : 10 à 76 €. **Barsac** : 30 à 76 €. **Crus classés de toutes appellations** : 23 à plus de 76 €.
Rosés et clairets	De pétale de rose clair à carmin clair. Fruité au nez, fruits rouges, bonbon anglais, acidulé en bouche.	À boire jeunes.	5 à 10 €.

En Bordelais, les Maisons des vins proposent un bon choix de vins de leur appellation au même prix qu'à la propriété. Elles donnent également de bonnes informations sur le vignoble.

Beaucoup de Châteaux ouvrent leurs portes à la vente. Il ne faut pas vous attendre, cependant, à déguster les très grands crus dont les prix atteignent des sommets. Vous trouverez le meilleur accueil dans les coopératives et dans les petites propriétés.

Les côtes-de-bordeaux 1

Cette région est bordée par des coteaux qui, sur une soixantaine de kilomètres, forment l'aire d'appellation des **premières-côtes-de-bordeaux**. La rive de la Garonne offre de beaux points de vue et est parsemée de petits châteaux où vécurent les peintres Henri de Toulouse-Lautrec et Rosa Bonheur, et les écrivains François Mauriac et Anatole France.
84 km au départ de Bordeaux – compter la journée. Prendre la D 113 puis la D 10 qui suivent la Garonne au sud-est de Bordeaux.

Bordeaux★★★ *(voir ce nom)*

Quinsac

🍷 Ce village viticole, à l'orée de l'agglomération bordelaise, possède une **cave coopérative** spécialisée dans le vin clairet *(voir « Nos bonnes caves » dans l'encadré pratique).*
Poursuivre sur la D 10 vers Langoiran.
À **Cambes**, l'église romane St-Martin mérite un coup d'œil.
Sur les pittoresques coteaux de **Tabanac** dominant la Garonne, on découvre le château de Plassan, exemple unique en Bordelais de bâtisse de style palladien.

Château de Langoiran

Rens. : Association des Amis du Château - 05 56 67 12 00.
De ce château du 13e s., laissé à l'abandon pendant plus de trois siècles, seuls subsistaient une enceinte ruinée et un **donjon** rond très imposant envahis par la végétation. Depuis 1972, une association veille à son entretien : dégagement des douves, aménagement de la chapelle oratoire... L'ensemble ne manque pas de charme.

Langoiran

🍷 À l'intérieur de l'enceinte médiévale du village, une maison de maître accueille les chais du **château viticole** de Langoiran. *✆ 05 56 67 08 55 - www.chateaulangoiran.com.*
À l'est de Langoiran, le très beau Château de Ramondon à **Capian**, avec ses quatre tours fantaisie, exploite un vignoble qui appartint aux rois d'Angleterre jusqu'en 1453. Le territoire recèle certains des plus beaux châteaux des premières côtes.

Rions

On pénètre dans cette petite cité fortifiée par la **porte du Lhyan** (14e s.), qui a conservé ses éléments défensifs d'origine : mâchicoulis, assommoir, rainures de herse et loges latérales pour les hommes d'armes. Vous ferez une jolie balade au milieu des maisons anciennes en passant par la **halle** du 18e s. avant de rejoindre le bucolique sentier des remparts, bordé de jardinets.

LE TERROIR DES CÔTES-DE-BORDEAUX

Superficie : 4 590 ha (dont 3 500 en premières-côtes-de-bordeaux).
Production : 198 960 hl (dont 162 100 hl en premières-côtes-de-bordeaux).
L'aire est implantée sur des sols de graves caillouteuses, des terres argilo-calcaires ou argilo-graveleuses.

LES VINS

La région produit des vins rouges bien charpentés, avec une dominante de merlot qui leur donne rondeur et souplesse. Les vins rosés ou clairets sont une des spécialités du secteur. Les vins blancs sont moelleux à liquoreux, amples, gras et aromatiques.
AOC premières-côtes-de-bordeaux : cépages merlot, cabernet-sauvignon, cabernet franc et malbec pour les rouges (93 % de la production) ; cépages sauvignon, sémillon et muscadelle pour les blancs moelleux.
AOC côtes-de-bordeaux-saint-macaire, cadillac, loupiac, sainte-croix-du-mont : cépages sémillon, sauvignon et muscadelle pour les blancs liquoreux.

BON À SAVOIR

Syndicat viticole des premières-côtes-de-bordeaux et cadillac – *✆ 05 57 98 19 20 - www.premierescotesdebordeaux.com.*
Syndicat viticole de loupiac – *✆ 05 56 62 92 22 - www.vins-loupiac.com.*

Le château des ducs d'Épernon à Cadillac.

🍷 Dans le village, arrêtez-vous au « **cercle** » – c'est ainsi que l'on appelle les bistrots de village dans ce coin de Gironde – pour goûter au vin blanc moelleux du propriétaire *(vente à emporter).*

Cadillac

La bastide, fondée en 1280, a donné son nom au **cadillac**, petite appellation de vins blancs liquoreux qui vieillissent admirablement.

Antoine de **Lamothe-Cadillac**, seigneur de la ville (ou plus vraisemblablement un homme ayant fait emprunt de ce nom), créa Detroit, qui devint la capitale de la construction automobile ; c'est en son honneur que fut créée l'illustre berline.

Le **château des ducs d'Épernon** fut élevé et décoré de 1598 à 1620 pour le fastueux et irascible **Jean-Louis de Nogaret de La Valette** (1554-1642), ancien mignon de Henri III et haut personnage sous Henri IV et Louis XIII. Les vastes appartements aux plafonds à la française abritent huit cheminées monumentales, auxquelles travailla le sculpteur Jean Langlois ; elles sont remarquables par la richesse de leur décor de marbres rares, trophées, Amours, chutes de fleurs et de fruits. Le château n'est pas meublé, il sert de cadre à des expositions temporaires. *✆ 05 56 62 69 58 - visite libre ou guidée (à 11h, 14h30, 16h) - juin-sept. : mat. et apr.-midi ; oct.-mai : mar.-dim. mat. et apr.-midi - fermé 1er janv., 1er mai, 25 déc. - 5 € (-18 ans gratuit).*

L'**église** St-Martin, édifiée au 14e s. sur le mur d'enceinte de la bastide, a été modifiée au 19e s. (façade et clocher). La chapelle funéraire, commandée à **Pierre Biard** par le duc d'Épernon, accueille la sépulture de son épouse, Marguerite de Foix Candale, et sa crypte les dépouilles des ducs d'Épernon. *Poss. de visite guidée en juil.-août - s'adresser sur place ou à l'office de tourisme (voir « Adresses utiles » dans l'encadré pratique).*

🍷 À la sortie sud de Cadillac, la **Maison des vins des Premières Côtes de Bordeaux et de Cadillac** vend la production de la plupart des vignerons du secteur *(voir « Nos bonnes caves » dans l'encadré pratique).*

Loupiac

Célèbre pour ses vins blancs liquoreux d'une grande finesse, l'AOC **loupiac** s'étend sur les coteaux. La localité existait déjà du temps des Romains. Témoins de cette époque, au Château le Portail Rouge, les vestiges d'une **villa gallo-romaine** dont les thermes conservent de belles mosaïques. *S'adresser au château le Portail rouge : ✆ 05 56 62 93 82 ou à M. Jean-Pierre Bernède : ✆ 06 07 01 64 88 - visite guidée (45mn) tte l'année - 2 €.*
Rejoindre Verdelais par la D 117.

Verdelais

La **basilique Notre-Dame** a été reconstruite au 17e s. Les jours de fête mariale (15 août et 8 septembre) et les dimanches d'été, elle accueille une grande foule. Aussi les murs de ce sanctuaire, doucement éclairé par la lueur des cierges, sont-ils presque entièrement garnis d'**ex-voto**.

SAINTES
40a
Cubzac-les-Ponts
A 10
D 670
DORDOGNE
★ Planète Bordeaux
★ Vayres
N 89
BORDEAUX ★★★
Gestas
D 20
D 936
N 230
Carignan-de-Bordeaux
D 936E5
D 115
D 10E4
PREMIÈRES
D 113
Créon
Sadirac
D 115E8
A 630
Quinsac
D 14
★ la Sauve
St-Genès-de-Lombaud
CÔTES
GARONNE
D 10
Langoiran
Château de Langoiran
Portet
D 115
★ la Brède
DE
BORDEAUX
D 1113
Rions
D 10
A 62
Cadillac
Loupiac
N
Barsac
Gabarnac
★ Ste-Croix-du-Mont
Preignac
Pujols-s-Ciron
SAUTERNES ET BARSAC
Malle★
Château de Budos
Ciron
Yquem
VIGNOBLE DE BORDEAUX
Sauternes
Filhot
0
8 km
● Grands crus d'appellation contrôlée

ANGOULÊME
PÉRIGUEUX
BERGERAC
MARMANDE
MONT-DE-MARSAN
TOULOUSE
D 674
A 89
Isle
D 1089
11
Petit-Palais-
et-Cornemps
D 21
Lussac
Montagne
4
D 122
St-Georges
Puisseguin
Libourne
St-Émilion★★
4
Bordeaux
Côtes de Castillon
D 670
D 245
St-Étienne-
de-Lisse
D 130
D 17
ST-ÉMILION
D 936
Castillon-
la-Bataille
Dordogne
D 17
Daignac
D 128
D 670
Gamage
Rauzan
D 127E3
Blasimon
D 671
2
ENTRE - DEUX - MERS
D 17
Vignague
Euille
Sauveterre-de-Guyenne
D 230
Castelviel
Dropt
D 672
CÔTES DE BORDEAUX-
ST-MACAIRE
Verdelais
D 117
D 670
N 113
N 113
la Réole
St-Macaire★
Langon
GARONNE
3
A 62
D 932
Roquetaillade★★

Au-dessus du maître-autel trône la statue du 14e s., en bois, de la Vierge, invoquée surtout dans les naufrages et pour la guérison des paralytiques.

À droite de la basilique, dans le paisible cimetière de Verdelais, repose le peintre **Henri de Toulouse-Lautrec-Monfa** (1864-1901). Sa pierre tombale, très simple, se trouve à l'extrémité de l'allée centrale, à gauche *(repérer une grande tombe fleurie, couronnée d'un ballon de foot : la tombe de Lautrec est juste derrière).*

Après un agréable chemin de croix qui grimpe à travers bois, vous atteignez le grand **calvaire** (19e s.). Le Christ en croix est entouré des deux larrons. À ses pieds se tiennent la Vierge et saint Jean. **Jolie vue★** sur la vallée de la Garonne et le Sauternais.

Faire 3 km au nord -est par la D 19.

Château de Malromé

✆ 05 56 76 44 92 - www.malrome.com.

🍷 C'est dans ce château construit au 14e s. par Guiraud de Taste, comte de Béarn, puis reconstruit et agrandi aux 16e et 19e s., que **Toulouse-Lautrec** passa quelques années de sa vie aux côtés de sa mère, la comtesse Adèle de Toulouse-Lautrec. Le célèbre peintre y mourut à l'âge de 37 ans. Dégustation-vente de vin du domaine.

Reprendre la D 19 au sud en direction de St-Macaire.

Domaine de Malagar

✆ 05 57 98 17 17 - www.malagar.asso.fr - ♿ - juin-sept. : mat. et apr.-midi ; oct.-mai : merc.-vend. apr.-midi, w.-end et j. fériés mat. et apr.-midi - fermé 24 déc.-2 janv., 1er Mai et 25 déc. - 5,50 € (enf. 4 €).

Surplombant la vallée de St-Maixant, ce domaine fut le lieu de villégiature de **François Mauriac** (1883-1970) pendant de nombreuses années. Sa maison, simple bâtisse de deux étages, s'ouvre, au rez-de-chaussée, sur le salon, « cœur de Malagar » dans lequel Mauriac rédigea *Le Nœud de vipères*, et sur le bureau, tous deux renfermant de nombreux souvenirs.

Saint-Macaire★

Dominant la Garonne, cette cité médiévale est un vrai bijou. Remontant au 12e s., époque de l'établissement de la ville, l'**enceinte** a conservé trois portes. L'une d'elles (porte de Benauge), couronnée de puissants mâchicoulis, constitue encore, au nord, l'accès principal à la vieille ville. Admirez la perspective du front sud des remparts, au bord de la falaise calcaire baignée jadis par la Garonne.

LE TERROIR DE L'ENTRE-DEUX-MERS

Superficie : 2 530 ha, dont 1 700 sont consacrés aux vins blancs secs.
Production : 116 700 hl.
Ici, les sols sont à prédominance argileuse.

LES VINS

La région produit surtout des vins blancs secs.

AOC entre-deux-mers et entre-deux-mers haut-benauge : cépages sémillon, sauvignon, muscadelle pour les vins blancs secs.

AOC sainte-foy-de-bordeaux : cépages sémillon, sauvignon, muscadelle pour les vins blancs secs et moelleux, cépages cabernet-sauvignon, cabernet franc, merlot, malbec et petit verdot pour les rouges.

AOC graves-de-vayres : cépages cabernet-sauvignon, cabernet franc, malbec, petit verdot, carmenère et merlot pour les rouges assez charpentés, cépages sémillon, muscadelle et merlot blanc pour les blancs secs.

BON À SAVOIR

Syndicat viticole de l'entre-deux-mers – *✆ 05 57 34 32 12 - www.vins-entre-deux-mers.com.*

Syndicat de l'appellation sainte-foy-bordeaux – *www.saintefoy-bordeaux.com.*

Très séduisante, la **place du Mercadiou** ou Marché-Dieu est entourée de couverts gothiques et Renaissance, ou « embans ». Belles demeures des 15e et 16e s., avec baies en accolade ou fenêtres à meneaux.
Située sur le rocher de St-Macaire, au-dessus du front sud de l'enceinte, l'**église St-Sauveur** domine la vallée. Vaste et imposant, l'édifice possède une abside romane ceinturée d'un cordon de billettes ; le plan de cette église dessine un trèfle suivant une formule peu courante (présente au St-Sépulcre de Jérusalem), la 4e abside étant remplacée par la nef. Sous le porche du 13e s., couronné d'une rosace flamboyante, se trouvent de curieux vantaux de cœur de chêne à ferrures, de la même époque. Au tympan, scènes sculptées montrant onze apôtres auréolés et assis. De la terrasse, vue sur la Garonne. À la croisée du chœur et sur la voûte de l'abside est, **peintures murales★** aux couleurs chaudes (14e s.), sur le thème de l'Apocalypse et de la vie de saint Jean.
🍷 L'appellation **côtes-de-bordeaux-st-macaire** qui prolonge celle des premières-côtes au sud-est est peu employée. L'association **Tourisme en coteaux macariens** propose, dans les locaux de l'office de tourisme *(voir « Adresses utiles » dans l'encadré pratique)*, une exposition-vente des appellations produites sur le canton *(tte l'année)* et des dégustations *(juil.-août)*.
Traverser la Garonne par la N 113 que l'on suit jusqu'à Ste-Croix-du-Mont pour gagner la deuxième étape.

Sainte-Croix-du-Mont★

Ce village perché sur le coteau a baptisé une AOC de vins blancs liquoreux. Moins capiteux que ceux de Sauternes, les **sainte-croix-du-mont** ont beaucoup de fruit. De la terrasse du château de Tastes *(actuelle mairie)*, **vue★** très étendue en direction des Pyrénées (table d'orientation). À l'extrémité de la colline, l'**église** conserve un portail roman.
🍷 Des **grottes★** s'ouvrent en contrebas, creusées dans un banc d'huîtres fossiles. L'une d'elles a été aménagée en pittoresque **cave de dégustation**. *✆ 05 56 62 01 54 - avr.-oct. : mat. et apr.-midi, lun. apr.-midi - fermé mar. et merc. - gratuit.*

L'Entre-Deux-Mers 2

Douces et verdoyantes, les collines de l'Entre-Deux-Mers déroulent entre Garonne et Dordogne leurs versants couverts de vignobles, de bosquets et de prairies. L'AOC **entre-deux-mers** est vouée aux seuls vins blancs secs à dominante de sauvignon. Ce sont des vins fruités que l'on boit jeunes avec les huîtres du bassin d'Arcachon ou une alose de la Garonne.
105 km au départ de Bordeaux – compter la journée. Quitter Bordeaux à l'est par la D 936 et emprunter la D 936^{E5} sur la droite.

Maison Ginestet à Carignan-de-Bordeaux

✆ 05 56 20 90 74 - www.ginestet.fr - visite guidée sur demande de déb. janv. à mi-déc. : lun.-vend. mat. et apr.-midi ; oct.-mai : sur demande - fermé de mi-déc. à fin déc. et j. fériés - gratuit.
🍷 Cette maison de négoce fondée en 1897 ouvre ses installations à la visite, du cuvier au chai de vieillissement, et fait découvrir le métier méconnu d'éleveur et vinificateur. Ne vous fiez pas aux apparences : la bâtisse moderne n'a pas le charme d'un château, mais le guide est passionnant, un vrai puits de science : vous aurez du mal à en toucher le fond… et à repartir sans acheter une bouteille !
Prendre au sud-est la D 10^{e4} puis la D 115.

Sadirac

Important centre potier artisanal exploitant surtout l'argile « bleue », le bourg présente cette activité traditionnelle, dont l'apogée se situa au 18e s., dans la **Maison de la poterie-musée de la Céramique sadiracaise**. Aménagée sur le site d'un ancien atelier construit en 1830 (four d'origine au fond du hall), la maison abrite notamment des pièces datant du 14e s. au 18e s. et des maquettes de fours anciens. La production actuelle, assurée par trois ateliers seulement, est axée sur la poterie du bâtiment, la poterie horticole et la reconstitution de formes anciennes. *✆ 05 56 30 60 03 - www.sadirac.com - www.ceramic-agap.com - mar.-sam. apr.-midi - fermé 3 août-25 août et j. fériés - 2 € - (enf. -12 ans gratuit).*

La **ferme-parc « Oh ! Légumes oubliés »** remet à l'honneur des légumes et des plantes tombés en désuétude : potimarron, rutabaga, nèfles... Au programme : découverte du verger et du potager-conservatoire, initiation aux saveurs anciennes, visite d'une conserverie traditionnelle et de l'exploitation agricole. Enfin, petits et grands s'aventureront dans le **labyrinthe végétal**, pour remonter le fil des grands changements alimentaires survenus au cours des siècles. *05 56 30 62 00 - www.ohlegumesoublies.com - - de déb. avr. au 11 Nov. : apr.-midi - fermé du 12 nov. à fin mars - 8,30 € (-16 ans 6,80 €).*

La D 115^{E8} et la D 671 mènent à Créon.

Créon

Ancienne bastide anglaise (place à arcades du 14e s.), Créon s'anime chaque mercredi matin lors de son important marché.

C'est le premier village de Gironde à porter le titre de **« Station Vélo »**. Vous trouverez effectivement toutes sortes de vélos en location dans l'ancienne gare. Un circuit balisé de 16 km intitulé « Les vignes du Seigneur » vous emmène à travers le vignoble. *« La gare », bd Victor-Hugo, 33670 Créon - 05 57 34 30 95 - http://creonstationvelos.free.fr.*

Quitter Créon par le sud, D 20.

Saint-Genès-de-Lombaud

Sur fond de grands arbres se découpe la jolie silhouette de l'**église N.-D.-de-Tout-Espoir**, sise à mi-pente d'un vallon. Siège d'un pèlerinage à la Vierge noire, elle se trouve à l'emplacement présumé d'une villa romaine. Sa façade à clocher-pignon présente un portail roman dont l'archivolte est sculptée d'animaux et de petits personnages. Dans la nef, chapiteaux romans, et, à gauche, pierre sculptée provenant vraisemblablement d'un autel domestique romain.

Revenir à Créon et poursuivre sur la D 671.

La Sauve★

L'**ancienne abbaye de la Sauve-Majeur★**, fondée en 1079 par le bénédictin **Gérard de Corbie** (futur saint Gérard), devint une puissante seigneurie foncière. Elle avait établi de nombreux prieurés jusqu'en Espagne et en Angleterre. Interrompue au 16e s., la vie monastique reprit au 17e s. pour s'achever avec la Terreur. En 1793, l'abbaye devint une prison, puis elle servit de carrière avant d'être laissée à l'abandon.

L'abbatiale, du 12e s., de style roman saintongeais, et du début du 13e s. *(restaurée)*, marque la transition du roman au gothique. L'abside et les absidioles orientées, en cul-de-four, sont en effet romanes ainsi que les magnifiques **chapiteaux★** qui surmontent les colonnes de la travée droite du chœur. En revanche, les voûtes, dont subsistent les départs d'ogives, et le clocher à hautes baies ébrasées, sont gothiques.

À droite de l'abbatiale s'étendent les vestiges du cloître du 13e s., de la salle capitulaire et du réfectoire. *05 56 23 01 55 - juin-sept. : tte la journée ; oct.-mai : mat. et apr.-midi sf lun. - fermé 1er janv., 1er Mai, 25 déc., lun. de Pentecôte, lun. de Pâques - 6,50 € (enf. gratuit), gratuit 1er dim. du mois de nov.-mai.*

Depuis l'époque des moines, on ne cesse de produire de bons vins rouges et blancs dans le secteur. La **Maison de l'entre-deux-mers**, installée dans l'ancienne grange dîmière de l'abbaye, donne de nombreuses informations sur les vins de la région, que vous pourrez déguster et acheter au prix de la propriété *(voir « Nos bonnes caves » dans l'encadré pratique).*

Poursuivre sur la D 671. À St-Brice, prendre à droite les D 123 et D 230.

Église de Castelviel

05 56 61 97 58 - visite guidée sur demande à la mairie de Castelviel.

Elle se caractérise par une superbe **porte romane★** de style saintongeais dont les chapiteaux et les voussures portent un riche décor sculpté formant l'un des plus beaux ensembles de la Gironde.

On identifie les Travaux des mois *(1re voussure en partant du haut)*, le Combat des Vertus et des Vices *(2e voussure)*, des personnages reliés par une corde symbolisant la communauté des fidèles *(3e voussure)*. Sur les chapiteaux, remarquez à droite les Saintes Femmes au Tombeau et la Décollation de saint Jean Baptiste, à gauche les péchés capitaux *(le 1er chapiteau à l'extrémité gauche représente la Luxure).*

Sauveterre-de-Guyenne

Cette bastide typique, créée en 1281 par Edouard Ier, devint définitivement française en 1451 après avoir changé dix fois de camp. Elle a conservé ses quatre portes fortifiées. La vaste place centrale entourée d'arcades s'anime le mardi, jour de marché.
🍷 La **Maison du Sauveterrois** propose à la vente et à la dégustation une cinquantaine de vins de la région et donne des informations sur les randonnées *(voir « Nos bonnes caves » dans l'encadré pratique).*

Ancienne abbaye de Blasimon

✆ 05 56 71 52 12 - visite guidée sur RV : de mi-juin à mi-sept. ; visite libre le w.-end.
Cette abbaye bénédictine ruinée se dissimule au fond d'un vallon. Une enceinte fortifiée, dont témoigne encore une tour isolée, l'entourait.
L'**église** du 12e-13e s. associe des éléments romans (décor sculpté, quelques baies en plein cintre) et gothiques (arcs brisés, belles voûtes d'ogives). Clocher-pignon ajouté au 16e s. Au côté droit de l'abbatiale, le **cloître** a conservé seulement quelques arcades aux beaux chapiteaux romans et une partie de la salle capitulaire.

Blasimon

🍷 Chez **Jean-François Dufaget**, viticulteur, vous pouvez découvrir la vigne pour mieux la comprendre en parcourant le **sentier viticole de la Butte de Cazevert**, et terminer par la visite des chais et une dégustation. *D 670 - ✆ 05 57 84 57 03 ou 06 81 79 12 99 - du 1er w.-end de mai au 1er w.-end d'oct. sur RV - 2 €.*

Rauzan

Gros bourg-marché de l'Entre-Deux-Mers, Rauzan conserve les ruines romantiques d'un **château des Duras** bâti à la fin du 13e s., qui témoigne du conflit franco-anglais durant la guerre de Cent Ans. Une enceinte à merlons et un logis seigneurial (14e-15e s.) percé de fenêtres à meneaux accompagnent le majestueux donjon rond, haut de 30 m, d'où l'on a une belle vue sur la campagne. À voir également la tour d'honneur (fin 15e s.) avec sa magnifique voûte en palmier. *✆ 05 57 84 03 88 - mat. et apr.-midi sf lun. (sept.-juin) - fermé vac. Noël, 25 déc. et 1er janv. - 3 €.*
De l'autre côté du vallon, au fond duquel niche un charmant lavoir, l'**église** montre trois beaux portails du 13e s. et un clocher-pignon déjà de type pyrénéen.
Grotte Célestine – *✆ 05 57 84 08 69 - réserv. obligatoire, visite guidée mat. et apr.-midi sf lun. (7j./7 en juil.-août, dernier dép. à 17h) - 6,50 € (-14 ans : 5 € ; 1,20 m mini pour visiter). 14 °C dans la grotte, prévoir une petite laine. Tout le matériel (casque, bottes) est fourni.* Les galeries d'une **rivière souterraine** furent découvertes au milieu du 19e s. lors du creusement d'un puits au centre du village. On y organisa des visites à la lueur d'une bougie jusqu'en 1930, date de fermeture du site afin de le préserver. À l'époque, on accédait aux galeries par un escalier donnant dans une maison au-dessus ; une aire de pique-nique avait été aménagée et les villageoises venaient y cancaner ! Pendant la Deuxième Guerre mondiale, la grotte servit de cachette à deux résistants. À votre tour de descendre à 13 m de profondeur, à présent vêtu de la panoplie du spéléologue, pour explorer les lieux. Vous parcourrez aisément 250 m dans 5 à 15 cm d'eau, appréciant au passage les diverses **concrétions**, dont une impressionnante colonne de 3,50 m de haut et de surprenantes draperies « à dents de baleine ».
🍷 L'**Union des producteurs de Rauzan** est une des plus importante cave coopérative de France *(voir « Nos bonnes caves » dans l'encadré pratique).*
Prendre la D 128 vers Daignac.

Daignac

Un ruisseau, le Canedone, a creusé là un ravin que franchit un **vieux pont**. En aval, ruines d'un moulin du 13e s.
Retour à Bordeaux par la D 936.

La rive gauche de la Garonne

Sur la rive gauche de la Garonne, en partie imbriqué dans l'agglomération bordelaise, le vignoble des Graves est le seul de France à porter un nom géologique. Depuis 1987, la partie nord des Graves, où sont concentrés les meilleurs terroirs, porte l'AOC **pessac-léognan**. Le sud des Graves englobe les fameuses appellations barsac et sauternes.

LE VIGNOBLE DES GRAVES

57 km au départ de Bordeaux. Rejoindre la rocade, prendre la direction de Toulouse et, à la sortie 18, la direction de Léognan par la D 651.

Léognan

Cette commune en lisière de la forêt compte un nombre impressionnant de châteaux viticoles dont la direction est indiquée depuis le centre du village.

Le **Château La Louvière** est un très beau château de la fin du 18e s., dessiné par l'architecte François Lhote. Il a été classé Monument historique en 1991. Ses graves et pessac-léognan sont très réputés. *149 av. de Cadaujac - 05 56 64 75 87 - lalouvière@andrelurton.com - tlj sf w.-end et j. fériés sur RV.*

Pour parcourir le vignoble à vélo, allez à la **Maison du vélo**. Location de vélos et nombreux circuits à thème. *Parc forestier du Lac bleu - 05 56 64 81 56.*

Rejoindre Martillac au sud-est par la D 109.

Martillac

Cette commune est autant réputée pour ses vins que pour son muguet. Belle **église romane** à chapiteaux historiés.

Le **Château Smith-Haut-Lafitte** est également un centre de vinothérapie, les **Sources de Caudalie**. On peut désormais prendre soin de son corps grâce au raisin ! L'eau minérale riche en fer et en fluor associée à l'extrait de raisin, à l'huile de pépins de raisin, à la levure de vin, aux extraits de vigne rouge ou encore aux tanins possède des vertus hydratantes et raffermissantes. Parmi les soins anti-âge et minceur proposés, on retiendra le « bain barrique » et « l'enveloppement merlot ». Ce type de cure reste assez coûteux (par exemple, journée découverte de quatre soins : 135 €), mais laisse rêveur… *05 57 83 83 83 - www.sources-caudalie.com.*

Rejoignez La Brède au sud par la D 109.

Vous entrez dans les Graves du sud, vaste territoire où plane l'esprit de Montesquieu et qui s'inscrit en lignes de vignes entre la Garonne et la forêt des Landes girondines.

Château de La Brède★

05 56 20 20 49 - mi-avr.-sept. : apr.-midi sf mar. ; de déb. oct. au 11 Nov. : sam., dim. et j. fériés apr.-midi - 7 €.

Une large avenue conduit à l'austère château gothique (12e-15e s.), protégé par son plan d'eau.Commencez le tour du propriétaire par les douves. Par de petits ponts

LE TERROIR DES GRAVES

Superficie : 7 200 ha.

Production : 278 800 hl, dont 54 000 hl en blancs doux.

Ce sont les croupes graveleuses bien drainées, résultant de l'érosion pyrénéenne, qui ont permis de créer au Moyen Âge le vignoble le plus proche de Bordeaux.

LES VINS

La région produit des vins rouges et blancs de grande qualité.

AOC graves, graves supérieures et **pessac-léognan :** cépages cabernet-sauvignon, merlot, cabernet franc, malbec et petit verdot pour les rouges puissants, cépages sauvignon, sémillon et muscadelle pour les blancs secs.

AOC sauternes, barsac et **cérons :** cépages sémillon essentiellement, sauvignon et muscadelle pour les blancs liquoreux.

Les vins blancs liquoreux des AOC sauternes et barsac ont les mêmes qualités. Les grains de raisin, parvenus à maturité, ne sont pas cueillis aussitôt, afin qu'ils puissent subir la « pourriture noble », causée par le *Botrytis cinerea*, favorisé par l'humidité montant du Ciron. Ce sont les enzymes de cette moisissure qui concentrent les sucres de la baie de raisin. Ces grains « confits » sont alors détachés un par un, puis pressés.

BON À SAVOIR

Syndicat viticole des graves – *05 56 27 09 25 - www.vins-graves.com.*

L'« honnête homme »

En l'an de grâce 1689 naît au château Charles de Segondat, futur baron de Labrède et de **Montesquieu** ; en signe d'humilité, c'est un mendiant qui le tient sur les fonts baptismaux. Devenu président au parlement de Bordeaux, Montesquieu aime à se retirer fréquemment sur sa terre de La Brède : « C'est le plus beau lieu champêtre que je connaisse. » Là, il expédie sa correspondance commerciale (il vend beaucoup de vin aux Anglais), parcourt ses vignes, interpellant chacun en patois, visite ses chais... D'humeur égale et d'abord facile, Montesquieu trouve, comme Montaigne, le délassement dans son activité intellectuelle : « L'étude a été pour moi le souverain remède contre les dégoûts de la vie, n'ayant jamais eu de chagrin qu'une heure de lecture n'ait dissipé. » Pendant dix-sept ans, il travaillera ici à la rédaction de *L'Esprit des lois*.

jetés entre deux anciens ouvrages fortifiés, gravés d'inscriptions latines, on rejoint le vestibule soutenu par six colonnes torses ; le long des murs sont disposées les malles de voyage de Montesquieu. De ce vestibule, on passe dans le salon orné d'un beau cabinet du 16e s. et de portraits de famille. Très simple, la **chambre** de Montesquieu est restée meublée telle qu'elle l'était de son vivant ; un montant de la cheminée porte la marque de frottement de son soulier, car il avait coutume d'écrire là sur son genou. À l'étage se trouve la bibliothèque qui renfermait 5 000 ouvrages.
Le maître des lieux prit l'idée du **parc à l'anglaise** lors d'un séjour outre-Manche.
Un circuit de 11 km intitulé **Les 8 châteaux de pessac-léognan** parcourt l'AOC pessac-léognan. *Rens. à l'office du tourisme de Montesquieu - 3 pl. Marcel Vayssière - 33650 Martillac - ✆ 05 56 78 47 72 - www.otmontesquieu.com.*
Prendre à l'est la D 108, puis tourner à droite dans la N 113.

Portets

La silhouette altière du **château de Portets** (18e s.) domine ce village des bords de Garonne où l'on pêche l'alose et la lamproie que l'on accommode avec les bons vins du coin produits.
Château de Mongenan – *✆ 05 56 67 18 11 - www.chateaudemongenan.com - ♿ - visite guidée mai-sept. : mat. et apr.-midi ; de mi-fév. à fin déc. : w.-end et j. fériés apr.-midi - fermé 31 déc.-15 fév. - 6 € (-12 ans gratuit) ; 10 € (avec dégustation) billet combiné avec le château Lagueloup.*
Toute parée de vignes et de fleurs, la jolie chartreuse de Mongenan (1736) est précédée d'une terrasse qui se prolonge vers un **jardin botanique** inspiré par J.-J. Rousseau. Là poussent pêle-mêle plantes aromatiques, fleurs, légumes anciens et arbres fruitiers. À côté, le **musée** est consacré au 18e s. (collection d'herbiers, documents historiques, costumes, etc.) et reconstitution d'un temple maçonnique (objets de collection).
Château de Lagueloup – *✆ 05 56 67 13 90 - www.chateaulagueloup.com - visite guidée mat. et apr.-midi - 6 €, dégustation accompagnée 5 € - petit-déjeuner gourmand le sam. sur réserv.* La propriétaire du château de Mongenan a acquis, en 2000, le château Lagueloup dans lequel elle a aménagé un **musée de la Vigne et du Vin** présentant le patrimoine technique exceptionnel trouvé sur les lieux. En effet, les immenses chais ont été conçus à la fin du 19e s. par l'ingénieur **Samuel Wolff** comme une usine. Différents documents illustrent l'histoire de cette réalisation révolutionnaire. Vous verrez ces installations « modernes » (transport des vendanges par wagonnets, pressoir à vapeur, foulopompe...), ainsi que le matériel de tonnellerie (car le château avait son propre atelier), et une collection d'outils de la vigne depuis le 18e s.
Dans le parc du château, un baptistère datant du 3e siècle a été découvert.
Rejoindre Podensac au sud-est par la N 113.

Podensac

Ce gros bourg est la patrie de l'apéritif **Lillet**, boisson à base de vin, aromatisée aux herbes et au quinquina. Visite des installations, du cuvier Art déco et collection d'étiquettes. *✆ 05 56 27 41 41 - www.lillet.com - de mi-juin à mi-sept. : tte la journée ; de mi-sept. à mi-juin : sur RV lun.-vend. - gratuit.*

🍷 À la sortie de Podensac, sur la droite, se dresse la **Maison des vins de Graves** où vous trouverez 300 références de vins de l'ensemble des Graves, ainsi que des informations touristiques et une liste de châteaux ouverts sans rendez-vous *(voir « Nos bonnes caves » dans l'encadré pratique).*
Suivre la N 113 jusqu'à Cérons.

Cérons

Ce petit village a donné son nom à une minuscule appellation de vins blancs liquoreux, qui couvre moins de 100 ha. Ce sont des vins très fins.
Rejoindre Barsac au sud par la N 113.

SAUTERNES ET BARSAC 3

Petit par la surface, mais grand par le renom de ses vins blancs, le vignoble de Sauternes et Barsac est un « pays » constitué par la basse vallée du Ciron, près de son confluent avec la Garonne. Le terroir se limite à cinq communes : Sauternes, Barsac, Preignac, Bommes et Fargues. Sur les coteaux s'alignent les rangées de ceps (muscadelle, sauvignon et sémillon), généralement perpendiculaires au cours du Ciron et séparées en « clos ». Ici, les vendanges sont tardives. Les grains de raisin, parvenus à maturité, ne sont pas cueillis aussitôt, afin qu'ils puissent subir la « pourriture noble », causée par un champignon propre à la région. Ces grains « confits » sont alors détachés un par un et transportés avec d'infinies précautions.
30 km au départ de Barsac – environ 2h. Barsac est à 10 km au nord-ouest de St-Macaire (voir circuit 1), ou à 39 km au sud-est de Bordeaux par l'A 62 puis, la N 113.

Barsac

L'**église**, curieux monument de la fin du 16e et du début du 17e s., comprend trois nefs de même hauteur dont les voûtes constituent un exemple de la survivance du gothique en période classique. Le mobilier est Louis XV : tribune, autels, retables, confessionnaux. Les sacristies sont revêtues de boiseries ou de panneaux de stuc.
✆ 05 56 27 18 58 - www.barsac.fr.

🍷 La **Maison du vin de Barsac** propose la vente et la dégustation de vins de Barsac et de Sauternes *(voir « Nos bonnes caves » dans l'encadré pratique).*

Pujols-sur-Ciron

Les habitations 16e et 19e s. sont protégées par une enceinte à tours d'angles qui donne à l'ensemble des allures de forteresse au milieu des vignes.

Budos

Un peu extérieur au Sauternais, Budos conserve les ruines d'un **château féodal** (début 14e s.). Le chemin d'accès passe sous le châtelet d'entrée que couronne une tour carrée, puis atteint l'esplanade du château. De là, descendez dans le fossé du front ouest pour vous rendre compte de la puissance de la courtine et des tours.

Sauternes

🍷 Vous serez bien accueilli à la **Maison du sauternes**. On y explique les mystères du sauternes et l'ont fait déguster (à l'exception du château-d'yquem qui est néanmoins vendu) environ 70 vins disponibles au prix de la propriété *(voir « Nos bonnes caves »).*

🍷 Au sud, le **Château Filhot**, premier grand cru classé, est une belle bâtisse du 17e s., remaniée au 19e s., avec un beau parc. *✆ 05 56 76 61 09 - www.filhot.com - lun.-vend. mat. et apr.-midi ; w.-end sur RV.*

Château d'Yquem

www.yquem.fr. Les vins de ce prestigieux château, déjà connus au 16e s., furent grandement appréciés par l'Américain Jefferson. Le logis, des 15e et 17e s. *(ne se visite pas)*, est un ancien château fort perché sur une butte offrant un beau panorama.

Château de Malle★

✆ 05 56 62 36 86 - www.chateau-de-malle.fr - château : visite guidée (libre pour les jardins) - avr.-oct. : apr.-midi (mat. sur demande) - fermé 1er Mai - 7 €.

Un portail d'entrée orné de superbes ferronneries donne accès au domaine. L'aimable composition qu'offrent l'ensemble du château et des jardins a été conçue au début du 17e s. par un aïeul de l'actuel propriétaire. Le château lui-même, charmante demeure

à pavillon central aux frontons sculptés semi-circulaires, coiffé d'un toit d'ardoises à la Mansart, rappelle par son plan les chartreuses girondines. Deux ailes basses en fer à cheval aboutissent à deux grosses tours rondes. Les bâtiments latéraux renferment les chais. L'intérieur du château, garni d'un beau mobilier ancien, abrite une **collection de silhouettes en trompe l'œil** du 17e s., unique en France. Elles servaient autrefois de figuration immobile au petit théâtre en rocaille du jardin.
Les **jardins** en terrasses, à l'italienne, présentent des groupes sculptés du 17e s. et un curieux nymphée en rocaille orné de statues d'Arlequin, Pantalon et Cassandre. Prolongeant ces jardins, le vignoble s'étend, fait unique en Gironde, sur les deux terroirs de Sauternes (vin blanc) et de Graves (vin rouge). La visite se termine par une dégustation de sauternes.
Par la D 8E4, Preignac et la N 113, regagner Barsac.

Le Libournais

À l'ouest de Libourne, la Dordogne s'élargit pour aller rejoindre la Garonne au Bec d'Ambès. Sur la rive droite du fleuve, les coteaux offrent le doux paysage vallonné des vignobles du Fronsadais. À l'est de Libourne, Pomerol, puis St-Émilion allient le faste de leur vignoble à un riche passé historique.

LE SAINT-ÉMILION 4

52 km environ, au départ de St-Émilion – compter 3h.
Certes, il est recommandé de parcourir les vignes à l'automne lorsque les rangées de ceps s'animent de la fièvre des vendanges *(2e quinzaine de septembre)* et qu'une lumière caressante dore les contours du paysage. Cependant, en toute saison le promeneur jouira du tableau équilibré que composent les coteaux couronnés de châteaux et de bouquets d'arbres, tandis que se dégagent des échappées sur les vallées de la Dordogne et de l'Isle.

Saint-Émilion★★

Voir p. 140 pour la description de la ville.
Côté vins, la **Maison du vin de St-Émilion** est une bonne entrée en matière. Vous vous y procurerez le guide qui recense les domaines de l'appellation et regarderez une vidéo sur le vignoble. Des initiations à la dégustation y sont organisées en été. Les vins de 225 châteaux sont vendus au prix de la propriété *(voir « Nos bonnes caves »).*
Vous pouvez également vous rendre à l'**Union des producteurs de St-Émilion**, une coopérative où l'accueil est excellent *(voir « Nos bonnes caves »).*
Pour visiter les **châteaux viticoles de St-Émilion**, il n'y a pas de véritable itinéraire, sauf si vous décidez de découvrir le vignoble à bord du **Train des Grands Vignobles**

Stéphane Sauvignier / MICHELIN

Vendanges à la main dans le St-Émilion.

LE TERROIR DU LIBOURNAIS

Superficie : 16 200 ha.
Production : 722 000 hl.
Les sols des coteaux sont argilo-calcaires ou argilo-sableux en fronsac, bordeaux-côtes-de-francs et saint-émilion, siliceux, argilo-siliceux ou argilo-graveleux en pomerol, saint-émilion et côtes-de-castillon.
Le vignoble de St-Émilion s'étend sur neuf communes. On distingue les **saint-émilion** des **saint-émilion-grand-cru** qui ont fait l'objet d'un classement en 1955. En principe, la distinction n'a rien de géographique. Dans la pratique, les grands crus sont presque tous situés sur le plateau ou en coteau.

LES VINS

Le vignoble produit des vins rouges au vieillissement remarquable.
AOC fronsac et canon-fronsac : cépages cabernet franc, merlot, cabernet-sauvignon et malbec. Des vins fermes et charnus qui s'affinent avec l'âge.
AOC pomerol et lalande-de-pomerol : cépage merlot essentiellement, et cabernet franc, malbec, cabernet-sauvignon. Les pomerols sont de grands vins prestigieux, d'une couleur profonde, riches et complexes au palais.
AOC saint-émilion, saint-émilion-grand-cru, montagne-saint-émilion, puisseguin-saint-émilion, saint-georges-saint-émilion, lussac-saint-émilion : cépages cabernet franc, malbec, cabernet-sauvignon et merlot. Les saint-émilion se distinguent par leurs arômes puissants et leur caractère corsé, charpenté.
AOC bordeaux côtes-de-francs : cépages cabernet-sauvignon, cabernet franc, merlot, pour les rouges, cépages sauvignon, sémillon et muscadelle pour les quelques blancs secs ou liquoreux.
AOC côtes-de-castillon : cépages cabernet-sauvignon, cabernet franc, merlot, malbec, petit verdot.

BON À SAVOIR

Syndicat viticole de Pomerol – *✆ 05 57 25 06 88 - www.vins-pomerol.fr.*
Syndicat viticole de Saint-Émilion – *✆ 05 57 55 50 50 - www.vins-saint-emilion.com.*

qui fait le tour des grands crus, avec commentaires et dégustation. *✆ 05 57 51 30 71 - www.visite-saint-emilion.com - mat. et apr.-midi - durée 30 à 35mn - fermé du 15 oct. à Pâques, sf vac. scol. - 6 € (enf. 5 €).*
Voici quelques châteaux à visiter.
🍷 Le **Château Franc-Mayne** est une ravissante girondine du 16e s., aménagée en chambres d'hôte. Vous y découvrirez un ancien relais de poste datant du 16e s. et de magnifiques carrières souterraines. *✆ 05 57 24 62 61 - www.chateau-francmayne.com.*
🍷 La jolie fontaine qui orne un des murs du **Château Cadet-Bon** rapporte un épisode chanté par Homère : Dionysos, enlevé par des pirates, joue de la flûte. Aussitôt, leur bateau se remplit de vin, ils sont précipités dans la mer et se transforment en dauphins. Cette fontaine est devenue l'emblème de Cadet-Bon. *Le Cadet - ✆ 05 57 74 43 20 - loriene@cadet-bon.com - sur RV.*
Quitter St-Émilion au nord près de la porte Bourgeoise par la D 122.

Saint-Georges

L'AOC **saint-georges-saint-émilion** est confidentielle, avec seulement 170 ha. En venant de St-Émilion, et peu avant le village de St-Georges, apparaît à droite le **château St-Georges**, bel édifice Louis XVI construit d'après les plan de Victor Louis, l'architecte du Grand Théâtre de Bordeaux. La petite église romane du village (11e s.) possède une tour-clocher carrée de 23 m de haut.

Montagne

Le vignoble de l'appellation **montagne-st-émilion** est le plus grand des « satellites » de st-émilion avec 1 560 ha. Les vins sont moins bouquetés que ceux de st-émilion mais se gardent bien. La **Maison des vins** vous permet de faire connaissance avec les quatre appellations satellites et propose environ 250 références à la vente. Le **Groupe des producteurs de Montagne** donne un bon aperçu de l'appellation *(voir « Nos bonnes caves » dans l'encadré pratique).*

Au village de Montagne, voyez l'**église** romane que surmonte une tour carrée. De la terrasse voisine, vue sur St-Émilion et la vallée de la Dordogne.

À proximité, l'**écomusée du Libournais** propose au visiteur une incursion dans le terroir à travers une présentation des ressources locales, des activités traditionnelles et de l'aspect social dans le vignoble libournais à la fin du 19e s. et au début du 20e s. La seconde partie est consacrée aux **techniques viticoles** actuelles : ce panorama vous permettra de faire le point de vos connaissances ou de les compléter avant de vous rendre sur le terrain. D'intéressants espaces mis en scène (tonnellerie, maréchalerie, charronnage…) complètent la visite. Le **jardin ethnobotanique** est aussi instructif, vous y découvrirez les différentes utilisations (ludiques, curatives, ornementales, etc.) des plantes et arbres. *✆ 05 57 74 56 89 - de déb. avr. au 11 Nov. : mat. et apr.-midi - fermé reste de l'année - 5,50 € (enf. 2,60 €).*

Continuer sur la D 122 jusqu'à Lussac.

Lussac

Lussac a donné son nom à un vignoble de 1 430 ha. L'**Union des producteurs** qui regroupe 140 viticulteurs et propose des vins de qualité *(voir « Nos bonnes caves »).*

Suivre la D 122 sur 2 km, puis prendre à gauche la D 21 sur 4,5 km.

Petit-Palais-et-Cornemps

Au milieu de son cimetière, l'**église** de Petit-Palais (fin 12e s.) offre une ravissante **façade★** romane saintongeaise, de dimensions réduites mais bien proportionnée et sculptée avec délicatesse d'une profusion de motifs. L'élévation comporte trois étages d'arcs, aux dessins différents, dont plusieurs polylobés suivant une mode venue des Arabes ; la cathédrale de Zamora (Espagne) s'en est inspirée.

Le **portail** est encadré de portes aveugles qui donnent une idée fausse du plan de l'église, pourvue d'une nef sans bas-côté. La disparité entre les deux baies aveugles situées aux extrémités du second registre, l'une polylobée, l'autre régulière, constitue une autre particularité de cette façade. Remarquez, à l'archivolte du portail central, un cordon d'animaux se poursuivant, et, dans les écoinçons, d'amusants personnages figurant d'un côté une femme, de l'autre un homme se tirant une épine du pied.

Revenir sur la D 21 jusqu'à Puisseguin.

Puisseguin

Puisseguin produit des vins typés sur les 746 ha de l'appellation puisseguin-saint-émilion. Le **Château de Roques** est aménagé en hôtel-restaurant.

Le domaine viticole du même nom, juste en face, possède une importante cave souterraine sous le château. *33570 Puisseguin - ✆ 05 57 74 69 56 - 9h-17h30 - visite commentée et dégustation payantes.*

Prendre la D 17 vers Castillon-la-Bataille.

On entre dans le vignoble des **côtes-de-castillon** (2 945 ha), qui ne produit que des vins rouges bien structurés tout en étant généralement fruités. Les terroirs sont situés essentiellement sur les coteaux au nord de Castillon-la-Bataille.

Peu après Puisseguin, une jolie route (D 123E7) conduit à **Saint-Philippe-d'Aiguilhe**, où se trouve une table d'orientation au lieu-dit Candeleyre. C'est un agréable lieu de pique-nique avec une très belle vue.

Si ce n'est pas l'heure du pique-nique, continuer sur la D 17.

Castillon-la-Bataille

Construite sur une butte, Castillon domine la rive droite de la Dordogne. En 1453, les troupes anglaises placées sous les ordres du général Talbot subirent une lourde défaite devant les troupes des frères Bureau. Cette bataille marqua la fin de la domination anglaise en Aquitaine.

Chaque été, la reconstitution de la bataille de Castillon, animée par 600 figurants bénévoles, est un spectacle grandiose. *Rens. au château Castegens - 33350 Castillon-la-Bataille - ✆ 05 57 40 14 53 - www.batailledecastillon.com - de mi-juil. à mi-août : spectacle à 22h30.*

🍷 La **Maison des vins des côtes de Castillon** *(voir « Nos bonnes caves » dans l'encadré pratique)* propose 54 vins au prix de la propriété, avec dégustation. Elle organise chaque été des visites de châteaux avant le spectacle de la bataille. *Inscription préalable, puis RV à la Maison des vins à 17h.*

POMEROL ET FRONSAC

60 km au départ de Libourne – compter une demi-journée.

Libourne

En 1268, le **prince Édouard**, fils du roi d'Angleterre et arrière petit-fils d'Aliénor d'Aquitaine, décide de fonder une bastide portuaire sur ce site privilégié, point de jonction entre la navigation fluviale et maritime, pour assurer un débouché aux produits du Périgord et seconder Bordeaux. Lorsqu'il devient roi d'Angleterre, c'est **Roger de Leyburn**, son lieutenant, qui est chargé de réaliser le projet et donne son nom à la ville : Leyburnia, devenue Libourne au fil du temps, va prospérer grâce au commerce, souvent en concurrence avec la grande cité du vin voisine.

Spacieuse et aérée, la place Abel-Surchamp, ancienne place royale, est bordée de maisons bâties entre le 16e s. (au n° 16 et au n° 35) et le 19e s. L'**hôtel de ville** du 15e s. a été modifié au début du 20e s. dans un style néogothique.

L'ensemble situé quai des Salinières, constitué par la **porte du Grand Port** flanquée de la tour Richard et de la tour Barrée, est un vestige de l'ancienne muraille édifiée à partir de 1314, suite à la destruction de la ville par les Français en 1294. Derrière la tour, la rue des Chais rappelle que l'on stockait là le vin en partance.

Au confluent de la Dordogne et de l'Isle, le quai Souchet vous permet de voir le **grand pont** (1824) avec ses neuf arches et le tertre de Fronsac.

Musée des Beaux-Arts – *42 pl. Abel-Surchamp - ✆ 05 57 55 33 44 - http://musees-aquitaine.com/ lun.-vend. mat. et apr.-midi - gratuit.* Au cours de la montée par l'escalier, remarquez le beau groupe en marbre blanc de Falconet (18e s.). Belles œuvres des écoles flamande, française et italienne (16e s.-20e s.). Vous y trouverez notamment *Trois Têtes de vieillards* par Jordaens, *Jésus chassant les vendeurs du Temple* par Bartolomeo, *La Pentecôte* par Charles Le Brun, *L'Amitié* par Foujita et des tableaux de Raoul Dufy. L'**école libournaise** est illustrée par des portraits de Lacaze et des natures mortes de Jeanne-Louise Brieux, mais surtout par un ensemble d'œuvres du peintre **René Princeteau** (1843-1914) : scènes de courses *(Le Saut dans la rivière)* et images de la vie rurale *(L'Arrivée au pressoir)* tiennent une place importante dans son œuvre. Natif de Libourne, René Princeteau fut le maître et l'ami de Toulouse-Lautrec. Il conquit le Tout-Paris grâce à ses scènes animalières et champêtres.

Des expositions temporaires sont organisées à la **chapelle du Carmel** (annexe du musée), à côté de l'office de tourisme.

Quitter Libourne au sud par la D 1089 (vers Bordeaux). Après Arveyres, tourner à droite dans la D 242 et, près de l'église de Vayres, prendre le chemin qui conduit au château.

Château de Vayres★

✆ 05 57 84 96 58 - www.chateaudevayres.com - visite guidée de déb. juil. à mi- sept. : apr.-midi ; de Pâques au 1er nov. : dim. et j. fériés apr.-midi - fermé de nov. à Pâques - 9 € (- 15 ans 7 €) - nocturnes en été.

Jeu d'énigmes. Juil.-sept., les visites sont suivies d'un spectacle de fauconnerie.

Cette ancienne demeure de la famille d'Albret fut réaménagée au 16e s. par **Louis de Foix**, l'architecte du phare de Cordouan. Dans la grande cour d'honneur, il ajouta une galerie d'apparat à la manière italienne. La façade sur la Dordogne fut remaniée en 1695 et embellie d'un pavillon placé en saillie et coiffé d'un dôme, ainsi que de terrasses et d'un escalier monumental à double révolution donnant accès aux jardins à la française qui s'étendent jusqu'à la rivière. À l'intérieur, visite de pièces meublées Louis XIII et Louis XIV. À noter les belles cheminées dans le salon Henri IV et le Grand Salon tendu d'une tapisserie d'Aubusson ; la salle à manger (14e s.) avec ses cuivres du 18e s. et son potager en faïence ; la chapelle construite comme une salle d'écho.

Avant… ou après la visite, vous pourrez faire le tour du monument en suivant la « promenade du Moulin » et flâner dans le **jardin médiéval**.
Vayres constitue un endroit privilégié pour observer le phénomène du **mascaret** et pour les surfers *(voir p. 46)*.
Revenir à Libourne pour rejoindre à l'ouest la D 670.

Fronsac

Se garer sur le parking de la Maison des vins. Franchissez le portail d'entrée du château de Fronsac *(accès autorisé)* menant au sommet du **tertre** que couronne le château. De cette éminence, belle **vue**, très étendue, sur les vallées de la Dordogne et de l'Isle, sur Libourne et les vignobles de Fronsac.
L'**église St-Martin**, à la fois romane et gothique, aurait été fondée par Charlemagne.
Le vignoble de Fronsac, à l'ouest de Libourne, étend ses 816 ha sur six communes. Les vins de Fronsac et de St-Michel-de-Fronsac peuvent utiliser l'appellation **canon-fronsac**.
La **Maison des vins** propose 70 vins au prix de la propriété, dont de vieux millésimes *(voir « Nos bonnes caves » dans l'encadré pratique)*.
Poursuivre sur la D 670.

Château de La Rivière

33126 La Rivière - 05 57 55 56 56 - www.chateau-de-la-riviere.com - juin-sept. tlj sf dim. mat.
Il fut restauré par Viollet-le-Duc et doit son charme à son style hétéroclite (16e-19e s.). C'est le plus important domaine de l'appellation avec ses 3 ha de caves souterraines.
En continuant sur la D 670, arrêtez-vous à **Saint-Michel-de-Fronsac** : belle église romane (12e-13e s.).

Château Branda

On y propose à la vente les vins du propriétaire et de l'armagnac. *05 57 94 09 20 - www.chateau-branda.com.*
Poursuivre sur la D 670 et tourner à droite en direction de Guîtres.

La Lande-de-Fronsac

L'église romane (12e s.) fut fortifiée au 14e s. Elle vaut pour son superbe portail d'inspiration byzantine, dont le tympan représente l'Apocalypse selon saint Jean.

Mouillac

Restaurée au 19e s. après avoir été laissée à l'abandon suite à la Révolution, l'église romane (11e s.) se caractérise par son abside polygonale ornée d'arcatures.
Poursuivre sur la D 10 en direction de Guître.
En chemin, vous pourrez également vous arrêter à **St-Ciers-d'Abzac** et **St-Martin-de-Laye**, qui comptent tous deux une église romane (12e s.).

Guîtres

Seul vestige d'une abbaye bénédictine, l'**église** de style saintongeois fut fortifiée et maintes fois remaniée au cours des siècles avant d'être restaurée au 19e s. puis en 1964. Remarquez la façade avec portail du 13e s. et pignon du 14e s., le puissant chevet à cinq absidioles et la façade du 12e s. du croisillon nord du transept, au portail demi-enterré. *Apr.-midi - 05 57 69 11 48 (saison) ou 05 57 69 10 34 (hors saison).*
Musée du Chemin de Fer – *05 57 69 10 69 - de mi-juil. à fin août : merc., dim. et j. fériés apr.-midi ; de déb. mai à mi-juil. et sept.-oct. : dim. et j. fériés apr.-midi - fermé nov.-avr., 25 déc., 1er janv., Pâques, lun. de Pâques, 1er nov., 11 nov. - 12 € (enf. 6 €).* Dans l'ancienne gare, des collectionneurs ont réuni de vieux wagons et locomotives. La Mountain 241-P-9 (1947), une des plus puissantes machines à vapeur utilisées par la SNCF, est maintenue avec son fourgon en excellent état de conservation.
Quitter Guîtres par le sud (D 910).

St-Denis-de-Pile

L'église (du 12e s., remaniée au 19e s.), située au bord de l'Isle, renferme une *Visitation*, attribuée aux frères Le Nain, donnée par Louis XVIII, et une Vierge à l'Enfant, en bois (17e s.).

Lalande-de-Pomerol

Plus vaste que celui de Pomerol, le vignoble de Lalande-de-Pomerol s'étend autour du village du même nom. Les vins de Lalande sont charpentés, charnus et assez puissants.
L'**église** (12e s.) fut construite par les hospitaliers de St-Jean. Le clocher fut modifié au 17e s. et les chapelle latérales ajoutées à la fin du 18e s.
Prendre la D 245 au sud sur 2,5 km.

Pomerol

Avec seulement 800 ha, le **pomerol** possède une fameuse réputation pour une apparence discrète. Ici, pas de grands châteaux, mais des grands noms. Petrus, l'un des meilleurs – et des plus chers – vins du monde, ressemble tout au plus à une maison bourgeoise. Les pomerols doivent leur finesse et leur bouquet à un terroir très complexe de cailloux, de graves, de sable et d'argile. Le merlot, cépage dominant, confère aux vins un fruité qui les rend agréables dès leur jeunesse et prometteurs sur la durée.
🍷 Pour découvrir cette appellation jouxtant celle de st-émilion, adressez-vous au **Château La Fleur de Plince**, la plus petite exploitation de Pomerol avec 28 ares. L'accueillant propriétaire, M. Choukroun, vous fera découvrir son domaine et vous donnera de bonnes adresses. *Le Grand Moulinet - 33500 Pomerol - ✆ 05 57 74 15 26.*
L'**église** de Pomerol, dont le clocher pointu domine le vignoble, date du 19e s., mais a fait partie d'une ancienne commanderie des hospitaliers de St-Jean-de-Jérusalem.
Au nord-est de l'appellation, le **Château de Salles** (17e s.) est le seul véritable château du secteur. Construit de plain-pied, avec deux ailes, il servit de modèle aux chartreuses 18e s. du Bordelais.

Le Bourgeais et le Blayais

Les coteaux calcaires qui bordent la rive droite de la Gironde offrent des paysages vallonnés au charme agreste. Ici, pas de grands châteaux ni de crus classés, mais de petites propriétés familiales et des traditions rurales encore bien vivantes.
32 km au départ de Bourg.

Bourg

Voir p. 136 pour la description de la ville.
🍷 La **Maison des côtes-de-bourg** propose un important choix de bouteilles dans une belle cave voûtée *(voir « Nos bonnes caves » dans l'encadré pratique).*
🍷 Le **Château de la Grave**, restauré dans le style Louis XIII *(chambres d'hôte)* mérite une visite pour son cadre comme pour ses vins. *33710 Bourg - ✆ 05 57 68 41 49 - sur RV.*
🍷 Avant de prendre la direction de Blaye, prenez le temps de descendre au Pain de Sucre, au pied de la falaise, où la **Maison Brouette** élabore le crémant-de-bordeaux dans le dédale de caves aménagées dans d'anciennes carrières. *Pain de Sucre - 33710 Bourg - ✆ 05 57 68 42 09 - juil.-août : mat. et apr.-midi (sf w.-end sept.-juin) - fermé 1er janv. et 25 déc.*
Prendre à l'est la D 669.

Grottes de Pair-non-Pair *(voir Bourg)*

Prendre au nord la D 133.

Tauriac

La commune de Tauriac, au centre de l'appellation, possède plusieurs domaines de renom. 🍷 La dynamique **cave viticole de Bourg-Tauriac**, vous réserve un bon accueil et propose un large choix de vins de qualité *(voir « Nos bonnes caves » dans l'encadré pratique).*
Faire demi-tour, dépasser Bourg et continuer sur la D 669.
La route, en corniche au dessus de l'estuaire, offre des vues saisissantes sur la Gironde et le bec d'Ambès. Les Châteaux de Tayac et d'Eyquem occupent des sites panoramiques et produisent de bons vins.

Bayon-sur-Gironde

L'église romane est très intéressante pour son abside à sept pans extérieurs.
🍷 Le **Château Falfas** est un beau manoir du 17e s. qui produit des vins renommés. *✆ 05 57 64 80 41 - lun.-vend. - sur RV.*

LE TERROIR DU BOURGEAIS ET DU BAYAIS

Superficie : 10 700 ha.
Production : 520 000 hl.
Les sols sont argilo-calcaires et argileux à l'ouest, plus sablonneux à l'est.

LES VINS

Le vignoble des Côtes de Bourg et du Blayais produit surtout des vins rouges bien charpentés qui ont une bonne capacité de garde. On y fait aussi quelques vins blancs secs fruités, aromatiques et ronds qui sont à boire jeunes.
AOC blaye, premières-côtes-de-blaye et **côtes-de-bourg :** cépages merlot, cabernet-sauvignon, cabernet franc et malbec pour les rouges.
AOC blaye, côtes-de-blaye, premières-côtes-de-blaye et **côtes-de-bourg :** cépages sauvignon, sémillon, muscadelle, colombard et ugni blanc pour les blancs.

BON À SAVOIR

Syndicat des premières côtes de Blaye – *05 57 42 91 19 - info@aoc-blaye.com.*
Syndicat viticole des côtes de Bourg – *05 57 94 80 20 - www.cotes-de-bourg.com.*

En redescendant sur la rive de la Gironde en direction de Blaye, on traverse une série de hameaux qui possèdent quelques habitations troglodytes. Remarquez les carrelets, filets suspendus à un treuil que l'on manœuvre depuis une cabane sur pilotis au-dessus de l'eau.
À la Roque de Thau, tourner à droite dans la D 250.
À **Villeneuve**, allez visiter le **Château de Mendoce**, belle gentilhommière du 15e s. à quatre tours d'angles, où l'on déguste un bon côtes-de-bourg dans une salle majestueuse. *05 57 68 34 95 - www.mendoce.com - sur RV.*
Revenir sur la D 669.

Plassac *(voir Blaye)*

Blaye

Voir p. 132 pour la description de la ville.
La région de Blaye (prononcer blaille) produit sur environ 6 000 ha des rouges et des blancs secs dans les appellations **côtes-de-blaye**, **blaye** et **premières-côtes-de-blaye**. Les vins rouges sont à la fois robustes et fruités et peuvent vieillir entre cinq et dix ans. Les blancs sont fruités et assez ronds.
La **Maison du vin** propose un choix de 270 vins de l'appellation dans plusieurs millésimes *(voir « Nos bonnes caves » dans l'encadré pratique).*
En sortant de Blaye, prenez à l'est la D 937.

Cars

Cars compte de nombreuses propriétés viticoles. La **cave coopérative du Blayais** propose quelques vins de propriétés sympathiques *(voir « Nos bonnes caves »).*

Le Haut-Médoc

La presqu'île du Médoc se dresse entre Gironde et Atlantique. Son nom est synonyme de grands vins mais près de 80 % de ses terres sont occupées par la forêt. Ici, l'eau n'est jamais loin du vin. Bien arrosée par les pluies venant de l'Atlantique, et bénéficiant d'un climat doux, la vigne pourrait ne rien donner de très bon si les Médocains n'avaient eu le génie de la planter en masse – avec des densités de 10 000 pieds par hectare contre 4 000 ailleurs – sur des sols particulièrement pauvres, ce qui a pour effet de discipliner la plante et d'éviter de la faire « pisser ». L'autre secret du Médoc, c'est le génie des maîtres de chais qui savent doser avec précision l'assemblage des cépages et des parcelles et maîtrisent à la perfection l'art de l'élevage en barrique de chêne.

130 km au départ de Bordeaux – compter une journée. Quitter Bordeaux au nord-ouest par la N 215 et à Eysines prendre la D 2 à droite. Pour ceux qui partiraient du Parc des expositions, suivre la D 209.

Voici le Haut-Médoc, vaste région d'appellation sur 4 200 ha, à l'intérieur de laquelle sont enclavés les six crus villageois margaux, moulis, listrac, saint-julien, pauillac et st-estèphe. On entre dans l'AOC **haut-médoc** dès **Blanquefort** où se trouvent les ruines, que l'on dit hantées, du château (11e-15e s.) du mystérieux Prince Noir.

À Blanquefort, quitter la D 2 pour le D 210, parallèle à cette dernière, mais plus à l'est.

Macau

Cette bourgade, réputée pour ses artichauts, possède un port bordé de guinguettes où les Bordelais viennent déguster, selon la saison, aloses, lamproies, anguilles et, toute l'année, de délicieuses chevrettes, petites crevettes de l'estuaire parfumées à l'anis.

Revenir sur la D 2.

Labarde

Dès Labarde, on pénètre dans l'appellation **margaux** qui, sur 1 400 ha, produit certains des vins les plus fins du Médoc, alliant à la fois force tannique et suavité grâce à un pourcentage important de merlot. L'appellation compte 19 crus classés.

Château Siran

À Labarde. ✆ 05 57 88 34 04 - www.chateausiran.com - ♿ - visite guidée : tte la journée - fermé 1er janv., 25 déc. - gratuit - 8 € avec dégustation.

🍷 Cette **chartreuse** (17e s.-Directoire), entourée d'un bois qui à l'automne se tapisse de cyclamens, a appartenu aux comtes de Toulouse-Lautrec, ancêtres du peintre. Les 40 ha de vignoble sont divisés en 3 parcelles.

Vous verrez d'abord, dans le chai à barriques, la collection d'étiquettes de ce château, qui depuis 1980 sont illustrées chaque année par un artiste, puis des objets de tonnellerie, une série de bouteilles anciennes et de pots « jacquot ».

Vous découvrirez ensuite quelques pièces aménagées dans les communs du château. Dans le couloir, remarquez les gravures signées Rubens, Vélasquez, Boucher, Daumier, et dans l'escalier menant à l'étage, la reproduction du *Bacchus juvénile*, du Caravage. La salle à manger, dite salle Decaris, du nom de l'auteur des tableaux sur le thème du vin, compte quelques faïences (fabrique de Vieillard) portant le liseron comme motif. Mais c'est au rez-de-chaussée, dans la salle de réception, que se trouve l'intéressante collection d'assiettes à dessert Vieillard richement décorées (scènes de chasse, mariage, etc.). Cette pièce renferme en outre de beaux meubles du 19e s.

LE TERROIR DU MÉDOC

Superficie : 16 500 ha.
Production : 773 000 hl

Le terroir est principalement constitué de croupes graveleuses (sables, graviers et galets) dont la pente est tournée vers la Gironde.

LES VINS

Si les 16 500 ha du vignoble ont droit à l'appellation **médoc**, dans les faits, celle-ci n'est utilisée que par les vignobles les plus au nord. Ils donnent uniquement des vins rouges bouquetés, élégants, tanniques et de bonne garde.

AOC médoc et haut-médoc (appellations régionales), **moulis, listrac, saint-estèphe, pauillac, saint-julien, margaux** (appellations communales) **:** cépages cabernet-sauvignon, merlot, cabernet franc, petit verdot et malbec.

En 1855, Les vins du Médoc ont fait l'objet d'un classement – du premier au cinquième cru – à la demande de Napoléon III ; ce classement a été revu en 2003. Le classement des crus bourgeois, quant à lui, a été instauré en 1932.

Stéphane Sauvignier / MICHELIN

Vignoble de Château Margaux.

Margaux

🍷 La **Maison du vin de Margaux** vend une cinquantaine de vins au prix de la propriété *(voir « Nos bonnes caves » dans l'encadré pratique).*

Château Margaux

✆ 05 57 88 83 83 - www.chateau-margaux.com - visite guidée (1h30) sur demande des chais de Château Margaux du 2 janv. au 31 juil. : lun.-vend. mat. et apr.-midi - fermé 1 sept.-19 déc., j. fériés - gratuit.

🍷 « Premier grand cru classé », le vignoble de Château Margaux fait partie de l'aristocratie des vins de Bordeaux. Il couvre 85 ha. Remarquez quelques rangées de très vieux ceps, noueux et tordus. On visite les chais, les installations de vinification et une collection de vieilles bouteilles.

Le **château** est de proportions harmonieuses. Bâti en 1802 par l'architecte Combes, élève de Victor Louis, il comporte un soubassement, deux étages et un attique. Un jardin à l'anglaise contraste, par sa fantaisie, avec la sévérité des bâtiments.

Dans Margaux prendre la direction Bordeaux, à la sortie du village tourner à gauche et continuer jusqu'au cimetière : c'est juste derrière.

Château Maucaillou

✆ 05 56 58 01 23 - www.maucaillou.com - mai-sept. : tte la journée ; oct.-avr. : mat. et apr.-midi - fermé 1er janv. - 6,90 € (-17 ans 3 €).

🍷 Visite du chai et du **musée des Arts et Métiers de la Vigne et du Vin** exposant les méthodes anciennes et modernes de viticulture de Maucaillou.

Lamarque

Si l'envie vous prend d'aller visiter le Blayais, vous pouvez prendre le bac qui relie Lamarque à Blaye. Sur le port, près du château fort, vous trouverez d'agréables guinguettes pour déguster les fruits de mer de l'estuaire.

À Cussac-le-Vieux, prendre à droite.

Fort Médoc

✆ 05 56 58 98 40 - ♿ - tte la journée - possibilité de visite guidée sur demande (8 j. av.) - fermé 25 déc.-1er janv. - 2,20 € (5-12 ans 0,60 €). Demander le livret « Fort Médoc 1691 ».

Conçu en 1686 par **Vauban** pour interdire les approches de Bordeaux à la flotte anglaise, l'ouvrage croisait ses feux avec ceux du fort Pâté et de la citadelle de Blaye *(voir p. 132)*. Par une porte sculptée, la porte Royale au fronton orné d'un soleil symbolisant le roi Louis XIV, on pénètre dans la cour où les principaux éléments du fort sont indiqués. Les bâtiments en ruine font l'objet de chantiers de restauration, ainsi après la chapelle et le casernement nord, les tailleurs de pierres ont œuvré à la boulangerie. La visite se clot par le petit musée d'histoire locale.

À partir de la D 2, un chemin pris à gauche donne accès au Château Lanessan.

Château Lanessan

05 56 58 94 80 - www.bouteiller.com - ♿ - visite guidée 2 janv.-31 déc. : mat. et apr.-midi - fermé 1er janv., 25 déc. - 6 € (enf. 2 €) - des visites thématiques sont proposées.

Campé au faîte d'un domaine de 400 ha, il domine vignes, bois et prairies. Construit en 1878 par Abel Duphot, ce château apparaît comme un mélange de Renaissance espagnole et de style hollandais, notamment avec ses pignons à crémaillères et ses hautes cheminées monumentales. La visite des chais qui datent de 1887 (cuves en ciment) s'achève par une dégustation.

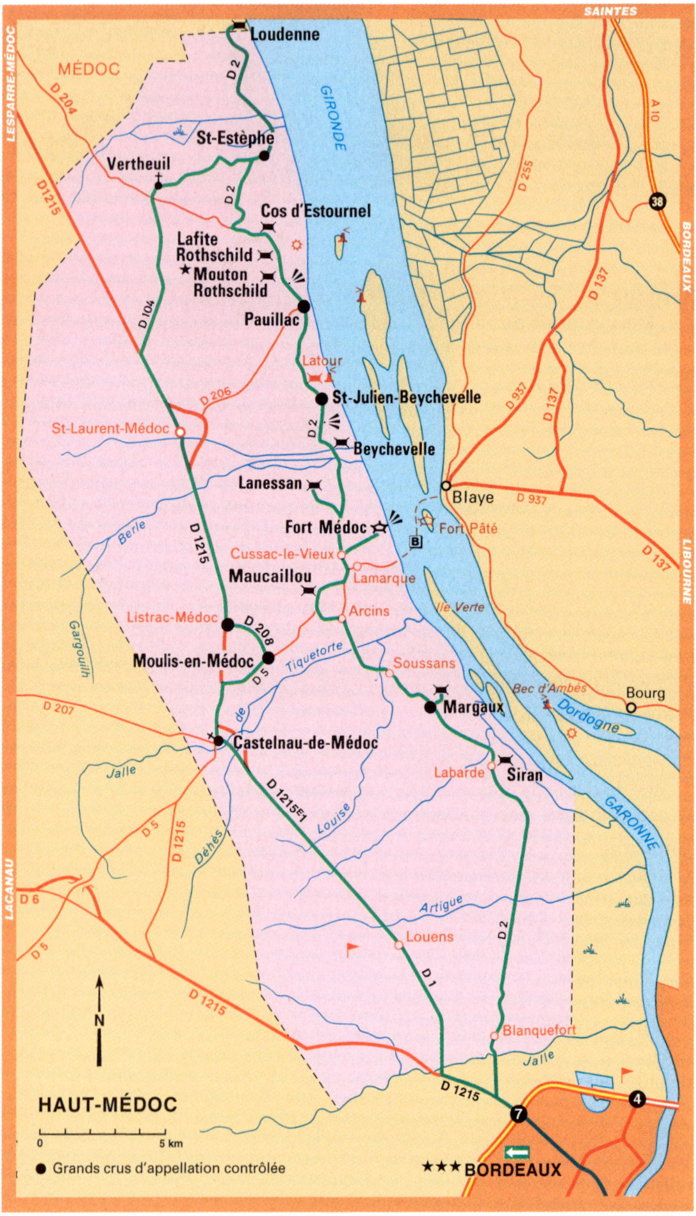

Dans les communs, le **musée du Cheval** présente une intéressante collection de voitures hippomobiles de 1900, dont une diligence de quinze places. La sellerie expose mors, harnais, étriers et selles. Remarquez les mangeoires en marbre dans l'écurie.

Beychevelle

Groupé autour des bourgs de Beychevelle et de Saint-Julien-Beychevelle, l'appellation **saint-julien** rassemble 11 crus classés sur seulement 909 ha. Ses vins, d'une grande finesse, ont aussi du corps. On dit parfois qu'ils réunissent à la fois les qualités des margaux et des pauillacs.

Château Beychevelle

☏ 05 56 73 20 70 - www.beychevelle.com - visite guidée (1h) juil.-août : tlj sf dim. 10h-11h45, 13h30-17h ; sept.-juin : tlj sf w.-end 10h-11h45, 13h30-17h - fermé vac. scol. Noël et j. fériés - gratuit.

Le nom de Beychevelle (« baisse-voile ») viendrait du salut que les navires devaient faire au 17e s. devant la demeure appartenant alors au duc d'Épernon, grand amiral de France, qui percevait un droit de péage.

🍷 Le château et le vignoble, classé 4e grand cru, appartiennent à une mutuelle. Outre le grand vin, on y produit L'Amiral de Beychevelle, de très bonne qualité et beaucoup plus abordable.

La blanche et charmante **chartreuse** reconstruite en 1757, agrandie à la fin du 19e s. et qui a retrouvé sa splendeur originelle suite à une restauration, présente un fronton sculpté de guirlandes et de palmes.

Au-delà de Beychevelle, vues agréables sur l'estuaire de la Gironde.

Saint-Julien-Beychevelle

Vignobles estimés, tels les Châteaux Lagrange, Léoville, Beaucaillou, Talbot (du nom du célèbre maréchal anglais) et le Gruaud-Larose dont le propriétaire annonçait, dit-on, la qualité en hissant sur la tour un pavillon différent.

Pauillac

À mi-chemin entre Bordeaux et la pointe de Grave, Pauillac est doté d'un port de plaisance. Mais Pauillac et ses environs sont avant tout La Mecque des amateurs de grands crus avec dix-sept crus classés dont trois premiers : mouton-rothschild, lafite-rothschild et latour. Les 1 200 ha de l'appellation **pauillac** sont situés sur des croupes graveleuses très bien drainées sur lesquelles le cabernet-sauvignon majoritaire trouve sa plus belle expression. Les vins de Pauillac sont puissants, colorés et corsés. En vieillissant ils prennent un extraordinaire bouquet qui accompagne particulièrement bien les viandes rouges.

La **Maison des vins et du tourisme** est une mine de renseignements sur le vignoble et ses environs, ainsi que sur les activités sportives. Entre autres, Pauillac est le point de départ de **6 circuits** (5 à 21 km) à parcourir à pied ou à vélo. *Renseignements à la Maison du tourisme - La Verrerie - ☏ 05 56 59 03 08 - www.pauillac-medoc.com.*

🍷 Vous trouverez un bon choix de pauillac et de haut-médoc à la **cave coopérative Larose** *(voir « Nos bonnes caves » dans l'encadré pratique).*

Le petit musée d'Automates, dans la rue piétonne face au port, amusera vos enfants. *☏ 05 56 59 02 45 - avr.-sept. : mat. et apr.-midi ; reste de l'année : jeu.-sam. mat. et apr.-midi - fermé j. fériés - 3 € (enf. 2 €).*

Château Mouton Rothschild★

☏ 05 56 73 21 29 - visite guidée sur demande au service des visites mat. et apr.-midi - fermé dim. et j. fériés - 5 €/13 € avec dégustation.

🍷 Au cœur des vignobles qui dominent Pauillac se niche un des châteaux les plus glorieux du Médoc, classé premier cru en 1973 grâce aux efforts acharnés du baron Philippe de Rothschild, homme de goût et de culture qui a fait de son vin une œuvre d'art symbolisée par les étiquettes signées tous les ans par un artiste de renom.

On peut visiter les **chais★** : de la salle d'accueil superbement meublée et décorée de peintures et de sculptures ayant trait à la vigne ou au vin, on passe dans la salle de banquets, tendue d'une somptueuse tapisserie du 16e s. représentant les vendanges. Après le grand chai où reposent les barriques de vin nouveau viennent enfin caves et caveaux où s'alignent par milliers de précieuses et vénérables bouteilles.

Antonin Thuillier / MICHELIN

Les chais de Château Mouton Rothschild, aussi célèbres que ses vins.

Le **musée★★** est aménagé dans d'anciens caveaux. Nombreuses œuvres d'art de toutes les époques, se rapportant à la vigne et au vin. On admirera tapisseries, peintures, sculptures, céramiques, verreries, « pierres dures » placées dans un cabinet tendu de drap bleu nuit et surtout un étonnant ensemble d'orfèvrerie des 16e-17e s. Une place est faite à l'art contemporain avec notamment une belle composition du sculpteur américain Lippold.

Château Lafite Rothschild

www.lafite.com - visite guidée sur demande 9h, 10h30, 14h et 15h30 - fermé w.-end, j. fériés et ponts, août-oct. - gratuit.

C'est le plus fameux des « premiers grands crus classés » du Médoc, dont les caves abritent une collection de bouteilles vénérables parmi lesquelles quelques-unes portent le millésime de l'année de la Comète, 1811.

Le château lui-même, dont le nom, correspondant au gascon La Hite, provient du latin *petra ficta* (« pierre fichée »), est établi sur une terrasse plantée de beaux cèdres et limitée par une balustrade Louis XIV ; il appartient depuis le Second Empire (1868) aux Rothschild.

🍷 Le chai circulaire a été conçu par l'architecte catalan Ricardo Bofill. Le château est établi sur une terrasse plantée de beaux cèdres, limitée par une balustrade Louis XIV ; il appartient depuis le Second Empire (1868) à la branche anglaise des Rothschild.

Château Cos-d'Estournel

Au-delà du Château Lafite Rothschild, à droite de la D 2, apparaît la silhouette orientale de **pagodes indiennes** édifiées au 19e s. Le fondateur du Château Cos-d'Estournel, qui exporta son vin jusqu'aux Indes, fit construire cet édifice exotique en souvenir de ses lointaines expéditions. Cos-d'Estournel, dont la réputation n'est plus à faire, produit aussi un très bon second cru, Les pagodes de Cos.

Saint-Estèphe

Le bourg de St-Estèphe, que domine une singulière **église** d'origine romane à l'intérieur baroque, est situé sur un mamelon au centre d'une mer de vignes. Du port, vue sur la Gironde, le marais et l'autre rive de la Gironde.

St-Estèphe, la plus septentrionale des appellations villageoises du Médoc, produit sur 1 300 ha des vins à la réputation de robustesse qui n'exclut pas la finesse, que ces vins acquièrent en vieillissant. St-estèphe compte cinq crus classés.

🍷 Non loin de là, au lieu-dit **Leyssac**, la cave **Marquis de St-Estèphe** est une bonne adresse *(voir « Nos bonnes caves » dans l'encadré pratique)*.

Saint-Seurin-de-Cadourne

Au delà de St-Estèphe, l'appellation haut-médoc reprend ses droits. Plusieurs crus bourgeois de qualité sont situés aux environs de cette commune.

🍷 Vous pouvez vous rendre à la **cave coopérative La Paroisse** *(voir « Nos bonnes caves »).*

🍷 Le beau **Château Verdus**, en partie féodal, possède un étonnant colombier (14e-17e s.) et un petit musée consacré à l'histoire du Médoc ; une dégustation clôt la visite. *Domaine Dailledouze Père et Fils - Bardis - ✆ 05 56 73 17 31 - www.chateau-verdus.com - juin-sept. : lun.-sam. mat. et apr.-midi, dim. apr.-midi ; oct.-mai : ap.-midi.*

2 km avant St-Izans-de-Médoc, s'engager sur un chemin à droite.

Château Loudenne

✆ 05 56 73 17 97 - www.lafragette.com - mat. et apr.-midi (sf w.-end oct.-mars) - fermé 1er janv., 1er Mai, 1er nov., 11 Nov. - 5 €.

🍷 Cette ravissante **chartreuse** du 17e s. de couleur rose a appartenu à deux Britanniques pendant 125 ans jusqu'à son rachat en 2000 *(présentation du domaine en début de visite à l'appui d'une maquette et de photos de famille).* La terrasse ouvre sur des **jardins à l'anglaise** (comprenant une roseraie conservatoire) qui descendent doucement vers l'estuaire où se trouve le petit port privé de la propriété. Les chais victoriens abritent un **musée** retraçant le travail du vin (outils et objets anciens) et de la vigne (intéressante fresque « des quatre saisons »). Possibilité de déguster les vins du Château Loudenne (cru bourgeois du Médoc) mais aussi ceux des autres propriétés de la famille Lafragette (Château de l'Hospital, au cœur des Graves et Château de Rouillac, dans l'appellation Pessac-Léognan).

Revenir à St-Seurin et prendre à droite en direction de Pez, puis emprunter la D 104E3 jusqu'à Vertheuil.

Vertheuil

L'**église romane** (11e s.), modifiée au 15e s., est une ancienne abbatiale dont l'importance est marquée par ses trois nefs, son chœur à déambulatoire et chapelles rayonnantes, ses deux clochers. Sur le côté droit, vestiges d'un beau **portail roman** aux voussures ornées de figures. L'intérieur relève du style poitevin par ses bas-côtés presque aussi hauts que la nef, voûtée d'ogives au 15e s. Dans le chœur, tribune suspendue et stalles de la même époque, sculptées de scènes monastiques. Au bas de la nef, fonts baptismaux monolithes également du 15e s.

Les ruines d'un château à donjon du 12e s., restauré, dominent le village.

Par la D 104, rejoindre la N 215. Continuer jusqu'à Listrac.

Listrac-Médoc

Moulis et **listrac**, deux appellations villageoises voisines, sont les seules à ne pas border la Gironde. Elles se caractérisent par un mélange complexe de sols de graves, de cailloutis, d'argile et de calcaire.

Listrac produit des vins plus robustes, parfois rustiques, mais la tendance à remplacer les cabernet-sauvignon par du merlot donne de plus en plus de rondeurs aux vins.

Le village occupe, à 46 m d'altitude, le point culminant du Médoc. Son église est du 12e s.

🍷 La **Maison du vin de Listrac** propose l'ensemble des vins de l'appellation au prix de la propriété *(voir « Nos bonnes caves » dans l'encadré pratique).*

Moulis-en-Médoc

L'**église romane** a été quelque peu modifiée à l'époque gothique ; la tourelle ronde élevée à la place de l'absidiole sud renferme l'escalier en hélice donnant accès au clocher doté d'une chambre forte. L'abside, remarquable, montre à l'extérieur des modillons sculptés et des arcatures. À l'intérieur, remarquez les chapiteaux sculptés de félins ou d'oiseaux, naïvement historiés : 4e chapiteau à gauche, Tobie portant le poisson dont le fiel guérira la cécité de son père. Fresques des 12e-15e s. et sarcophages mérovingiens.

Moulis, la plus petite appellation du Médoc, produit des vins très fins. Et bien que les crus classés en soient absents, on trouve en moulis bien des crus bourgeois qui sont du même niveau.

🍷 Au Grand-Poujeaux, la **Maison du vin de Moulis** propose un itinéraire de randonnée de 12 km dans le vignoble et vend les vins de l'appellation *(voir « Nos bonnes caves »).*

Castelnau-de-Médoc

À voir dans l'**église** : un vitrail Renaissance représentant la Crucifixion, une sculpture sur bois (1736), la Pentecôte, et le bas-relief d'albâtre des fonts baptismaux (14e s.), la Trinité. Le bénitier extérieur, intégré à la façade, était, si l'on en croit la tradition, réservé aux lépreux.

La D 1 ramène à Bordeaux.

Le vignoble pratique

Voir aussi les encadrés pratiques de Bourg, Blaye et St-Émilion.

Adresses utiles

Maison du vin de Bordeaux – *1 cours du 30-Juillet - 33000 Bordeaux - ✆ 05 56 00 22 88 - www.bordeaux.com - lun.-vend. tte la journée.* Diverses documentations y sont disponibles : un dépliant *Découverte du vignoble* regroupant carte et adresses ; une brochure *Les Routes du vin* proposant des itinéraires ; un livret *Initiations* permettant de mieux connaître et apprécier les différents vins de la région. Elle dispose également du programme des manifestations du vignoble bordelais.

Office du tourisme de St-Macaire – *À l'entrée de la cité (après la porte de Benauge) - ✆ 05 56 63 32 14 - tlj sf lun.* Vous y trouverez un plan commenté de la cité médiévale et des documentations sur l'Entre-Deux-Mers et la Gironde Sud, les randonnées pédestres ou cyclotouristiques, des cartes patrimoniales...

Office du tourisme du Cadillacais et de Langoiran – *9 pl. de la Libération - 33410 Cadillac - ✆ 05 56 62 12 92.*

Office du tourisme de Créon – *62 bd Victor-Hugo - La Gare - 33670 Créon - ✆ 05 56 23 23 00 - www.tourismecréonnais.fr.*

Office du tourisme de Sauveterre-de-Guyenne – *2 r. St-Romain - 33540 Sauveterre-de-Guyenne - ✆ 05 56 71 53 45 - juin-sept. : mat. et apr.-midi ; reste de l'année : tlj sf dim. et j. fériés mat. et apr.-midi, lun. apr.-midi - fermé janv.* Vous trouverez à l'office de tourisme un plan de la bastide et du canton.

Office du tourisme de l'Entre-Deux-Mers – *4 r. Issartier - 33580 Monségur - ✆ 05 56 61 82 73 - www.entredeuxmers.com - mat. et apr.-midi - fermé w.-end et j. fériés.*

Office du tourisme du Sauternais-Graves-Pays-de-Langon – *11 allées Jean-Jaurés - ✆ 05 56 63 68 00 - www.sauternais-graves-langon.com - juil.-août : mat. et apr.-midi (sf dim. hors saison)- fermé 1er janv., 1er nov., 1er Mai et 31 déc.*

Se loger

Bon à savoir – Le label **Gîte Bacchus** *(21 cours de l'Intendance - 33000 Bordeaux - ✆ 05 56 81 54 23 - gites-de-france-gironde@wanadoo.fr - - à partir de 50 €)*, créé en 1996 à l'initiative des Gîtes de France de Gironde, est attribué à des hébergements situés chez des viticulteurs, au cœur de domaines viticoles. L'hôte y est accompagné et conseillé dans sa découverte du vignoble : présentation des cépages, accès aux chais, dégustations...

Chambre d'hôte Château Cap Léon Veyrin – *33480 Listrac-Médoc - 4 km de Listrac par D 5E2 - ✆ 05 56 58 07 28 - capleonveyrin@aol.com - fermé 25 déc.-1er janv. - - 5 ch. 44 €.* Depuis 1810, c'est la même famille qui gouverne cette longue demeure plantée au cœur d'un domaine viticole de 20 ha. Les chambres, de conception simple, sont au 1er étage. La salle des petits-déjeuners est grande ouverte sur le chai. Dégustation des vins de la propriété.

Chambre d'hôte Château du Broustaret – *33410 Rions - 4 km au nord-ouest de Cadillac par D 10 - ✆ 05 56 62 96 97 - www.broustaret.net - fermé nov.-vac. de printemps - - 5 ch. 50/55 €.* La tradition d'hospitalité a plus de 25 ans dans cette propriété viticole édifiée au cœur des Premières Côtes de Bordeaux. Bois et prairies entourent la noble maison où sont aménagées des chambres simples et néanmoins confortables. Une halte au grand calme, parfaite pour découvrir le vignoble bordelais.

⊖ **Apparthôtel Les Tilleuls restaurant Le Médiéval** – *16 allée des Tilleuls - 33490 St-Macaire - ☏ 05 56 62 28 38 - www.tilleul-medieval.com - P - 12 ch. 46/60 € - ☕ 6,50 € - rest. (fermé en janv.) 15,50/45,50 €.* Ces murs du 16e s. voisins de la mairie abritent des petits studios fonctionnels, sobrement meublés et dotés de cuisinettes aménagées. Le restaurant, de style rustique, est ouvert à tous ; produits du terroir.

⊖⊖ **Hôtel Les Bruyères** – *85 bis av. Blaise-Pascal, lieu-dit Issac - 33160 St-Médard-en-Jalles - 5 km à l'ouest de St-Médard-en-Jalles par D 107 rte du Porge - ☏ 05 56 05 32 24 - www.lesbruyeres.fr - fermé 22 déc.-4 janv. - P - 26 ch. 55 € - ☕ 6,50 € - rest. 11/30 €.* L'accès direct sur l'extérieur de chacune des chambres confère à ce double bâtiment moderne un petit côté motel. La proximité de Bordeaux, la climatisation, la piscine, le tennis et les prix raisonnables compensent des équipements standards.

⊖⊖ **Hôtel restaurant Les Feuilles d'Acanthe** – *5 r. de l'Église - 33490 St-Macaire - ☏ 05 56 62 33 75 - www.feuilles-dacanthe.fr - fermé 25 déc.-20 janv. - P - 11 ch. 72/92 € - ☕ 8 € - rest. 20/30 €.* Cette belle bâtisse des 14e et 17e s. située au cœur de la cité médiévale de St-Macaire a été parfaitement restaurée. Les chambres et la suite sont charmantes : sol en carreaux de Gironde, mobilier en chêne, murs de pierres apparentes. Jacuzzi avec nage à contre-courant installé dans une cour intérieure.

⊖⊖ **Chambre d'hôte Les Batarelles** – *103 Deyma - 33550 Villenave-de-Rions - 1,5 km à l'ouest de Villenave-de-Rions par D 237 - ☏ 05 56 72 16 08 - http://lesbatarelles.free.fr - ⊭ - 3 ch. 50/60 € ☕.* Voici une adresse idéale pour qui souhaite faire une pause douillette au cœur du vignoble bordelais. Les chambres, coquettes et confortables, ont été aménagées avec goût. Au petit-déjeuner, la propriétaire propose miels et confitures maison, au coin du feu en hiver et sur la terrasse bordée de vignes en été.

⊖⊖ **Chambre d'hôte Domaine de Carrat** – *Rte de Ste-Hélène - 33480 Castelnau-de-Médoc - 5 km au sud de Listrac-Médoc par D 1215 - ☏ 05 56 58 24 80 - fermé 25 déc. - ⊭ - 4 ch. 56/62 € ☕.* Cette maison aux volets rouges entourée d'une forêt de pins et de feuillus abritait jadis les écuries du château voisin. Accueil attentionné et chambres très confortables. En arrivant, vous passerez sous le splendide porche pavé autrefois emprunté par les voitures attelées.

⊖⊖ **Chambre d'hôte Le Domaine les Sapins** – *62 av. du Médoc, lieu-dit Bouqueyran - 33480 Moulis-en-Médoc - ☏ 05 56 58 18 26/06 80 22 45 07 - www.domaine-les-sapins.com - ⊭ - 6 ch. 59/79 € ☕ - repas 19 €.* Cette demeure du 19e s. blottie dans un parc aux arbres séculaires est entourée de vignes. Dans les chambres : jolie décoration, linge de lit raffiné et beaux meubles anciens.
Le propriétaire, fort sympathique, est intarissable quand il fait visiter ses caves !

⊖⊖ **Chambre d'hôte Château Grand Branet** – *859 Branet Sud - 33550 Capian - 9 km au sud de Créon dir. Cadillac - ☏ 05 56 72 17 30 - www.chateaugrandbranet.free.fr - fermé janv. - ⊭ - 5 ch. 65 € ☕.* Joli château du 17e s., rénové au 19e s., entouré d'un parc ombragé planté d'arbres centenaires. Les cinq chambres - murs de pierres apparentes, meubles anciens - peuvent accueillir 3 ou 4 personnes. Le propriétaire vous proposera certainement une visite de son exploitation et des chais... avec dégustation à la clef !

⊖⊖ **Chambre d'hôte La Lézardière** – *Boimier-Gabouriaud - 33540 St-Martin-de-Lerm - 8 km au sud-est de Sauveterre-de-Guyenne par D 670, D 230 puis D 129 - ☏ 05 56 71 30 12 - www.lalezardiere.free.fr - fermé janv.-fév. - ⊭ - 4 ch. et 1 gîte 65/80 € ☕ - repas 20 €.* Des chambres colorées ont été aménagées à l'étage de cette métairie du 17e s. dominant la vallée du Dropt. Table d'hôte dans la haute grange. Salon de documentation sur le vin et la région derrière les crèches où, jadis, mangeait le bétail. Piscine et un grand gîte.

⊖⊖ **Chambre d'hôte La Petite Source** – *4 l'Aubrade - 33580 Rimons - 3 km à l'est de Rimons par D 230 et rte de Monségur et chemin à gauche - ☏ 05 56 61 21 77 et 06 30 02 34 89 - www.la-petite-source.fr - ⊭ - 4 ch. 70/80 € ☕ - repas 15/35 €.* Piscine, jardin ombragé, chambres douillettes... Cette demeure du 18e s. invite à la détente dans un joli paysage de collines et de vignes. Monsieur propose d'intéressants mariages produits locaux-vins du terroir et accompagne volontiers ses hôtes chez les viticulteurs ; Monsieur dispense des cours de cuisine bordelaise.

Chambre d'hôte Les Logis de Lestiac – *71 rte de Bordeaux - 33550 Lestiac-sur-Garonne - 10 km au nord-ouest de Cadillac par D 10 - 05 56 72 17 90 - www.logisdelestiac.com - - 5 ch. 80/95 € - repas 25/30 €.* Maison de maître du 18e s. comprenant, à l'étage, les quatre chambres spacieuses et élégantes décorées sur le thème des saisons. À l'extérieur, invitation à la détente avec le jardin et la piscine d'eau salée.

Chambre d'hôte Château le Foulon – *Rte de St-Raphaël - 33480 Castelnau-de-Médoc - 5 km au sud de Listrac-Médoc par D 1215 - 05 56 58 20 18 - www.au-chateau.com - fermé 15 déc.-2 janv. - - 4 ch. 80/100 €.* Ce château de 1840 est un port d'attache idéal pour partir à la découverte des grands crus du Médoc. Les chambres, garnies de meubles anciens, ont conservé leurs beaux volumes. Toutes donnent sur le parc et son cours d'eau où évoluent des cygnes. Également, trois appartements avec cuisine équipée.

Chambre d'hôte Peyraguey Maison Rouge – *Haut Bommes - 33490 St-Macaire - 05 57 31 07 55 - www.peyraguey-sauternes.com - - 3 ch. 72/83 €.* « Sauternes », « St-Émilion » et « Médoc » : les noms de ces trois ravissantes et spacieuses chambres d'hôte situées en plein cœur du vignoble de Sauternes donnent le ton. Avec une bouteille de Bordeaux offerte à l'arrivée et une invitation à la dégustation le soir, l'acclimatation se poursuit sans difficulté !

Chambre d'hôte Le Moulin de Pommarède – *35 rte de Pommarède - 33640 Castres-Gironde - 5 km au nord-est du château de La Brède par D 1113, puis à Castres prendre la D 219 - 05 56 67 31 28/06 67 22 66 08 - www.pommarede.com - - 3 ch. 67 €.* Le domaine viticole de la famille de Boussiers comprend un ancien moulin transformé en maison d'hôte. Le sol partiellement vitré permet de voir le passage de l'eau sous l'édifice. Les chambres sont coquettes, confortables et calmes. Parc et pergola. Accueil charmant.

Chambre d'hôte Château Couloumey – *12 rte des Landes - 33640 Beautiran - 6 km au nord-est du château de La Brède par D 1113 - 05 56 67 66 65 - www.chateau-couloumey.com - - 4 ch. 90/150 €.* Sauvée de l'oubli et inscrite aux Monuments Historiques, cette belle chartreuse du 18e s. à la façade pas encore rénovée, est plantée au milieu des vignes de cépages Merlot et Cabernet-Sauvignon. Chambres aux beaux volumes, meublées d'ancien et décorées avec goût. Beau parc aux arbres centenaires.

Se restaurer

Braises et Gourmandises – *D 1113 - 33210 Preignac - 8 km à l'ouest de Verdelais - 05 56 62 30 58 - fermé dim. et le soir sf vend. et sam. - 11,50 € déj. - 22/29 €.* La façade ne paie pas de mine mais poussez la porte et vous serez surpris. La salle à manger, où dominent le bois et les cuivres, est vraiment séduisante avec son côté rustique. Aux beaux jours, agréable terrasse ombragée. Service discret et efficace.

Le Luma – *Rte de Langon - 33640 Arbanats - 13 km au sud-est du château de La Brède par RN 113, rte de Langon - 05 56 67 53 55/26 37 - 12,50 € déj. - 18/40 €.* Le Luma est le nom de l'escargot en patois vendéen ! Vous le retrouverez sur la carte, mais le choix se tourne plus du côté du sud-ouest. La salle à manger claire et très classique, s'ouvre sur une agréable terrasse prolongée par la piscine.

Le Lion d'Or – *Pl. de la République - 33460 Arcins - 6 km au nord-ouest de Margaux par D 2 - 05 56 58 96 79 - fermé juil., 24 déc.-1er janv., dim., lun. et j. fériés - réserv. obligatoire - 13,50 €.* Cet ancien relais de poste compose une halte gourmande bien sympathique. Le cadre de style bistrot est à l'image du patron-chef, sans chichis et plein de caractère. L'ardoise sur le bas-côté de la route annonce le menu du jour aux nombreux fidèles qui fréquentent l'adresse pour sa cuisine du terroir soignée et généreuse.

L'Entrée Jardin – *27 av. du Pont - 33410 Cadillac - 05 56 76 96 96 - www.restaurant-cadillac.com - fermé 17-27 juin, 12-20 août, 31 déc.-6 janv. et dim. soir et lun. - 11 € déj. - 19/40 €.* Toutes les chambres d'hôte de la région recommandent cette adresse qui marie avec brio accueil souriant, service efficace et cadre agréable. La cuisine régionale – tout est pratiquement fait maison – a de quoi combler les appétits les plus féroces.

Café Lavinal – *Pl. Desquet, à Bages - 33250 Pauillac - 05 57 75 00 09 - fermé 26 déc.-5 fév. et dim. soir - 13 € déj. - 25 €.* Joli bistrot « néo-rétro » au centre de Pauillac. Chef argentin officiant à vue dans un registre traditionnel. Ardoise du jour et vins locaux de propriété.

Le Flore – *1 Petit-Champ-du-Bourg - 33540 Coirac - 7,5 km à l'ouest de Sauveterre-de-Guyenne par D 671 puis D 228 après St-Brice - 05 56 71 57 47 - fermé 2 sem. en fév., 2 sem. à la Toussaint, merc. soir, dim. soir et lun. - formule déj. 12 € - 26/40 €.* Sur la terrasse ombragée ou dans la grande salle à manger fleurie de cette maisonnette, préparez-vous à un repas de choix, œuvre d'un jeune chef très créatif. Aimable et professionnelle, son épouse saura mieux que personne vous guider parmi les saveurs subtiles que recèle la carte.

L'Abricotier – *2 r. François-Bergœing - 3 km au nord de Langon par D 1113 - ✆ 05 56 76 83 63 - www.sudgironde-commerces.com - fermé 12 nov.-12 déc., mar. soir et lun. - 20/40 € - 3 ch. 55 € ☕ 6,50 €.* Cet établissement posté en léger retrait de la RN 113 abrite de coquettes salles à manger actuelles et s'agrémente d'une terrasse ombragée de mûriers. En cuisine, son chef mitonne de bons petits plats régionaux, que vous arroserez d'une bouteille choisie parmi la judicieuse sélection de vins. Trois chambres côté verdure.

Ferme-auberge Château Guittot-Fellonneau – *33460 Macau - 6 km au sud-est de Margaux par D 2 puis D 209 - ✆ 05 57 88 47 81 - fermé vac. de fév. et 16 août-5 sept. - 18/38 €.* Dans cette propriété viticole du Médoc, alchimie du vin rime avec science de la bonne chère. Sur la terrasse ombragée dominant les vignes, laissez-vous aller au plaisir d'un vrai repas du Sud-Ouest composé de rillettes, confits, foie gras, etc. préparés de A à Z par la patronne. Vente de vin à emporter.

Le Saprien – *R. Principale - 33210 Sauternes - ✆ 05 56 76 60 87 - fermé vac. de fév., 1er-26 déc., dim. soir et lun. - 25/37 €.* À l'élégante salle à manger, vous préférerez peut-être la véranda ou la terrasse qui offrent une jolie vue sur les vignes. Terrine à la gelée de sauternes, parfait glacé au sauternes, belle sélection de sauternes au verre : le grand vin blanc liquoreux est mis « à toutes les sauces »... pour le grand plaisir des gourmets !

Auberge de Savoie – *1 pl. Trémoille - 33460 Margaux - ✆ 05 57 88 31 76 - fermé vac. de fév., vac. de Noël et dim. soir - 26/87 €.* L'accueil est très sympathique dans cette belle maison en pierre du 19e s. voisine de l'office de tourisme. Les repas sont servis dans deux agréables salles à manger et, par beau temps, sur la plaisante terrasse. Belle carte de bordeaux.

Nos bonnes caves

MAISONS DES VINS

Maison des vins des Premières Côtes de Bordeaux et Cadillac – *D 10 - rte de Langon - 33410 Cadillac - ✆ 05 57 98 19 20 - www.premierescotesdebordeaux.com.*

Maison de l'entre-deux-mers – *4 r. de l'Abbaye - 33670 La Sauve - ✆ 05 57 34 32 12 - www.vins-entre-deux-mers.com - juin-sept. : lun.-sam. 10h30-13h, 14h-18h ; oct.-mai : lun.-vend. 10h-12h30, 14h-17h.*

Maison du Sauveterrois – *2 r. St-Romain - 33540 Sauveterre-de-Guyenne - ✆ 05 56 71 53 45 - de mi-sept. à déb. juin : tlj sf dim. 9h-12h, 14h-18h ; de déb. juin à mi-sept. : 9h-12h, 14h-19h.*

Maison des vins de Ste-Foy-Bordeaux – *Rte de Bergerac - 33220 Pineuilh - ✆ 05 57 46 31 71 - www.saintefoy-bordeaux.com.*

Maison des vins de Graves – *61 cours du Mar.-Foch - 33720 Podensac - ✆ 05 56 27 09 25 - www.vins-graves.com - 9h30-18h30, w.-end et j. fériés 10h30-18h30 ; nov.-avr. : tlj sf w.-end 9h30-18h30.*

Maison du sauternes – *14 pl. de la Mairie - 33210 Sauternes - ✆ 05 56 76 69 83 - www.maisondusauternes.com - 9h-19h, w.-end 10h-19h - fermé 25 déc.-1er janv.*

Maison du Vin de Barsac – *Pl. de l'Église - 33720 Barsac - ✆ 05 56 27 15 44 - www.maisondebarsac.fr - mai-déc. : 10h-13h, 14h-19h ; janv.-avr. : tlj sf lun. 10h-12h30, 14h-18h.*

Maison du vin de St-Émilion – *Pl. Pierre-Meyrat - 33330 St-Émilion - ✆ 05 57 55 50 55 - www.vins.saint-emilion.com - 9h30-12h30, 14h-18h30 ; août : 9h30-19h - fermé 25 déc. et 1er janv.*

Stéphane Sauvignier/MICHELIN

Viticulteur surveillant l'élevage de son vin.

Maison des vins de l'Union des satellites de St-Émilion – *Au bourg - 33570 Montagne - ✆ 05 57 74 60 13 - www.montagnesaintemilion.com - mai-oct. lun.-vend. 9h-12h30,14h-19h ; nov.-avr. : lun.-vend. 9h-12h30, 14h-18h.*

Maison des vins des côtes de Castillon – *6 allée de la République - 33350 Castillon-la-Bataille - ✆ 05 57 40 00 88 - juil.-août : lun.-dim. mat. 9h-13h, 14h-18h ; sept.-juin : tlj sf dim. 8h30-13h, 14h-17h30.*

Maison des vins de Fronsac – *Au bourg - 15 km au SE de St-André-de-Cubzac par D 670 - 33126 Fronsac - ✆ 05 57 51 80 51 - mdvfronsac@wanadoo.fr - mi-juin à mi-sept. : tlj sf dim. 10h30-19h ; mi-sept. à mi-juin : tlj sf dim. 10h30-12h30, 14h-18h - fermé j. fériés.*

Maison du vin des côtes de Bourg – *1 pl. de l'Éperon - 33710 Bourg - ☎ 05 57 68 22 28 - de mi-juin à mi-sept. : 10h-13h, 15h-19h ; 15 sept.-15 juin : tlj sf dim. 9h30-12h30, 14h-18h.*

Maison du vin des Premières Côtes de Blaye – *12 cours Vauban - 33390 Blaye - ☎ 05 57 42 91 19 - www.premieres-cotes-blaye.com - 8h30-12h30, 14h-18h30 ; en juil.-août : initiation gratuite à la dégustation mar.-jeu. 16h45-17h45 - fermé j. fériés.*

Maison du vin de Margaux – *Pl. de la Trémoille - 33460 Margaux - ☎ 05 57 88 70 82 - juin-sept. 10h-13h, 14h-19h ; avr.-oct. : tlj sf dim. 10h-12h30, 14h-18h ; janv.-mars : mar.-vend. 10h-12h, 14h-18h30 ; nov.-déc. : tlj sf dim. 10h-12h, 14h-18h - fermé j. fériés en hiver.*

Maison du vin de Listrac – *36 av. de Soulac - 33480 Listrac-Médoc - ☎ 05 56 58 09 56 - de juil.à mi-sept. : lun. 13h-19h, mar.-dim. 10h-12h30, 13h30-19h ; avr.-juin et de mi-sept. à nov. : lun.-sam. 10h-12h, 14h-18h (19h sam.) ; déc.-mars : lun.-vend. (sf merc.) 10h-12h, 14h-17h ; fermé merc. de mi-sept. à avr.*

Maison du vin de Moulis – *Pl. du Grand-Poujeaux - 33480 Moulis-en-Médoc - ☎ 05 56 58 32 74 - www.moulis.com - 15 juin-15 sept. : mar., jeu., vend. 9h-12h30, 14h-18h, sam. 10h-18h45 ; 16 sept.-14 juin : lun., mar., jeu., vend. 9h-12h, 14h-18h - fermé 1 sem. en janv., 1 sem. en fév., 1 sem. en mai, 1 sem. en juin, 1 sem. en oct. et j. fériés.*

COOPÉRATIVES

Cave coopérative – *Pranzac - 33360 Quinsac - ☎ 05 56 20 86 09 - lun.-sam. 8h-12h, 14h-18h ; dim. et j. fériés 8h-12h, 15h-18h.* Vous y trouverez du vin clairet, un rosé soutenu obtenu après une courte macération.

Univitis – *1 r. du Gén.-de-Gaulle - 33220 Les Lèves-et-Thoumeyragues - ☎ 05 57 56 02 02 - www.univitis.fr - juil.-août : 9h-12h30, 14h30-19h ; sept.-déc. et mars-juin : tlj sf dim. et lun. 9h30-12h30, 15h-19h ; janv.-fév. : tlj sf dim. et lun. 9h30-12h30, 15h-18h - fermé j. fériés.* La plus grande cave coopérative du Bordelais propose un bel assortiment de vins de domaines vinifiés séparément.

Union des producteurs de Rauzan – *Aiguilley - 33420 Rauzan - ☎ 05 57 84 13 22 - lun.-sam. 9h-12h30, 14h-18h ; ouv. dim. en juil.-août.* C'est une des plus importantes caves coopératives de France avec une production de 135 000 hl par an. On y propose une trentaine de vins différents à des prix intéressants.

Cave viticole de Bourg-Tauriac – *3 av. des Côtes-de-Bourg - 33710 Tauriac - ☎ 05 57 94 07 07 - 9h-12h30, 13h30-18h.* Large choix de vins de qualité.

Cave coopérative du Blayais – *9 Le Piquet - 33390 Cars - ☎ 05 57 42 13 15 - www.la-cave-des-chateaux.com - tlj sf dim. 9h-12h, 14h-18h - fermé j. fériés.* La cave propose quelques vins de propriétés sympathiques.

Cave coopérative Larose – *44 av. du Mar.-Joffre - 33250 Pauillac - ☎ 05 56 59 26 00 - larosepauillac@wanadoo.fr - 8h-12h, 14h-18h, lun. et sam. 9h-12h, 14h-18h (juil.-août 19h).* Plus de 75 ans après sa création, cette cave continue de produire, selon des méthodes naturelles, des vins remarqués et appréciés par les amateurs : la Rose Pauillac, commercialisée après 3 années de garde, fait l'unanimité, et la Fleur Pauillac, qui peut être bue plus jeune, ne manque pas non plus d'attrait.

Cave Marquis de St-Estèphe – *Leyssac - 33180 St-Estèphe - ☎ 05 56 73 35 30 - lun.-vend. 8h30-12h15, 14h-18h.* Elle rassemble les coopérateurs du secteur et produit une sélection de bonne qualité.

Cave coopérative La Paroisse – *2 r. Clément-Lemaignan - 33180 St-Seurin-de-Cadourne - ☎ 05 56 59 31 28 - cavecoopérativevinification@wanadoo.fr - sept.-mai : tlj sf w.-end 8h30-12h30, 14h-18h, vend. 8h30-12h30, 14h-17h ; juin-juil. : tlj sf dim. 8h30-12h30, 14h-18h ; août : 8h30-12h30, 14h-19h.* Elle est réputée pour le très bon rapport qualité-prix de son haut-médoc.

GROUPEMENTS DE PRODUCTEURS À ST-ÉMILION

Union des producteurs de St-Émilion – *Dans le bas de St-Émilion, près de la voie ferrée sur la D 670 - 33330 St-Émilion - ☎ 05 57 24 70 71 - www.udpse.com - tlj sf dim. 8h-12h (8h30 sam.), 14h-18h (18h30 juil.-août) - fermé j. fériés.* Cette cave coopérative vinifie séparément une soixantaine de vins de propriété. L'accueil, assuré par les viticulteurs, est excellent.

Groupe des producteurs de Montagne – *La Tour-Mont-d'Or - 33570 Montagne - ☎ 05 57 74 62 15 - lun.-sam. mat. 9h-12h, 14h-18h.* Bon aperçu de l'appellation montagne-st-émilion.

Union des producteurs de Lussac – *33570 Lussac - ☎ 05 57 55 50 40 - tlj sf dim. 8h30-12h30 (9h sam.), 14h30-18h30.*
Elle regroupe 140 viticulteurs et propose des vins de qualité.

Sports & Loisirs

RANDONNÉES ET CYCLOTOURISME

Bon à savoir – La **piste cyclable Lapébie** (55 km) relie Sauveterre-de-Guyenne à Bordeaux, elle traverse l'Entre-Deux-Mers et passe par Créon, première Station Vélo de Gironde *(voir p. 108)*.

Dans l'Entre-Deux-Mers

Le document **cyclotourisme dans l'Entre-Deux-Mers** *(dans les offices de tourisme)* décrit 8 boucles de 37 à 60 km.

Dans les Côtes-de-Bordeaux

Cadillac – L'office de tourisme propose un guide (1 €, 8 randonnées) et 2 fiches gratuites (5 km et 6 km) pour découvrir le Cadillacais à pied où à vélo, au départ de la bastide. Il existe d'autres boucles pédestres locales à Lestiac, Rions, Ste-Croix-du-Mont, Loupiac.

Dans le Haut-Médoc

Pauillac est le point de départ de 6 circuits (5 à 21 km) à parcourir à pied ou à vélo *(rens. à la maison du tourisme).*

Cyclotourisme Sport Nature – *6 r. du Mal-Joffre - 33250 Pauillac - ✆ 05 57 75 22 60 - fermé sam. apr.-midi hors sais., dim. et lun.* Ce magasin qui semble dater d'une autre époque avec ses articles de chasse, de pêche et ses boules de pétanque en vitrine a le mérite d'être le seul à Pauillac à assurer la location de vélos.

AUTRES ACTIVITÉS

Bateau-promenade L'Escapade – *Canal en Gironde - 6 allée des Ormeaux (secrétariat, 43 bis r. des Sablières) - 33210 Langon - ✆ 05 56 63 06 45 ou 06 85 20 98 48 - croisière sur le canal des Deux-Mers.*

Base de Loisirs – *33540 Blasimon - ✆ 05 56 71 89 86 - fermé 15 sept.-15 juin.* Petite base de loisirs bien aménagée située à 500 m de l'abbaye : jeux pour enfants, plage de sable, baignade surveillée, randonnées pédestres.

Tépacap – *30 rte de Cénac - 33880 St-Caprais-de-Bordeaux - ✆ 05 56 21 32 13 - www.tepacap.fr - mars-juin, oct.-nov. : vac. scol., w.-ends et j. fériés 10h-18h ; juil.-août : 10h-19h - de 15 à 19 €.* Ce parc de loisirs situé à 20mn de Bordeaux propose 8 parcours aventure destinés à toute la famille (taille minimum requise pour les enfants : 1m30). Niveaux de difficultés progressifs, équipements complets fournis. Sur place : bar-glacier et tables de pique-nique.

Golf du Médoc – *Chemin de Courmateau - Louens - 33290 Le Pian-Médoc - ✆ 05 56 70 11 90 - www.golf-du-medoc.com - juin-août 7h30-19h30 ; le reste de l'année 8h-19h.* Double parcours, double plaisir ! Ce golf propose en effet deux 18 trous au cœur des terres du Médoc : 6 316 m et par 71 pour celui du Château, 6 220 m et par 71 pour celui des Vignes. Le club-house abrite un bar et un restaurant accessible à tous ; la terrasse de ce dernier ouvre agréablement sur les greens.

Golf des Graves et du Sauternais – *Lac de Seguin - 33210 St-Pardon-de-Conques - ✆ 05 56 62 25 43 - www.golflangon.com - 9h-19h - fermé 1er janv. et 25 déc.* De multiples variétés d'arbres et plusieurs petits étangs jalonnent ce golf de 18 trous dessiné par le Britannique I. Johnston. Son parcours offre l'avantage d'être relativement plat.

Blaye

4 687 BLAYAIS
CARTE MICHELIN DÉPARTEMENTS 335 H4 – GIRONDE (33)

Un tertre colonisé par les Romains, une tombe de héros chevaleresque, une citadelle de Vauban. Et puis des vignes de bon aloi, un port sur la Gironde où débarquent au printemps lamproies et aloses, du caviar de l'estuaire... Un petit détour par Blaye s'impose donc ; on pourra toujours prétexter que c'est pour l'Histoire uniquement !

- **Se repérer** – Sur la rive droite de la Gironde, à 43 km en aval de Bordeaux. Il est possible de traverser le fleuve : un bac relie Blaye à Lamarque dans le Médoc *(voir « Transport » dans l'encadré pratique).*
- **À ne pas manquer** – Dans la citadelle, la vue sur l'estuaire depuis la tour de l'Équillette ou la place d'Armes ; la route de la Corniche qui relie Blaye à Bourg ; la villa gallo-romaine de Plassac.
- **Organiser son temps** – Pour la visite guidée de la citadelle, comptez 1h. Prévoyez un peu plus si vous souhaitez aussi voir les musées et expositions ou vous attarder auprès de l'échoppe d'un artisan.
- **Avec les enfants** – Le jeu de l'oie pour découvrir la citadelle, la réserve des Nouvelles Possessions à St-Ciers-sur-Gironde.
- **Pour poursuivre la visite** – Voir aussi Bourg et Vignoble de Bordeaux.

Comprendre

À l'origine – Sur le rocher escarpé où les légions romaines avaient établi leur camp, une ville grandit à l'époque gallo-romaine. Son nom ? *Blavia* (« route de la guerre »).

Travaux d'assainissement – C'est au 17e s., lors de l'édification de la citadelle de Blaye, que les **marais** jusqu'alors insalubres furent asséchés et en partie transformés en labours et prairies, selon une technique importée de Hollande : un système de canaux permet de drainer l'eau qui est rejetée dans l'estuaire à marée basse, tandis que des digues empêchent les eaux saumâtres d'y pénétrer à marée haute, et protègent le marais des eaux de ruissellement venant de l'intérieur.

Laboureurs d'estuaire – Les nombreux petits ports du Blayais et du Médoc ont le vent en poupe : on récolte des trésors dans l'estuaire. L'hiver, les grands poissons migrateurs (l'alose et la monstrueuse lamproie sortie tout droit de la préhistoire) remontent l'estuaire pour frayer en amont. Au printemps s'ouvre la chasse à la précieuse **pibale**. La Gironde est aussi la seule réserve d'**esturgeons** (espèce protégée, dont la capture est interdite) d'Europe occidentale ; ses élevages approvisionnent le Bordelais en caviar maison.

L'or blanc des estuaires

Les **pibales**, dont raffolent les Espagnols, sont des alevins nés des œufs d'anguilles dans la mer des Sargasses. En hiver, elles remontent bravement la Gironde et l'Adour ; les pêcheurs bordelais et basques s'adonnent alors à une curieuse pêche qui vaut de l'or (environ 122 € le kilo). La pibale se pêche la nuit à l'aide d'un tamis qui permet, à chaque sortie, d'en prendre quelques grammes. La concurrence est rude et le braconnage très fréquent.

Se promener

LA CITADELLE★

Un plan de la citadelle disponible à l'office de tourisme localise les bâtiments et les artisans installés sur le site. ✆ 05 57 42 12 09 - visite guidée juil.-août : mar., merc. et jeu. 15h - 5 € ; avr.-sept. : visite guidée (1h) dim. et j. fériés organisée par l'office de tourisme - 4,60 €.
Découverte ludique de la citadelle avec le « jeu des familles » en vente à l'office 2 €.

Au 17e s., la ville perchée fut rasée et céda la place à la citadelle terminée par Vauban en 1689.

Les remparts de la citadelle attestent du passé militaire de Blaye. Vauban est passé par là…

Le fort Paté sur un îlot de la Gironde et le fort Médoc, sur la rive gauche, complétaient ce système de défense destiné à protéger Bordeaux de la flotte « angloise ».
Accès à pied par la porte Dauphine, en voiture par la porte Royale, toutes deux timbrées de l'écusson fleurdelisé. Encore habitée en partie, c'est une véritable petite ville à l'ancienne (près de 1 km de long), animée en saison par les artisans, et qui s'enflamme lors des festivals de musique et de théâtre *(voir l'encadré pratique et le calendrier des événements p. 39)*.

Château des Rudel

C'est le berceau de **Jaufré Rudel**, troubadour du 12e s. qui inspira nombre de romantiques. Il s'éprit sans la voir d'une « princesse lointaine », Melissende de Tripoli. Il s'embarqua pour la rejoindre, mais tomba malade sur le vaisseau et expira à l'arrivée dans les bras de sa bien-aimée…
Il subsiste deux tours du château médiéval, ainsi que les bases des murs et le pont d'accès. Au centre de la cour se trouve un vieux puits à la margelle usée par les frottements de la corde ou de la chaîne. Du haut de la tour des Rondes, **vue** sur la ville, l'estuaire de la Gironde et la campagne (table d'orientation).

Tour de l'Éguillette

Vue en enfilade, sur la Gironde, peuplée d'îlots jusqu'à l'Océan.

Place d'Armes

De l'esplanade, au bord de la falaise sur la Gironde, vue sur l'estuaire et les îles. C'est justement pour cette raison que le **conservatoire de l'Estuaire** s'est installé à cet endroit *(voir l'exposition à la Manutention)*.
Près de la place d'Armes, l'ancien **couvent des Minimes**, du 17e s., avec sa chapelle et son cloître, accueille régulièrement des expositions temporaires.

La Manutention

Ce bâtiment carré, construit en 1677 pour abriter la prison de la citadelle et de la ville, servit ensuite de boulangerie, de magasin et de manutention.
Il abrite l'intéressante **exposition** du conservatoire de l'Estuaire : « Estuaire vivant ». Dans plusieurs salles sont évoqués les thèmes maritimes, les différentes méthodes de pêche, la faune et la flore. *Pl. d'Armes - ✆ 05 57 42 80 96 - www.estuairegironde.net - expositions sur l'estuaire - avr.-oct. : apr.-midi - 2,80 € (enf. 1,70 €).*
À voir également : le **musée de la Boulangerie**, où l'histoire du pain est présentée autour de deux anciens fours, et le **Musée archéologique** qui retrace l'histoire de la citadelle. *R. du Couvent-des-Minimes - ✆ 06 82 34 72 66 - apr.-midi - fermé du 24 déc. au 2 janv. - 3 € (enf. 2,40 €).*

Aux alentours

Plassac

3,5 km au sud. Quitter Blaye par la D 669 qui longe la Gironde.

Près de l'église, en contrebas, des fouilles ont mis au jour une **villa gallo-romaine**. Trois villas se sont succédées à cet endroit entre le 1er et le 5e s., les deux premières d'inspiration romaine, la troisième décorée de **mosaïques polychromes** de style aquitain. Un musée retrace l'historique des villas (reconstitution en 3D) et expose des peintures murales (troisième style pompéien, 40-50 apr. J.-C.), ainsi que le produit des fouilles : céramiques, bronzes, monnaies, outillage, etc. *✆ 05 57 42 84 80 - visite guidée mai-sept. : mat. et apr.-midi ; reste de l'année : mat. et apr.-midi et dim. apr.-midi sf j. fériés - fermé nov.-mars - 4 € (enf. 2 €).*

St-Ciers-sur-Gironde

20 km au nord par la D 255.

C'est le chef-lieu d'un canton rural et préservé de la Haute-Gironde, situé en « pays gabaye », aux confins du Poitou-Charente – on y parlait encore récemment un dialecte mêlant langues d'oïl (poitevin-santongeais) et d'oc.

Jouxtant l'office de tourisme, un petit **musée d'archéologie** présente divers objets mis au jour dans les environs. *Juil.-août : merc., sam. apr.-midi ou sur RV, reste de l'année sur RV (M. Bellue ✆ 05 57 32 60 28 ou Mme Mornon ✆ 05 57 32 98 29) - 1 €.*

Réserve naturelle des Nouvelles Possessions – *Juil.-août : merc.-dim. tte la journée, reste de l'année sur réserv. à l'office de tourisme (voir l'encadré pratique) - 4,60 € (enf. 2,30 €).* En compagnie d'un guide nature, découverte du milieu protégé des marais, escale migratoire et d'hivernage pour de nombreuses espèces d'oiseaux. Observation de la faune et de la flore : cigognes, hérons, rapaces, loutres, daims... (*prêt de jumelles*). L'été, balades en calèche dans la réserve.

Le **chemin des oiseaux** (30 km au départ d'Étauliers, à vélo ou en voiture) traverse ce charmant paysage entre vignes et marais : observatoire de la réserve de chasse, à proximité de la centrale nucléaire du Blayais, port des Callonges... (*non fléché - document gratuit à l'office de tourisme*).

Il existe 6 autres circuits sur ce thème dans l'Estuaire, dont un au départ de Blaye (*informations sur www.estuaire-gironde.fr ou à l'office de tourisme*).

Circuit de découverte

ROUTE DE LA CORNICHE FLEURIE

16 km au départ de Blaye – environ 45mn.

Quitter Blaye à l'est en direction de Bourg (D 669). Après 6 km, prendre à droite.

La route, entre falaises calcaires et fleuve, traverse une série de hameaux qui possèdent quelques habitations troglodytes et offre de jolies vuessur l'estuaire. Elle est particulièrement charmante au petit matin ou au soleil couchant.

Faites un premier arrêt à la **Roque-de-Thau**, petit port où les yoles se groupent dans l'estey, et admirez l'île Verte. À **Marmisson**, levez le nez pour apercevoir les abris-sous-roche. Ensuite se succèdent les villages de pêcheurs, bordés de cabanes sur pilotis avec leurs carrelets flottant au vent.

La route s'éloigne de la rive pour remonter à **Bayon-sur-Gironde**. Là, ne manquez pas l'église romane qui possède une abside à sept pans. Sur la corniche, en surplomb de l'estuaire, les châteaux de Tayac et d'Eyquem occupent des sites panoramiques et produisent de bons vins. À St-Seurin-sur-Gironde, remarquez les deux moulins à vent. De retour au bord de l'eau, vous arrivez au **Pain-de-Sucre**, ultime point de vue à contempler avant de rejoindre Bourg.

Blaye pratique

Adresses utiles

Office du tourisme de Blaye – *Allées marines - 33390 Blaye - ✆ 05 57 42 12 09 - www.tourisme-blaye.com - mat. et apr.-midi - fermé 1er janv., 1er nov., 11 Nov., 25 déc.*

Office de tourisme cantonal de St-Ciers-sur-Gironde – *17 r. André-Lafon - ✆ 05 57 32 88 88 - www.ot-estuaire.fr - lun.-vend. mat. et apr.-midi, sam. mat.*

Bon à savoir –Vous retrouverez dans ces deux offices de tourisme le *Guide d'accueil du Pays Haute-Gironde.*

Visite

Voir le Pass'Estuaire p. 17.

L'Estuaire au fil de l'eau – *Rens. et réserv. à l'office de tourisme ou auprès du capitaine David Decouzon - ✆ 06 12 65 32 23 - 12 € (enf. 8 €).* Balade commentée (1h) en vedette 12 places : découverte de l'Estuaire et ses îles. Possibilité d'embarquer sur tout l'Estuaire.

Circuits thématiques – L'office du tourisme de St-Ciers-sur-Gironde propose deux circuits en voiture au départ du village : les grands marais de St-Ciers (42 km) et l'art roman entre vignes et forêts (58 km).

Transport

Bac Blaye-Lamarque – *Pour les horaires, s'adresser au service maritime départemental - 6 cours du Gén.-de-Gaulle - 33390 Blaye - ✆ 05 57 42 04 49 ou consulter Internet : www.cg33.fr - la traversée : env. 30mn - voyageur 3,10 € (-4 ans gratuit), véhicule 12,80 €.*

Se loger

L'Escale Chez Olga Hôtel – *D 137 - 33390 Cartelègue - 10 km au nord-est de Blaye par D 137 - ✆ 05 57 64 71 18 - fermé 15-31 août, 1 dim. par mois et sam. - P - 12 ch. 42 € - 6 € - rest. 13/25 €.* Cet hôtel dispose de chambres simples, confortables et très bien tenues. Après les deux salles à manger, c'est au tour de la terrasse, très prisée, d'être embellie... Un petit plus pour cette adresse qui séduit déjà par sa cuisine sans chichi préparée avec des produits frais.

Chambre d'hôte Château Pontet d'Eyrans – *25 le Pontet Nord-Est - 33390 Eyrans - 9 km au nord-est de Blaye par D 937 - ✆ 05 57 64 71 07 - www.chateaupontet.fr - réserv. obligatoire - 5 ch. 60/120 €.* Ce château achevé en 1860 est tout simplement charmant. Les anciennes dépendances abritent les chambres d'hôte et trois gîtes ; tous sont confortables, plaisamment aménagés et donnent sur la piscine. Agréable parc sur l'arrière.

Chambre d'hôte La Sauvageonne – *2 les Mauvillains - 33820 St-Palais - à St-Ciers, rte de St-Palais et chemin à gauche - ✆ 05 57 32 92 15 - www.relax-in-gironde.com - 3 ch. + 2 gîtes 65/90 € - repas 30 €.* Les extérieurs soignés révèlent le charme de cette propriété bordée de bois et de vignes. À l'intérieur, les élégantes chambres offrent de très beaux volumes. En cuisine, les produits du jardin sont mis à l'honneur par l'un des deux associés, pâtissier-traiteur de métier.

Chambre d'hôte Villa Prémayac – *13 r. Prémayac - ✆ 05 57 42 27 39 - www.villa-premayac.com - 5 ch. 90 €.* Étape pleine de charme au pied de la citadelle, cette demeure du 18e s. dispose de plaisantes chambres au décor personnalisé : meubles anciens, couleurs agréables et tissus choisis. Le propriétaire, ancien professeur de golf, organise des séjours panachant découverte des greens régionaux et du vignoble bordelais.

Se restaurer

La Citadelle – *5 pl. d'Armes - ✆ 05 57 42 17 10 - www.hotel-la-citadelle.com - fermé w.-end de fin oct. à déb. avr. - 25/40 € - 21 ch. 80 € - 10 €.* Sa situation exceptionnelle au cœur de la citadelle de Blaye est l'atout majeur de cette adresse. La salle à manger, moderne et éclairée de grandes baies vitrées, et la terrasse offrent une vue superbe sur l'estuaire de la Gironde. Cuisine traditionnelle. Chambres pratiques. Piscine.

Que rapporter

Maison du Vin des Premières Côtes de Blaye – *Voir « Le vignoble Pratique », p. 130.*

Sports & Loisirs

Une **piste cyclable** relie Blaye à Étauliers (13 km au nord de Blaye).

Randonnée – Des boucles et **sentiers pédestres** partent de Blaye et des communes du canton de St-Ciers *(documentation dans les offices de tourisme).*

Événement

Blaye – Musique sur les allées, fin juil.

Bourg

2 115 BOURQUAIS
CARTE MICHELIN DÉPARTEMENTS 335 H 4 – GIRONDE (33)

Haut perchée, les pieds dans l'eau, une jolie petite ville, blonde et paisible, où il fait bon flâner dans les ruelles pentues, salué par les chats qui prennent le frais devant les portes. Ajoutez l'animation du marché sous la halle le dimanche matin, la foire médiévale le 1er dimanche de septembre, un verre d'excellent côtes-de-bourg… Vous verrez, les réjouissances ne manquent pas !

Se repérer – À 15 km au sud-est de Blaye par la D 669, et à 28 km au nord-ouest de Libourne par la D 670, puis la D 669.
L'ancienne *Burgo* (*borc*, ville fortifiée en occitan), longtemps appelée Bourg-sur-Gironde, n'est plus en réalité sur la Gironde mais sur la Dordogne… Voilà un beau pied de nez du **bec d'Ambès** qui, nourri par les alluvions de la Dordogne et de la Garonne, s'est simplement allongé.

À ne pas manquer – Le château de la Citadelle ; le château du Bouilh.

Organiser son temps – Comptez 3h pour la visite de la ville et des musées.

Avec les enfants – « Au temps des calèches » ; les grottes de Pair-non-Pair.

Pour poursuivre la visite – Voir aussi Blaye et Vignoble de Bordeaux.

Stéphane Sauvignier / MICHELIN

Vue sur la ville haute depuis le lavoir.

Se promener

Bon à savoir – Un itinéraire piétonnier et audioguidé en 19 étapes *(1h30)*, « Sur les pas de Louis XIV », permet de visiter librement la ville, muni d'une carte, d'un livret et d'un audioguide. Deux autres parcours audioguidés en voiture *(3h30)*, « Terroir d'histoire » et « Terre d'Estuaire » sillonnent la région. *Rens. et loc. à l'office de tourisme - 3 €/audioguide.*

Terrasse du District

Ombragée de vieux ormeaux et de tilleuls, cette terrasse au nom révolutionnaire dispense l'été une douce fraîcheur. Le regard se repose d'abord sur les toits de tuiles de la ville basse, couleur terre de Sienne brûlée, puis sur la Dordogne et la Garonne qui se rejoignent au bec d'Ambès pour former la Gironde (table d'orientation).

Ville basse

De l'office de tourisme, prenez la rampe Cahoreau qui passe sous la **porte de la Mer**, creusée dans le rocher. Des escaliers mènent à un **lavoir** (1828), abreuvé par une fontaine sise au pied de la falaise calcaire. Au **port**, les yoles des pêcheurs attendent tranquillement le passage des aloses, lamproies, anguilles… ou vont traquer la chevrette (crevette grise de l'estuaire).

L'escalier du Roy monte jusqu'à la place du District. Prendre la rue à gauche de la place.

Château de la Citadelle

Cette résidence du 18e s., édifiée à l'emplacement de la citadelle démantelée en 1664, fut incendiée par les Allemands en 1944. Rachetée par la municipalité qui a veillé à sa restauration, elle est réservée aux réceptions ; cependant elle ouvre aux passants son jardin à la française planté de magnolias. De la terrasse, vues étendues sur la Dordogne, la Garonne et, en aval, sur la Gironde.

Dans son enceinte se trouve le **musée hippomobile « Au temps des calèches »** qui compte quarante véhicules du 19e s. ainsi que de nombreux objets et accessoires. Il donne accès à un souterrain cavalier du 16e s., qui conduit aux cuves à pétrole datant de la Deuxième Guerre mondiale. Enfin, vous verrez les salles souterraines de la Citadelle qui surplombent l'estuaire de la Gironde. *05 57 68 23 57 - juin-sept. : mat. et apr.-midi ; mars-mai et oct. : w.-end et j. fériés mat. et apr.-midi, en sem. sur demande - fermé 1er Mai - 4,50 €, (-14 ans 1,50 €).*

Écomusée du Bourgeais – musée Maurice-Poignant

05 57 68 42 48 - sur réserv. 3j. av. - possibilité de visite guidée - 2 € (-18 ans gratuit).

Dans une ancienne dépendance du couvent des Ursulines sont réunies les collections de Maurice Poignant (ancien conseiller municipal) : archéologie, arts et traditions populaires de la région.

Circuit de découverte

35 km au départ de Bourg – environ 2h. Quitter Bourg par la D 23, au nord. Tourner à droite dans la D 133.

Église de Tauriac

Cette église romane possède un portail de style saintongeais.

Poursuivre jusqu'à la D 137, prendre à droite en direction de St-André-de-Cubzac.

Église de Magrigne

La nef unique et le chevet plat caractérisent cette église romane construite par les templiers, qui renferme des peintures médiévales.

Jacques-Yves Cousteau

Le célèbre commandant au bonnet rouge est né en 1910 à St-André-de-Cubzac. Entré à l'école navale à 20 ans, il devient officier canonnier puis suit une formation de pilote. Mais il doit renoncer à sa carrière d'aviateur suite à un grave accident de voiture en 1935. Pendant sa rééducation, il découvre l'extraordinaire richesse des fonds sous-marins. Aidé par des amis et des ingénieurs, il invente un scaphandre autonome permettant de fournir de l'oxygène « sur demande », ainsi que la première caméra de télévision sous-marine. En 1950, il transforme la **Calypso** en navire de recherches océanographiques ; en 1959, il construit avec un ingénieur la première soucoupe plongeante. Mais c'est surtout par ses films que le commandant Cousteau devint célèbre. Il remporta la Palme d'or à Cannes en 1956 pour *Le Monde du silence*, qui fit découvrir au monde entier des espèces jamais vues. Sa grande œuvre restera sans doute sa contribution à l'éveil d'une conscience environnementale planétaire. Décédé en 1997, il est enterré au cimetière de St-André-de-Cubzac.

Bourg pratique

Adresses utiles

Office du tourisme de Bourg – *Hôtel de la Jurade - 33710 Bourg - ✆ 05 57 68 31 76 - www.bourg-en-gironde.fr - juil.-août : mat. et apr.-midi ; de Pâques à fin juin et sept. : mar.-dim. mat. et apr.-midi ; reste de l'année : mar.-vend. apr.-midi, sam. mat. et apr.-midi, dim. mat. - fermé 1er janv. et 25 déc.* Visites guidées en été. Plan de découverte de la ville. Pour les randonnées demandez le dépliant *Le Pays de Bourg*. Un *Guide d'accueil du Pays Haute-Gironde* y est aussi proposé.

Office du tourisme du Cubzaguais – *9 allée du Champ-de-Foire - Square François Mitterrand - ✆ 05 57 43 64 80 - www.pays-hautegironde.fr - mat. et apr.-midi, lun. apr.-midi, sam. mat. - fermé dim. et j. fériés.*

Se loger

Chambre d'hôte Annick et Jean Poissonneau – *5 allée François-Daleau - au bourg, face au Crédit Agricole - ✆ 05 57 68 39 73 - - 4 ch. 48 €* . Joli castel du 19e s. blotti dans un jardin arboré et situé au centre du village. Au 5e étage, une miniterrasse offre une vue imprenable sur les toits de Bourg, l'estuaire et le pont d'Aquitaine au loin. Accueil des plus sympathiques.

Chambre d'hôte Le Petit Brésil – *26 le Pain-de-Sucre - 2 km au nord-ouest de Bourg par rte de la Corniche sur CD 669 - ✆ 05 57 68 23 42 - guerin.gite@free.fr - - 5 ch. 50 €* . Une adresse bien agréable située face à l'estuaire de la Gironde. Préférez les chambres côté ouest pour la vue dégagée et le soleil. À l'heure du petit-déjeuner, confitures maison et suggestions salées (charcuterie, fromage) vous attendent sur la belle table de ferme. Visite possible des caves de la région.

Se restaurer

L'Esprit Des Lieux – *13 pl. de la Halle - ✆ 05 57 43 99 86 - fermé lun. - 5,80/12,70 €.* Décor cosy, tables et chaises en fer forgé, quelques gravures accrochées aux murs, le cadre parfait pour une petite étape gourmande salée ou sucrée.

Au Sarment – *50 r. de la Lande - 33240 St-Gervais - 8 km au sud-est de Bourg par D 669, rte de St-André-de-Cubzac - ✆ 05 57 43 44 73 - www.au-sarment.com - fermé sam. midi, dim. soir et lun. - 24,50/55 €.* Le chef marie avec brio les produits locaux et exotiques... Mais on est bien à St-Gervais et les mélanges « sucré-salé » (foie gras crème brûlée, poitrine de veau braisée aux agrumes) ravissent tous les palais !

La Filadière – *Rte de la Corniche, à Furt - 33710 Gauriac - 8 km au sud-est de Blaye par D 669 - ✆ 05 57 64 94 05 - fermé 1er-14 déc., mar. soir du 15 sept. au 30 juin et merc. - 27/30 €.* En été, les becs fins profitent de la vue panoramique offerte par la terrasse de la Filadière. Le reste de l'année, ils sont accueillis dans la lumineuse salle à manger habillée de couleurs vives et garnie d'un ravissant mobilier en rotin. Appétissantes recettes régionales sur toutes les tables.

Que rapporter

Maison des vins – *Voir « Le Vignoble pratique » p. 130.* Sur la terrasse de l'ancienne maison de maître, un jardin des senteurs aide à déterminer les arômes du vin. Dans la belle salle voûtée, plus de 150 références.

Événement

Foire Troque-sel - 1er dim. de sept. sur le port. Perpétuée depuis le Moyen-Âge, elle commémore le privilège, accordé à la ville par le roi d'Angleterre, de troquer du sel sans payer la gabelle.

Château du Bouilh

33240 St-André-de-Cubzac - ✆ 05 57 43 01 45 - www.chateau-du-bouilh.fr/ - visite guidée de mi-juil. à fin août : apr.-midi ; de mi-avr. à mi-juil. et sept.-oct. : w.-end et j. fériés apr.-midi - 5 € - visite libre du parc tlj (sf dim. d'oct. à mars) : mat. et apr.-midi - 1 €.
Ceint par son vignoble, ce château fut construit selon les plans de Victor Louis (architecte du Grand Théâtre de Bordeaux), à la demande du marquis de la Tour du Pin, qui souhaitait recevoir Louis XVI. Resté inachevé, il surprend par ses communs en forme d'hémicycle. À l'intérieur du corps de logis, bel escalier monumental et pièces d'apparat meublées.

St-André-de-Cubzac

Un dauphin, dansant au centre d'un rond-point, porte dans sa gueule un petit bonnet rouge qui rappelle le **commandant Cousteau**, né ici. Mais l'intérêt de ce village va au-delà : une église romane, un ancien cloître des cordeliers (devenu bibliothèque municipale), un petit castel du 15e s. au milieu d'un parc, agrémentent la visite.

Au nord, sur le **coteau de Montalon**, point culminant de la région et lieu de passage du 45e parallèle (stèle), le panorama s'étend du tertre de Fronsac aux côtes de Blaye *(table d'orientation)*. S'y trouvent également d'anciens moulins à vent du 18e s.

Cubzac-les-Ponts

Trois ouvrages d'art jouent à qui lancera le plus loin son tablier par-dessus la Dordogne. Le **pont routier**, formant viaduc, a été construit de 1874 à 1883 (par Eiffel), le pont autoroutier en 1974 et le pont de chemin de fer, en aval, en 1889. Vue d'ensemble des trois depuis le port de Cubzac en parcourant la D 10, route d'Ambès.

Revenir à St-André-de-Cubzac et prendre à gauche la D 669, en direction de Bourg.

Les amateurs d'églises romanes pourront faire un crochet par **St-Gervais**.

Grottes de Pair-non-Pair

05 57 68 33 40 - http://pair-non-pair.monuments-nationaux.fr - possibilité de visite guidée sur demande 1 sem. av. - mat. et apr.-midi - fermé lun., 1er janv., 1er Mai, 25 déc. - 6,50 € (-18 ans gratuit).

Le nom de Pair-non-Pair viendrait de celui d'un ancien village, perdu au jeu par un noble. Ces cavernes préhistoriques, creusées dans les pentes calcaires d'un vallon du Moron, ne prétendent certes pas rivaliser avec Lascaux (sur laquelle elles ont cependant le privilège de l'âge), mais elles se défendent bien. Gravures aurignaciennes (âge de la pierre taillée) représentant mammouths, bouquetins, bison et un fin cheval à tête retournée.

La D 669 ramène à Bourg.

Saint-Émilion★★

2 345 SAINT-ÉMILIONNAIS
CARTE MICHELIN DÉPARTEMENTS 335 K5 – SCHÉMA P. 105 – GIRONDE (33)

Si vous allez à St-Émilion pour le plaisir des papilles (c'est une valeur sûre), attendez-vous à en avoir aussi pour le plaisir des yeux. C'est vraiment l'une des plus jolies cités d'Aquitaine. Une ville médiévale de pierre dorée, de placettes et de venelles. La juridiction de St-Émilion a d'ailleurs été classée au Patrimoine mondial de l'Unesco, au titre de paysage culturel.

Stéphane Sauvignier/MICHELIN

Vue sur les toits et la tour du Roi.

- **Se repérer** – À 38 Km à l'est de Bordeaux par la N 89 (direction Libourne). Le sous-sol de St-Émilion et de ses environs est un véritable gruyère. On y compte environ 200 km de carrières.
- **Se garer** – Stationnez à l'extérieur du centre-ville sur les parkings *(payants)* situés en haut et en bas de la ville. St-Émilion se parcourt à pied… avec des chaussures confortables, car les ruelles sont pavées et pentues.
- **À ne pas manquer** – La vue sur la ville depuis la tour du Roi ou le clocher de l'église monolithe ; la place du Marché et les monuments qui la bordent ; le Train des Grands Vignobles *(voir Vignoble de Bordeaux, p. 113)*.
- **Organiser son temps** – C'est le soir, peu avant le coucher du soleil, que la ville est la plus belle. En revanche, si vous souhaitez éviter la foule, commencez les visites de bon matin. Une journée ne sera pas de trop pour faire le tour de toutes les richesses de la cité. En été, des visites nocturnes sont proposées. Vous l'aurez compris : pour profiter au mieux de St-Émilion, l'idéal est de pouvoir dormir sur place.
- **Avec les enfants** – Le jardin de la lamproie à Ste-Terre.
- **Pour poursuivre la visite** – Voir aussi le circuit du St-Émilion *(voir Vignoble de Bordeaux)*, Bourg et Blaye.

Comprendre

Le sobre ermite – Au 8e s., **Émilion** abandonna sa Bretagne natale pour embrasser la vie monastique près de Royan. Il était, au monastère, chargé de la boulange. Mais sa vie était ailleurs, et il se mit en quête du havre de tranquillité nécessaire à sa méditation. Il trouva le lieu rêvé sur les pentes calcaires de la vallée de la Dordogne, et s'y aménagea une grotte alimentée en eau par une source. L'ermite Émilion allait faire des émules qui bâtirent là un monastère ; le village élevé alentour prit tout simplement son nom.

Le « tapissier » girondin – Dix siècles après Émilion, ce fut un proscrit qui vint chercher refuge à St-Émilion. **Élie Guadet** était devenu un des chefs du parti girondin à la Convention et fut victime de la haine que Robespierre portait à la Gironde. Déguisé en tapissier, il s'évada alors de Paris pour gagner la Normandie puis St-Émilion, sa ville natale, où il se terra en compagnie de Pétion et Buzot, ses collègues à l'Assemblée. C'est là qu'un jour de 1794, il fut arrêté et emmené à Bordeaux où il mourut sur l'échafaud.

Jurade et jurats – Les célèbres vins rouges de St-Émilion étaient qualifiés au Moyen Âge de vins « honorifiques » parce qu'on les offrait en hommage aux souverains et aux personnalités de marque. Dès l'époque médiévale, le conseil municipal d'alors avait la charge de contrôler leur qualité : c'était la jurade qui, reconstituée en 1948, assume encore aujourd'hui cette fonction.

Tous les ans, au **printemps** *(3e dim. de juin)*, les jurats vêtus de leurs robes écarlates bordées d'hermine, et coiffés de leurs chaperons de soie, entendent la messe puis se dirigent, en procession, vers le cloître de l'église collégiale, où ils procèdent à de nombreuses intronisations. En fin d'après-midi, du haut de la tour du Roi, la jurade proclame le jugement du vin nouveau.

À l'**automne** *(3e dim. de sept.)*, les mêmes jurats, du haut de la même tour du Roi, ouvrent le ban des vendanges. Ces diverses solennités s'accompagnent de banquets dignement arrosés, qui se déroulent dans la salle des Dominicains du syndicat vinicole.

Se promener

Le site★★

Face au Midi, St-Émilion essaime, sur deux collines calcaires, des petites maisons blondes aux toits de tuiles vieux rose. À la jonction des deux collines, le haut clocher de l'église monolithe surmonte un promontoire creusé de cavités : l'église monolithe, l'ermitage d'Émilion, les catacombes, la chapelle de la Trinité et de nombreuses caves. Au pied du promontoire et de l'église, la place du Marché est le cœur de la ville. Elle fait la liaison entre les quartiers couvrant les deux collines, dont l'une arbore le château du Roi, jadis siège du pouvoir civil, et l'autre la collégiale, symbole de la puissance religieuse. Pour avoir une belle **vue d'ensemble** du site, montez en haut du clocher de l'église monolithe ou en haut de la tour du Roi. De l'esplanade près du cloître des Cordeliers, place du Cap-du-Pont, vous avez aussi une jolie vue sur St-Émilion.

Le circuit suivant passe par les principaux monuments que l'on peut visiter seul. On peut bien sûr panacher cette balade, à son goût, de tours et détours dans le dédale des ruelles de la ville.

Place du Marché

Petite place pavée où les restaurants ont planté leurs parasols. De là, très jolie vue sur la charmante chapelle de la Trinité et sur l'église monolithe que domine un majestueux clocher, percé de baies romanes, et terminé par une flèche du 15e s.

Une rampe mène à la porte Cadène.

Porte et logis de la Cadène

La porte de la Cadène tient son nom de la chaîne (du latin *catena*) qui la fermait pendant la nuit : au travers de son arche, curieuse perspective sur la tour de l'église monolithe. Une maison à pans de bois du 15e s. est accolée à la porte.

Prendre à droite dans la rue de la Porte-Brunet.

De l'ancien **logis de la Commanderie** *(sur la droite)* qui accueillait jadis les officiers, il ne subsiste que le chemin de ronde et une échauguette d'angle.

Cloître des Cordeliers

Possibilité de visite guidée sur demande à l'office de tourisme - tte l'année - gratuit.

Construit, ainsi que la chapelle, au 14e s., le **cloître★** carré est composé de colonnettes géminées, sur lesquelles prennent appui des arcs d'aspect roman. Au fond et à droite, un arc ogival du 15e s. précède l'escalier qui conduisait aux cellules des

moines. L'ensemble, tout recouvert d'une végétation où trillent les oiseaux, est très romantique. Dans la nef de l'ancienne église, accès aux **caves** creusées dans le roc à 20 m de profondeur, où naissent les crémants de bordeaux blancs et rosés.
Continuer la rue de Porte-Brunet jusqu'aux remparts.

Porte Brunet
C'est l'une des six portes qui jalonnaient les remparts du 13e s., renforcés aux siècles suivants par un chemin de ronde sur mâchicoulis. De la porte Brunet, vue sur le vignoble. C'est par cette issue que s'échappèrent, une nuit de janvier 1794, les proscrits girondins, compagnons de **Guadet**.
Au loin, pointant haut au-dessus du dédale des ruelles, la tour du Roi et la grande flèche du clocher.
Revenir sur ses pas pour prendre à gauche la rue de la Liberté. Emprunter les escaliers à gauche (après le n° 3), poursuivre à gauche puis prendre à droite la rue de la Tourelle.

Château du Roi
✆ 05 57 55 28 28 - de déb. avr. à mi-nov. : tte la journée ; de mi-nov. à fin mars : w.-end et vac. scol. tte la journée - 1 € (-12 ans gratuit).
Fondé selon les uns par Louis VIII, selon les autres par Henri III Plantagenêt au 13e s., il a servi d'hôtel de ville jusqu'en 1720. Le donjon rectangulaire (32 m de hauteur), dit **tour du Roi**, isolé sur un socle rocheux, est muni de latrines sur sa face extérieure. Du sommet, **vue★** sur la ville et, au-delà, sur les vallées de la Dordogne et de l'Isle.
Prendre la rue de la Grande-Fontaine puis la bien-nommée ruelle du Tertre-des-Vaillants, très pentue, qui court entre des maisons creusées à même la roche.

Collégiale
Vaste édifice à la nef romane et au chœur gothique. L'entrée se fait sur le côté gauche du chœur par un somptueux portail du 14e s. monté à l'époque où Gaillard de la Mothe, neveu de Clément V, était doyen des chanoines. Son tympan est sculpté d'un Jugement dernier. Il ne reste que la base des statues d'apôtres qui garnissaient les niches. À l'extrémité du mur droit de la nef, peintures murales du 12e s. représentant la Vierge et la légende de sainte Catherine. Dans le chœur, personnages des **stalles** (15e s.), pleins de fantaisie.

Logis de Malet de Roquefort
En face de la collégiale, une maison du 15e s. est incorporée dans le rempart : sous son toit passe le chemin de ronde de l'enceinte à créneaux et mâchicoulis.
Rejoindre la pl. des Créneaux.

Cloître de la collégiale
✆ 05 57 55 28 28 - ♿ - de mi-juin à mi-sept. : tte la journée ; de mi-sept. à mi-juin : mat. et apr.-midi - gratuit.
Ce cloître du 14e s. présente des analogies avec celui des Cordeliers, notamment dans le dessin des colonnettes géminées, d'une grande élégance.
Aux angles, des arcs consolident les galeries dont l'une abrite une série de beaux enfeus qui servaient jadis de sépultures. Le réfectoire et le dortoir des religieux, restaurés, forment le « Doyenné », siège de l'office de tourisme.
Revenir à la place du Marché.

Visiter
Bon à savoir – Les quatre monuments suivants, situés autour de la **place du marché**, se visitent successivement avec un guide (45mn). Prenez votre billet à l'office de tourisme *(voir l'encadré pratique)*.

Ermitage St-Émilion
Cette grotte fut agrandie par Émilion qui lui donna la forme d'une croix latine. On peut y voir le lit du saint (lit de pierre… on est ermite ou on ne l'est pas !), son siège creusé dans la roche et la source où il donnait le baptême – elle fait aujourd'hui office de puits aux vœux. Les femmes désireuses d'avoir un enfant doivent s'asseoir, dit-on, sur le siège d'Émilion. Au fond, un autel est surmonté d'une statue du saint.

Catacombes

Dans la falaise voisine de la chapelle s'ouvrent des galeries qui servaient à l'origine de nécropole, comme l'attestent les tombes creusées dans la pierre. On distingue dans la coupole centrale un orifice par lequel étaient descendus les corps. À la base de cette coupole, remarquez une représentation naïve de la Résurrection des morts : trois personnages sculptés sortent de leurs sarcophages en se tendant la main.

Chapelle de la Trinité

Ce petit édifice fut construit au 13e s. par les bénédictins. Rare exemple dans le Sud-Ouest d'une abside gothique à pans, il se distingue à l'intérieur par une élégante voûte, à nervures rayonnantes convergeant sur une clef frappée de l'agneau mystique. Convertie un temps en tonnellerie, la chapelle conserva ses jolies **fresques gothiques**, retrouvées sous une couche de suie. Parmi les fresques (14e s.), on reconnaît des représentations de chimères comme cet évêque avec un corps de palombe.

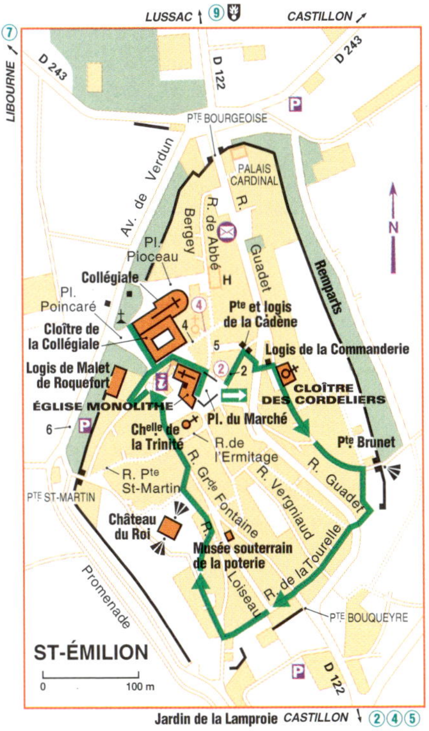

SE LOGER

Chambre d'Hôte Château Monlot .... ②
Chambre d'Hôte les Raisins Verts .... ④
Château Gerbaud .... ⑤
Château Meylet .... ⑦
Domaine de la Barbanne .... ⑨

SE RESTAURER

Le Bouchon .... ②
L'Envers du Décor .... ④

INDEX DES RUES

Cadène (R. de la) 2
Clocher (R. du) 4
Marché au Bois (Pl. du) 5
8-Mai-1945 (Av. du) 6

Église monolithe★

Attention, rareté : cette église souterraine « d'une seule pierre », la plus vaste d'Europe, a été aménagée dans le rocher, de la fin du 8e au 12e s., en agrandissant des grottes et des carrières déjà existantes. On dit que les moines qui la creusèrent étaient, selon les moments, de cinq à cinquante-cinq (rudes gaillards !).

L'intérieur frappe autant par l'ampleur des nefs taillées en profondeur dans la pierre que par la découpe parfaitement régulière des voûtes et des piliers quadrangulaires, dont deux seulement soutiennent le clocher. Au fond de la nef centrale, sous l'arcade de travée, un bas-relief représente deux anges tétraptères ou chérubins, gardiens des portes du paradis.

Clocher de l'église monolithe

Certes, il y a 187 marches à monter... mais cela vaut le coup d'œil : **vue** d'ensemble sur la bourgade, ses monuments et le vignoble, le tout classé au Patrimoine mondial de l'Unesco.

Musée souterrain de la Poterie

Les Hospices de la Madeleine - 21 r. André-Loiseau - ✆ 05 57 24 60 93 - www.saint-emilion-museepoterie.fr - tte la journée - 4 € (-12 ans gratuit) - possibilité de visite guidée (ou nocturne sur RV). Attention : il fait frais et humide dans les galeries, même en été.
Dans un dédale de galeries, d'où a été extraite la pierre ayant servi à l'édification du château du Roi et des remparts aux 12e et 13e s., ont trouvé refuge quelques 6000 pièces de poteries, des Romains à nos jours. L'évolution des poteries populaires du Sud-Ouest et de l'art céramique en général fait écho à l'histoire de la région et du pays. Parmi les nombreux objets, d'énormes chaudrons et d'étonnants épis de faîtage évoquant les occupants du logis qu'ils coiffaient. Plusieurs espaces, dont le « palais Wohlfart », sont consacrés aux œuvres d'artistes contemporains. Expositions temporaires.

Aux alentours

Jardin de la lamproie à Ste-Terre

7 km au sud (D 122, D 670) - Lavagnac Nord - ✆ 05 57 47 14 34 - avr.-sept. : mar.-sam. mat. et apr.-midi, dim. apr.-midi ; reste de l'année : mar.-vend. mat. et apr.-midi, sam. apr.-midi.
Dans ce petit parc qui accueille aussi l'office de tourisme, un parcours ponctué de panneaux permet de découvrir la végétation des bords de la Dordogne. La salle d'exposition (aquarium, film...) vous invite à faire connaissance avec la curieuse **lamproie**, vieille de 450 millions d'années, qui peuple la rivière et l'Estuaire, et que les amateurs dégustent... « à la bordelaise » ! Le site est aussi le siège de la Confrérie de la lamproie *(fête de la lamproie fin avr.)*.

Circuit de découverte

LE SAINT-ÉMILION 4

52 km environ au départ de St-Émilion. Voir Vignoble de Bordeaux.

Saint-Émilion pratique

Voir aussi l'encadré pratique du vignoble de Bordeaux.

Adresse utile

Office du tourisme de St-Émilion – *Pl. des Créneaux - 33330 St-Émilion - ✆ 05 57 55 28 28 - www.saint-emilion-tourisme.com - mat. et apr.-midi.* Il met à disposition un plan de la ville et un guide pratique comprenant nombre d'informations pour profiter pleinement de St-Émilion (visite de la cité médiévale, visite du vignoble, manifestations, etc.). Pour ceux qui voudraient randonner, un topoguide *Le Pays de St-Émilion* est également disponible sur demande.

Visite

Le vignoble à vélo – *S'adresser à l'office de tourisme - forfait 1/2 journée 10 €, 1 journée 14 €, 2 jours 22 €.*

Se loger

Bon à savoir – Le domaine viticole **Château Gerbaud** *(D 936 - 33330 St-Pey-d'Armens - 8 km au SE de St-Émilion par D 670 dir. Castillon-la-Bataille et route à droite - ✆ 06 03 27 00 32 - www.chateau-gerbaud.com - 4 €)* dispose d'une aire de stationnement (48h maxi) réservée aux camping-cars ; certains emplacements sont ombragés, mais tous bénéficient de la proximité des vignes. Profitez-en pour visiter la boutique et déguster le saint-émilion et le bordeaux produits sur place. Sa propriétaire vous indiquera des balades dans le vignoble et les petites routes pour rejoindre à vélo le village de Saint-Émilion.

Chambre d'hôte Château Meylet – *La Gomerie - 1,5 km à l'ouest de St-Émilion, rte de Libourne par D 243 - ✆ 05 57 24 68 85 - http://chateau.meylet.free.fr - - 4 ch. 52/58 €* . Cette demeure girondine de 1789 se trouve au

Stéphane Sauvignier/MICHELIN

Un incontournable !

cœur d'une exploitation viticole de 2 ha. Les chambres, simples, possèdent du mobilier d'époque. Petits-déjeuners servis l'hiver dans la véranda, l'été sous la tonnelle dressée dans le jardin.

Domaine de la Barbanne – *Rte de Montagne - 2,5 km du centre de St-Émilion, dir. Montagne - 05 57 24 75 80 - www.camping-saint-emilion.com - fermé oct.-mars - P - 16 ch. 50/61 €.* Hébergement en chalet-motel dans l'enceinte d'un camping doté d'équipements complets : épicerie, restaurant, laverie, club pour les enfants, location de vélos, piscines, tennis, minigolf... Comme à l'hôtel, draps et serviettes sont fournis ; location possible pour une seule nuit. Navette gratuite pour le village.

Chambre d'hôte Château Monlot – *St-Hippolyte - 3 km au sud-est de St-Émilion par D 245 - 05 57 74 49 47 - www.chateaumonlot.com - 6 ch. 75/120 €.* Ce « château » est l'archétype des demeures bourgeoises de la région.
Ses chambres, agrémentées de meubles de style, tableaux et photos anciennes, portent chacune le nom d'un cépage : merlot, cabernet, sauvignon...
La salle des petits-déjeuners, au décor vigneron, est fort agréable. L'été, on profite du jardin arboré.

Chambre d'hôte Les Raisins Verts – *49 r. Paul-Bert - 33350 Castillon-la-Bataille - 10 km au sud-est de St-Émilion par D 670 et D 936 - 06 16 31 07 68 - - 4 ch. 55 € - repas 17 €.* Cette bâtisse carrée était, parait-il, une ancienne maison pour jeunes filles de bonne famille ! Aujourd'hui, elle est tenue par un couple d'artistes qui l'a transformée en atelier de peinture-décoration et chambres d'hôte. Toutes les pièces sont personnalisée. Les propriétaires proposent aussi divers stages (cuisine, peinture...).

Se restaurer

Le Bouchon – *1 pl. du Marché - 05 57 24 62 81 - fermé nov.-fév. - 19/27 €.* L'une des adresses les plus agréables de la place du Marché, cœur palpitant de la cité où sont installés plusieurs restaurants. La salle à manger repeinte dans les tons jaune et bleu s'agrémente de photographies en noir et blanc. Cuisine traditionnelle soignée et gouleyant choix de vins.

L'Envers du Décor – *11 r. du Clocher - 05 57 74 48 31 - fermé 22 déc.-9 janv. - 18 € déj. - 25 €.* Ce bistrot à vins adossé à la collégiale assure, outre la restauration, la vente à emporter de bonnes bouteilles. Dans la salle à manger, mariage réussi du bois, des vieilles pierres et de l'aluminium. Fleurs et figuier agrémentent la terrasse, plaisante et calme. Vins au verre et cuisine du marché.

Que rapporter

Marché – *Dim. pl. Bouqueyre.*

Recette des Anciennes Religieuses - Mme Blanchez – *9 r. Guadet - 05 57 24 72 33 - 8h-12h30, 15h-19h, dim. 9h-12h30, 15h-19h - fermé de fin janv. à déb. fév. et 11 nov.-3 déc.* Les archives attestent l'existence de macarons à St-Émilion dès 1620. Après moult péripéties, la recette a échu en 1930 à la famille Passama. Élaborés à partir d'œufs, de sucre et d'amandes, les délicieux gâteaux se travaillent encore de façon artisanale dans cette boutique.

Matthieu Moulierac – *Tertre de la Tente - 05 57 74 41 84 - 10h-20h ; hors sais. 11h-18h - fermé janv.* Fabrication artisanale de macarons, cannelés bordelais et craquants aux noisettes. Dégustation et vente sur place, mais également dans les deux boutiques du même nom situées au cœur du village.

Maison du vin de St-Émilion – *Voir « Le vignoble pratique » p. 129.*

Vignobles et Châteaux – *4 r. du Clocher - 05 57 24 61 01 www.vignobleschateaux.fr - 9h-19h.* Cette boutique située au cœur de la cité propose une sélection de vins de la région bordelaise, de crus français et européens, etc. Une salle attenante abrite une école du vin où l'on vous proposera une initiation à la dégustation.

Château de Roquetaillade★★

CARTE MICHELIN DÉPARTEMENTS 335 J8 – SCHÉMA P. 105
GIRONDE (33)

Étonnant château que Roquetaillade situé sur un piton rocheux troglodytique, dont les cavités furent habitées dès la préhistoire. On s'attend à trouver, derrière les murs épais couronnés de créneaux, une austérité toute médiévale. Que nenni, Viollet-le-Duc est passé par là et s'en est donné à cœur joie, matérialisant avec une délectation évidente ses fantasmes néogothiques. Un régal pour les yeux !

Une chambre au décor néogothique ? Viollet-le-Duc et Edmond Duthoit sont passés par là !

- **Se repérer** – À 41 km au sud-est de Bordeaux par l'A 62 jusqu'à Langon, puis la D 222.
- **Se garer** – Parking à l'entrée. Il est interdit d'entrer en voiture dans le parc du château.
- **Organiser son temps** – Hors saison, le château n'est ouvert que le week-end. D'avril à novembre, il ouvre tous les après-midi (et toute la journée en juillet et en août). Quoi qu'il en soit, commencez par la visite du château (1h) car la métairie n'ouvre pas avant 15h.
- **Avec les enfants** – La métairie, face à l'entrée du château.
- **Pour poursuivre la visite** – Voir aussi le circuit Sauternes et Barsac *(voir Vignoble de Bordeaux)* et le Parc naturel régional des Landes de Gascogne.

Visiter

05 56 76 14 16 - www.chateauderoquetaillade.com - ♿ - visite guidée (1h) juil.-août : tte la journée ; de Pâques à fin juin et sept.-oct. : apr.-midi ; vac. scol. apr.-midi - 7,50 € (-18 ans 5 €) ; billet combiné avec la métairie 9 € (- 18 ans 6 €).

Le château

Cet imposant château féodal a été construit en 1306 par le cardinal Gaillard de la Mothe, neveu du pape Clément V. Il fait partie d'un ensemble composé de deux forteresses des 12e et 14e s. situées à l'intérieur d'une même enceinte. À droite du château Neuf, restes du **château Vieux** (donjon de la fin du 11e s.).

Les six énormes tours rondes du **château Neuf**, percées d'archères et crénelées, encadrent un corps rectangulaire ; deux d'entre elles flanquent l'entrée. Dans la cour se dressent le puissant donjon carré et sa tourelle. Les baies géminées et tréflées rappellent les dispositions des châteaux clémentins de la région.

Le saviez-vous ?
Le cygne est l'emblème des **Mauvesin** qui firent restaurer le château au 19e s. On le retrouve partout. Dans la cour d'entrée, dans le grand escalier, sur les murs, sur les chaises…

À partir de 1866, Viollet-le-Duc commença à restaurer et à réaménager le château. C'est à cet architecte (qui vous accueille en personne, dans la cour d'entrée, à gauche de la porte !), que l'on doit l'escalier monumental du hall d'entrée, le mobilier et les étonnantes décorations de la **salle à manger★** dont les motifs stylisés annoncent déjà les arts décoratifs anglais de la fin du 19e s. (William Morris en particulier) et l'Art nouveau. La **chambre rose★** et la chambre verte, attribuées à Edmond Duthoit, collaborateur de Viollet-le-Duc sur ce chantier, suivent la même tendance. Cependant, des difficultés financières mirent fin à l'ambitieux projet et la décoration de la salle synodale resta inachevée.
Vous visiterez également la chambre du Cardinal et le Grand Salon tendu de tapisseries flamandes. Chacune de ces pièces meublées d'époque classique renferme une belle cheminée Renaissance. Quant à la grande cuisine, elle possède un impressionnant fourneau central.

Le parc

Le parc, planté d'arbres centenaires, abrite une **chapelle** dont l'intérieur, décoré par Duthoit, est de style oriental.
Face à l'entrée du château se trouve la **métairie** qui abrite un pigeonnier du 12e s., un four à pain, un chai, et compte quelques animaux de ferme. Vous y découvrirez le monde rural du milieu du 19e s. dans le Bazadais. *Juil.-août 15h-19h ; reste de l'année sur RV.*

Arcachon★★

CARTE MICHELIN DÉPARTEMENTS 335 D7 – SCHÉMA P. 161 – GIRONDE (33)

Des senteurs balsamiques d'océan et de pin. Un air de vacances les pieds dans l'eau, l'épuisette à la main. Une pincée de snobisme. Des villas éclectiques, plantées au cœur des bois. Un parfum d'autrefois… Plus n'est besoin de faire la réputation d'Arcachon, belle aux quatre saisons, née de l'imagination hallucinée de pionniers audacieux. Elle a ses fidèles, ses inconditionnels. Elle sait les retenir et les faire revenir.

Stéphane Sauvignier / MICHELIN

La plage Pereire bordée par une longue promenade ombragée.

- **Se repérer** – À 60 km de Bordeaux (D 1250 ou A 63). Les quatre « villes » d'Arcachon correspondent à quatre quartiers, chacune avec ses caractéristiques propres. La plus fréquentée est bien sûr la ville d'été, qui borde la mer.
- **À ne pas manquer** – La ville d'hiver, la jetée Thiers et le boulevard de la Mer, qui offrent une vue d'ensemble sur le bassin d'Arcachon.
- **Organiser son temps** – Si le bain de mer s'impose en été, après une petite promenade sur le front de mer (1h), la ville d'hiver se visite toute l'année (comptez 2h). Le soir, Arcachon est toujours très animée. Le samedi, en juillet et en août, des compétitions de chistera rappellent que le Pays basque n'est pas loin *(voir « En soirée » dans l'encadré pratique)*.
- **Avec les enfants** – L'aquarium, pour faire connaissance avec les animaux marins du bassin d'Arcachon.
- **Pour poursuivre la visite** – Voir aussi Bassin d'Arcachon, Parc naturel régional des Landes de Gascogne et Biscarrosse.

Comprendre

Arcasoun (origine celte) voudrait dire « pot de résine ». N'oublions pas que nous sommes à deux pas de la forêt landaise…

Naissance d'une cité balnéaire – En 1841, une ligne de chemin de fer relie déjà Bordeaux et La Teste, plage de prédilection des Bordelais. Quatre ans plus tard, un débarcadère, desservi par une route tracée à travers les prés salés, est édifié sur la baie à 5 km au nord de la Teste. Quelques villas se construisent : Arcachon, station balnéaire, est née.

L'envol – 1852 : les **frères Pereire**, habiles banquiers bordelais, fondent la Compagnie des chemins de fer du Midi. Ils rachètent la ligne Bordeaux-La Teste, la prolongent jusqu'à Arcachon (1857) où ils ont acquis des terrains, et, pour rentabiliser la ligne, créent des infrastructures : une gare, un « buffet chinois », un Grand Hôtel, un casino mauresque et des villas. Lorsque la ville est ainsi bâtie, au beau milieu du 19e s., l'essor industriel bat son plein. C'est donc un ingénieur, **Paul Régnault**, qui est choisi pour réaliser les premiers édifices. Il sera secondé par un jeune homme du nom de… Gustave Eiffel. Les frères Pereire organisent ensuite une promotion de la nouvelle ville et, bon coup de pub, y invitent Napoléon III. Il n'en fallait pas plus pour que le Tout-Paris et le Tout-Bordeaux se pressent à Arcachon. Déjà fréquentée pour ses bains de mer, elle devient très rapidement une station d'hiver réputée pour son air balsamique, propre à enrayer la tuberculose pulmonaire qui fait alors des ravages. La ville d'hiver fut pendant des décennies un lieu de rendez-vous pour les célébrités d'Alexandre Dumas à Cocteau en passant par Marylin…

Vieux loups de mer – Dans l'histoire de la pêche maritime, Arcachon fait figure de port pionnier. En effet, en 1837 y est mis en service le *Turbot*, premier chalutier à vapeur du monde, doté de roues à aubes. En 1865, ce sont les premiers vapeurs à hélices et coque en fer français qui y sont lancés. Au tournant du siècle, Arcachon est le deuxième port de pêche de France après Boulogne-sur-Mer. Toujours en quête d'innovation, une société y fait construire en 1927 le *Victoria*, premier chalutier à moteur du pays.

Clin d'œil

Les stars de la marine ne sont pas oubliées : Tabarly, Florence Arthaud, Yves Parlier, et bien d'autres, ont imprimé leur pied dans le bronze. Suivez-les sur la **chaussée des Pieds marins**, près de la jetée Thiers !

La pêche industrielle arcachonnaise décline dans les années 1950, les chalutiers gagnant les ports bretons, et laisse le relais aux pêcheurs artisans.

Sur les quais – Aujourd'hui, les quais d'Arcachon accueillent bon an mal an 2 000 t de poisson, dont de nombreuses espèces fines : sole, bar, merlu, rouget, turbot, encornet, etc. La flottille, qui opère au large dans le golfe de Gascogne, se compose de chalutiers traditionnels et de catamarans fileyeurs. À l'intérieur du bassin, les techniques de pêche restent traditionnelles : suivant le maillage des filets et la façon de les faire tenir, on pêche à la jagude, au loup, au palet, au balai (bouquets de genêts où s'agglutinent les crevettes), à l'esquirey (sorte de poche de filet poussée devant soi, au bout d'un manche), à la trahine ou à la foène (trident servant à attraper les anguilles).

Séjourner

La ville d'été A3

À la fois détendue aux terrasses des restaurants de fruits de mer, mondaine dans son casino ou sportive lors des régates à la voile, la ville d'été, qui occupe une position centrale, longe la mer entre la jetée de la Chapelle et la jetée d'Eyrac. La **jetée Thiers** (embarcadère pour les promenades en mer dans le bassin d'Arcachon) a conservé son style rétro. De part et d'autre, les promeneurs affluent dès le début de soirée.

La ville d'hiver★ A3

En retrait de la ville d'été, elle est bien abritée des vents du large. La paisible vieille dame chic et excentrique est tout en dentelle festonnée. Ses belles artères jalonnées de villas fin 19e s.-déb. 20e s. sillonnent une forêt de pins. C'est l'endroit le plus reposant d'Arcachon.

La ville d'automne B1

À l'est, Arcachon revêt sa vareuse. C'est son côté maritime, avec son port de plaisance où s'alignent les voiliers et son port de pêche où vont et viennent les chalutiers.

La ville de printemps A1

Sportive (tennis, piscine, fronton) et cossue, elle tient ses quartiers à proximité du **parc Pereire**. À l'extrémité sud, les Arbousiers sont le *spot* des surfers. La **source des Abatilles** (dans le quartier du même nom), qui jaillit à 465 m de profondeur, donne un très bon cru d'eau minérale, en vente dans le commerce.

Se promener

LE FRONT DE MER★ AB3

Partir de la jetée d'Eyrac (à l'est).

Vous passez devant le **palais des congrès** (**B3**) et le **casino** (**B3**), ancien château Deganne. De la jetée de Thiers, **vue★** d'ensemble sur le bassin et la station.

Poursuivre sur le front de mer, puis le boulevard de la Plage.

Sur la jetée de la Chapelle s'élève la **croix des Marins**. Remontant la rue, vous arrivez à la **basilique Notre-Dame.** (**A3**), du 19e s. À l'intérieur, la **chapelle des Marins** est tapissée d'ex-voto, offerts par des marins sauvés des eaux.

Rejoignez le **boulevard de la Mer★** (**A1**), à l'ouest, quittant la ville d'été pour celle de printemps. Face au Cap-Ferret, il est bordé de pins et de sable.

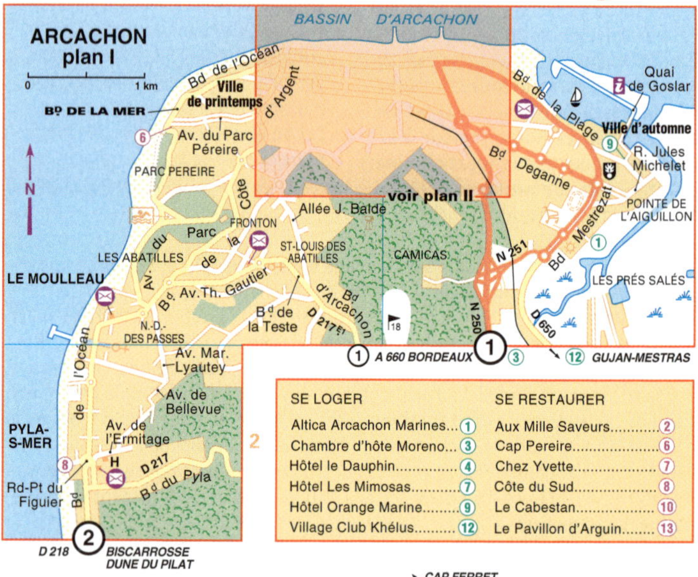

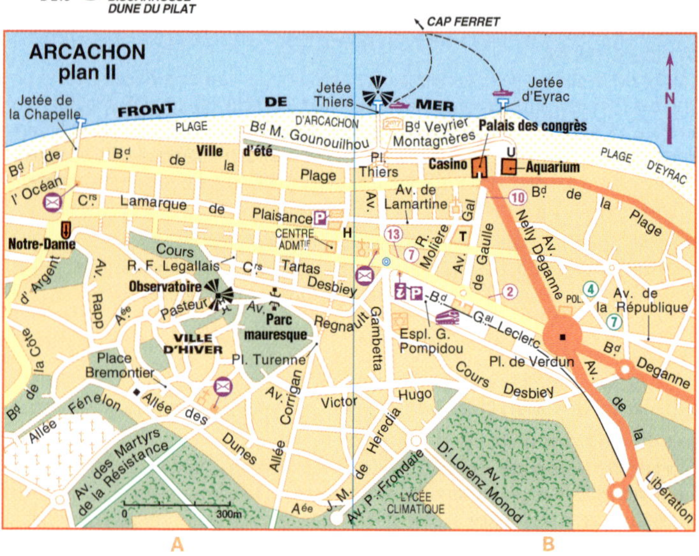

Vue sur la ville d'hiver depuis l'observatoire Ste-Cécile.

Le long de la **plage Pereire** court une agréable promenade piétonne ombragée *(3 km)*. Vous pouvez pousser jusqu'au **Moulleau**, pour voir la surprenante église perchée sur une dune.

LA VILLE D'HIVER★

De la place du 8-Mai, prenez l'amusant ascenseur, dont la station supérieure, située en bordure du parc mauresque, domine la ville d'été. Un conseil : suivez une visite guidée (1h30) de la ville d'hiver *(voir « Visites » dans l'encadré pratique)*.
Conçue pour des tuberculeux, la ville d'hiver est une sorte de parc urbain où les villas se parent de dentelles de bois sur les pignons, les balcons, les escaliers extérieurs et les vérandas !
Ci-après quelques buts de promenade.

Parc mauresque A3

Regroupant de nombreuses essences exotiques, il s'ouvre sur la ville et le bassin d'Arcachon. Tous les édifices d'origine n'ont pas été conservés. Le casino mauresque, notamment, qui s'inspirait à la fois de l'Alhambra de Grenade et de la mosquée de Cordoue, a été détruit dans un incendie en 1977.

Observatoire Sainte-Cécile A3

Si vous avez le vertige, évitez l'ascension à la plate-forme. L'escalier ajouré, en colimaçon et légèrement houleux, risque de vous donner un bon mal de mer.
Construction à charpente métallique due à Gustave Eiffel, l'observatoire est accessible par une passerelle franchissant l'allée Pasteur. De la plate-forme, **vue** sur la ville d'hiver, Arcachon et le bassin.

Villas

Chalets à pans de bois, suisse ou basque, cottage anglais, villa mauresque, manoir néogothique ou maison coloniale, les architectes s'en sont donné à cœur joie ! Les villas sont pour la plupart construites sur le même plan : un étage de service en partie excavé, un rez-de-chaussée surélevé, réservé aux pièces de réception et au salon-véranda ; à l'étage supérieur, les chambres de maître.
Pins atlantiques aux longs fûts, chênes, érables, robiniers, prunus, micocouliers, platanes, tilleuls… c'est comme si les arbres avaient voulu rivaliser avec l'extravagance des toitures ! À la floraison, les mimosas, les catalpas et les magnolias ajoutent une touche de couleur. Un vrai paradis !
Allée Rebsomen – La villa Theresa (n° 4) est devenue l'hôtel Sémiramis.
Allée Corrigan – On y voit la villa Walkyrie (n° 12), l'hôtel de la Forêt, la villa Vincenette avec son bow-window garni de vitraux.

Allée Dr.-F.-Lalesque – Villas L'Oasis, Carmen et Navara.
Angle de la rue Velpeau et de l'allée Marie-Christine – Villa Maraquita (n° 8).
Allée du Moulin-Rouge – La villa Toledo (n° 7) possède un superbe escalier en bois découpé ; il s'agit de l'ancien gymnase Bertini.
Allée Faust – Villas Athéna, Fragonard, Coulaine, Graigcrostan (n° 6), Faust et Siebel.
Allée Brémontier – Villas Brémontier (n° 1), avec tourelle et balcon, Glenstrae (n° 4) et Sylvabelle (n° 9).
Allée du Dr.-Festal – Villas Trocadéro (au n° 6, *voir l'ABC p. 59*) et Monaco.
Allée Pasteur – Villas Montesquieu et Myriam. À l'angle des allées Pasteur et Alexandre-Dumas se trouve la villa Alexandre-Dumas (n° 7).

Visiter

Aquarium et musée B3

2 r. Prof.-Jolyet - ✆ 05 56 54 89 28 - mars-nov. : lun.-vend., dim. et j. fériés : mat. et apr.-midi., sam. apr.-midi - 4,70 € (-10 ans 3 €).

L'aquarium, à l'entresol, présente les animaux marins les plus représentatifs du bassin et du proche Océan. À l'étage, collections d'oiseaux, de reptiles, de poissons et d'invertébrés divers de la région, section réservée aux huîtres, produit de fouilles archéologiques locales.

Arcachon pratique

Adresse utile

Office du tourisme d'Arcachon – *Espl. G.-Pompidou - ✆ 05 57 52 97 97 - www.arcachon.com - tte la journée ; dim. et j. fériés mat. et apr.-midi - fermé 1er janv., 25 déc.* Pensez à y retirer l'utile *Guide pratique du bassin d'Arcachon.*

Visites

Visites guidées à pied – *D'avr. à la Toussaint - réserv. à l'office de tourisme - durée : 1h30 - 6 € (enf. 4 €).* Ville d'hiver : lun., merc., vend., sam. (RV à l'office de tourisme à 10h30) ; la criée aux poissons : lun., jeu. (RV au port à 7h) ; promenade en forêt : vend.

Flâneries à bicyclette – *D'avr. à la Toussaint - durée : 2h - 10 €/14 €.* L'office de tourisme a la bonne idée d'organiser des balades à vélo avec accompagnateur pour vous faire découvrir les charmes de la station balnéaire : de la pointe de l'Aiguillon au port (avec visite chez un ostréiculteur) : jeu. 14h30 ; Pereire : mar. 14h30.

Visite audioguidée de la ville d'hiver – *Location de l'audioguide à l'office de tourisme - 7 €.*

Théâtre de l'Olympia – *Tte l'année - rens. et réserv. à l'office de tourisme - durée : 1h - 5 €.* Inauguré en 1874, il a été restauré.

Petit train touristique – *47 bd du Gén.-Leclerc - ✆ 05 57 72 45 00 - juil.-août : 11h, 15h, 16h, 17h, 18h.*

Transports

Eho – *Tlj sf dim., 1er Mai, 11 Nov. - gratuit.* Ces minibus électriques circulent dans la ville (marquage bleu au sol). Ligne A : centre-ville, La Chapelle, Pereire, Le Moulleau ; ligne B : centre-ville, ville d'hiver, Abatilles ; ligne C : centre-ville, Aiguillon, St-Ferdinand.

Pistes cyclables – Vous pourrez parcourir les quatre saisons d'Arcachon à vélo, et suivre la balade du front de mer, de la jetée d'Eyrac à celle du Moulleau *(voir « Se promener »)*.

Se loger

Hôtel Les Mimosas – *77 bis av. de la République - ✆ 05 56 83 45 86 - www.mimosas-hotel.com - fermé 31 déc. - 1er mars - P - 21 ch. 45/80 € - 6,50 €.* Cette villa a des faux airs d'ancienne maison bourgeoise. À l'intérieur, confort assez modeste et petites chambres bien tenues. Même en été, les prix pratiqués restent plutôt raisonnables pour cette station balnéaire.

Hôtel Orange Marine – *35 bd Chanzy - ✆ 05 57 52 00 80 - www.hotel-orange-marine.com - fermé 15 déc.-10 fév. - 21 ch. 45/75 € - 7 € - rest. 10,90/18 €.* Voici une petite adresse qui ne vous ruinera pas. Située à deux pas du port de pêche, elle abrite des chambres sobres et impeccablement tenues, à choisir de préférence côté mer. Les autres donnent sur un joli patio agrémenté d'une fontaine où l'on dresse le couvert en été.

Hôtel Altica Arcachon Marines – *75 av. du Gén.-Leclerc - 33120 La Teste-de-Buch - ✆ 05 57 52 06 50 - www.altica.fr -* **P** *- 60 ch. 34/42 € - ☕ 4,50 €.* Ce bâtiment moderne situé à proximité du stade conviendra pour une simple étape. Les chambres, aménagées dans l'esprit des chaînes hôtelières économiques, bénéficient néanmoins toutes de salle de bains privée. Les prix très raisonnables incitent à recommander l'adresse.

Hôtel Le Dauphin – *7 av. Gounod - ✆ 05 56 83 02 89 - www.dauphin-arcachon.com -* **P** *- 50 ch. 55/100 € - ☕ 8 €.* Cette demeure bourgeoise du 19e s. à la jolie façade de briquettes jouit d'une situation privilégiée, à 300 m de la mer, dans un quartier calme d'Arcachon. Les chambres confortables sont toutes climatisées, quelques suites familiales en mezzanines. Piscine. Accueil chaleureux.

Chambre d'hôte Moreno – *33 chemin de la Peguilleyre, port du Rocher - 33120 La Teste-de-Buch - ✆ 05 56 66 57 54 - www.peguilleyre33.com - 2 ch. et 1 suite 55/80 € ☕.* Cette accueillante et grande villa récente se trouve dans un quartier résidentiel calme. Les deux chambres et la suite, bien aménagées et fonctionnelles, disposent toutes d'un balcon. Le petit-déjeuner accompagné de confitures maison est servi sur la terrasse aux beaux jours. L'accueil reste simple et discret.

Village Club Khélus – *33470 La Hume - ✆ 05 56 66 88 88 - khelus@enfrance.com - 120 chalets et maisonnettes 288/865 €/sem./6 pers. - restauration.* Bel ensemble locatif inscrit dans un immense parc arboré de 20 ha. Les maisonnettes ou les chalets en bois sont tous très bien équipés. Nombreuses activités proposées de jour (piscine, concours de foot, pétanque, etc.) comme de nuit (soirées, spectacles) et aussi bar et restaurant. Possibilité de louer pour deux nuits.

Se restaurer

Aux Mille Saveurs – *25 bd du Gén.-Leclerc - ✆ 05 56 83 40 28 - www.auxmillesaveurs.com - fermé 25 fév.-2 mars, 29 oct.-7 nov., mar. soir sf juil.-août et merc. 30/41 €.* Mille saveurs vous attendent dans l'assiette, flirtant avec l'air du temps et subtilement relevée d'épices. Grande salle à manger entièrement redécorée et agrandie d'une véranda.

Le Pavillon d'Arguin – *63 bd du Gén.-Leclerc - ✆ 05 56 83 46 96 - fermé 2 sem. en janv. et 2 sem. en nov. - 18/59 €.* Voici une petite adresse comme on aime à en dénicher. Le décor d'inspiration maritime – filets de pêche au mur, grand aquarium, fresque – est très agréable et le service jeune et souriant. La cuisine honore les produits frais, pour des assiettes copieuses et des prix raisonnables.

Étienne Larribère / MICHELIN

Plage de sable fin à Arcachon.

Chez Yvette – *59 bd du Gén.-Leclerc - ✆ 05 56 83 05 11 - 19 €.* Le banc d'écailler extérieur signale aux passants cette véritable institution locale où l'on se régale de produits de la mer (pêche du jour, huîtres provenant des parcs des patrons), dans un cadre nautique agrémenté de maquettes de bateaux, de quincaillerie marine, etc. Ambiance animée et décontractée.

Le Cabestan – *6 bis av. du Gén.-de-Gaulle - ✆ 05 56 83 18 62 - fermé déc. sf j. fériés, mar. sf le soir en juil.-août et lun. - 19,50/28 €.* Le chef, qui a fait ses classes dans des restaurants gastronomiques de renom, commence lui aussi à être réputé dans la région. Il mise d'ailleurs davantage sur sa cuisine, raffinée, que sur le cadre, très simple, de son établissement. Accueil très agréable, service rapide et efficace.

Côte du Sud – *4 av. du Figuier - 33115 Pyla-sur-Mer - ✆ 05 56 83 25 00 - www.cote-du-sud.com - fermé déc.-janv. - 22/28 € - 8 ch. 59/130 € - ☕ 7,50 €.* Cuisine de la mer servie dans une salle à manger très colorée, sous la véranda ou encore sur l'agréable terrasse tournée vers l'Océan. Le décor des chambres confortables fait le tour du monde : Maroc, Polynésie, etc.

Cap Pereire – *1 av. du Parc-Pereire - ✆ 05 56 83 24 01 - fermé de janv. à mi-fév., dim. soir et lun. hors sais. - 35/45 €.* Ce restaurant, proche du paisible parc Pereire, permet de se soustraire à l'animation du centre de la station balnéaire le temps d'un repas. Architecture d'inspiration coloniale, salle à manger au décor marin, terrasse dressée face à l'Océan et cuisine de la mer.

Faire une pause

Ô Sorbet d'Amour – *Av. N.-D.-des-Passes, Le Moulleau - ✆ 05 56 54 52 16 - 9h-1h (hors sais. : 14h-19h30) - fermé janv.* Le plus grand artisan glacier du bassin d'Arcachon propose 98 parfums de glaces et de sorbets maison et fabrique lui-même ses cornets.

A. Guignard – *11 av. Notre-Dame-des-Passes - ✆ 05 56 54 50 92 - en sais. : 7h30-20h ; hors sais. : vend., w.-end et vac. scol. 8h-12h30, 16h-19h - ouv. j. fériés - fermé janv.* En été, les glaces maison de cet artisan connaissent un succès équivalent à celui des chocolats qu'il prépare hors saison. Les habitués apprécient aussi ses cannelés et ses fameuses tartes feuilletées aux fruits en ruban, que l'on coupe à la demande.

En soirée

Bon à savoir – C'est au cœur du **Moulleau**, quartier chic d'Arcachon, que se concentre l'essentiel de l'animation nocturne. L'été, de nombreux bars, des restaurants et des boutiques de luxe attirent un monde fou.

Café de la Plage – *1 bd Veyrier-Montagnères - ✆ 05 56 83 31 94 - 8h-2h.* Ce bar bientôt centenaire jouit d'une situation idéale sur la plage d'Arcachon, près du casino et du palais des congrès. On vient là pour se montrer et boire un whisky en terrasse – choix judicieux car la carte n'en propose pas moins de 90. Très bonne ambiance musicale le soir.

Le Fronton – *14 av. du Parc, quartier les Abatilles - ✆ 06 07 97 40 52 - tlj horaires diurnes ; mur à gauche : 9h-23h - de 6 € à 10 € (par pers.) selon les parties.* Ce fronton de pelote basque fut construit en 1932 dans le parc des Abatilles. Chaque vendredi soir en juillet et en août, des **compétitions de chistera** s'y déroulent. Notons l'excellence des Arcachonnais dans cette discipline : ils ont obtenu plusieurs titres de champion de France en grand chistera. Un fronton mur à gauche couvert permet la pratique d'autres spécialités : la cesta punta, le yoko garbi, le frontennis, etc.

Casino de la Plage – *163 bd de la Plage - ✆ 05 56 83 41 44 - tlj 10h-4h.* Ce casino est doté d'une salle de jeux traditionnels et de 100 machines à sous. Mais on peut tout aussi bien profiter du restaurant, des bars et de la discothèque (Le Scotch-Club).
De nombreuses soirées et apéritifs y sont organisées.

Que rapporter

Marché – *Pl. du Marché - 6h-13h.* Cette grande halle située derrière la mairie abrite des poissonniers, des vendeurs exclusifs de fruits de mer, un caviste, un boucher, un charcutier, un fromager, des marchands de primeurs et un bel étal de produits du Sud-Ouest... En saison, les tréteaux des petits producteurs locaux débordent dans les rues voisines.

Michel Gruel – *43 r. Lamarque - ✆ 05 56 83 31 74 - tlj sf dim. apr.-midi et lun. 8h30-12h45, 15h30 ; tlj en sais.* Conserves du Sud-Ouest estampillées Michel Gruel : le comptoir et les rayonnages de ce vaste magasin ne proposent que des produits entièrement préparés sur place par un artisan qui se veut avant tout charcutier. Mais son rayon traiteur mérite également le détour...

La Torréfaction de la Côte d'Argent – *46 av. du Mar.-de-Lattre-de-Tassigny - ✆ 05 56 83 07 18 - tlj sf dim. 9h-12h30, 15h-19h15 et j. fériés 10h-12h.* Cette brûlerie au décor luxueux exerce son activité depuis plus de 70 ans. Une douzaine de mélanges à base de grands crus du Guatemala, du Brésil ou de Colombie y sont torréfiés. La maison propose également une centaine de thés, dont une belle sélection de thés verts, ainsi que de nombreuses idées cadeaux.

Cash Vin – *R. Lagrua - 33260 La Teste-de-Buch - ✆ 05 56 22 22 50 - 9h30-13h, 15h-19h15.* Ce caviste propose dans son vaste magasin de la périphérie plus de 300 appellations vendues en bouteille, en cubitainer et parfois en magnum. Tous ces bordeaux proviennent autant de grandes cuvées que de petits domaines.

Sports & Loisirs

Dingo Vélos – *1 r. Grenier - entre la jetée Thiers et la jetée d'Eyrac (sur le front de mer) - ✆ 05 56 83 44 09 - http://dingo-velo.com - juil.-août : 9h-0h ; avr.-juin et sept. : 9h30-18h30 ; reste de l'année : contacter le 06 87 27 39 86.* Outre les vélos traditionnels (VTT et VTC), ce magasin de location de cycles propose d'étranges montures : tandems, vélos à trois ou encore à cinq places qui méritent bien leur surnom de « Dingo ». Également, karts à pédales (enfants et adultes), rosalies (pour toute la famille).

L'Étrier sportif – *25 av. Pierre-Frondaie - ✆ 05 56 83 21 79 - été 7h-22h ; hiver : 8h-21h.* Ce beau centre équestre organise des cours, des stages et des balades en forêt ou sur la plage (oct.-mai). Il est équipé d'un manège couvert, de deux carrières et d'un club-house avec terrasse.

Centre nautique Pierre-Malet – *Quai de Goslar - ✆ 05 56 83 77 42 - www.arcachon.com - juil.-août : 9h30-12h, 15h-19h30 ; reste de l'année se renseigner à l'office de tourisme - ouv. d'avr. à fin août.* Outre les stages et les locations de bateaux à voile, le centre nautique Pierre-Mallet propose nombre d'activités nautiques, parmi lesquelles le kayak de mer, l'aviron, le jet-ski et la plongée.

L'Agence Nautique – *2 quai Goslar, port de plaisance - ✆ 05 57 73 63 90 ou 06 08 01 75 83 - www.agence-nautique.com - 9h30-12h30, 14h-19h - fermé janv.-fév. et jeu.* Cette agence propose à la location un large choix de bateaux à moteur (de 5 à 7 m) avec ou sans skipper, mais aussi des équipements liés aux activités nautiques (skis, bouées, wakeboard, etc.).

Tennis-club d'Arcachon – *Av. du Parc - ✆ 05 57 72 09 50 - www.tcarcachon.fr - été : 8h30-20h30 ; hors sais. : 9h-12h, 14h30-19h - fermé 1er janv. et 25 déc. - 18 € (1h).* Ce magnifique centre, situé à 200 m du bassin, comprend douze courts en terre battue (dont deux couverts) et dix courts en dur. Club-house moderne avec un bar-brasserie.

Thalazur Arcachon – *Av. du Parc - ✆ 05 57 72 06 66 - www.thalazur.fr - 9h-19h15 ; dim. 9h-12h30, 14h30-18h30 - fermé 1 sem. en janv. - à partir de 22 €.* Institut de thalassothérapie voisin de l'hôtel Novotel. Parcours marin (piscine, hammam, Jacuzzi, sauna, cours de gymnastique en salle et aquagym) et soins à la carte (bain hydromassant, douche à jet, enveloppement d'algues, détente, esthétique, etc.) sont accessibles à tous.

Waggas School – *Rte de Biscarrosse, Pyla Camping - 33115 Pyla-sur-Mer - ✆ 06 70 08 47 73 - www.waggaschool.com - de déb. avr. à fin sept. : tlj horaire variable, se renseigner.* Située à proximité de la dune du Pilat et de ses 118 m de hauteur, cette école propose des vols en parapente et en deltaplane et des stages de parapente.

Golf International d'Arcachon – *35 bd d'Arcachon - 33120 La Teste-de-Buch - ✆ 05 56 54 44 00 - www.golfarcachon.org - haute sais. 7h30-20h ; moyenne sais. : 8h30-19h ; basse sais. : 9h-18h.* Parcours de 18 trous à proximité du bassin.

Événements

Les 18 heures d'Arcachon Sud-Ouest – 1er w.-end de juil. : régates en mer et village de guinguettes plage Pereire.

Fête de la Mer – 14 et 15 août : bénédiction des bateaux, régates de pinasses à voile et musique en soirée.

Cadences – 3e sem. de sept. : festival de danse.

Bassin d'Arcachon★★

CARTE MICHELIN DÉPARTEMENTS 335 D6/7 – GIRONDE (33)

Mer ou étang, lac ou océan ? Le bassin est une échancrure dans la longue Côte d'Argent, une lagune (vaste vivier pour les pêcheurs) sertie par la forêt, autrefois domaine des résiniers. Il est difficile de résister à cet univers entre deux eaux : l'eau douce de l'Eyre et le sel des marées. Les oiseaux, les bateaux colorés, les sites naturels protégés, tout incite à faire le tour de ce morceau de mer pris sur la terre. Enfin, vous grimperez la dune du Pilat d'où se découvre le banc d'Arguin à l'horizon.

Antonin Thuillier / MICHELIN

Dune du Pilat et parc à huîtres au premier plan : le bassin d'Arcachon dans toute sa splendeur.

Se repérer – À marée haute, le bassin couvre 15 500 ha. De chaque côté de la passe d'entrée, des ports ostréicoles apparaissent entre les pins et les mimosas. Les côtes bordées de dunes boisées s'étalent sur plus de 80 km.

À ne pas manquer – L'ascension de la dune du Pilat, plus haute dune d'Europe ; le panorama depuis le phare du Cap-Ferret (52 m) ; L'Herbe, un des plus jolis villages ostréicoles du bassin ; la Maison de l'Huître à Gujan-Mestras, pour tout savoir sur la reine du bassin ; une dégustation d'huîtres dans une cabane de pêcheur.

Organiser son temps – Il est possible de faire le tour du bassin en une journée, du Cap-Ferret à la dune du Pilat, mais il ne faudra pas perdre de temps (attention aux limitations de vitesse, pratiquement 50 km/h sur l'ensemble du trajet) et vous passerez à côté de beaucoup de choses ! Mieux vaut prévoir de vous attarder quelques jours sur place (Audenge se situe à mi-parcours). Enfin, la circulation autour du bassin est infernale en été, venez de préférence hors saison.

Avec les enfants – Le parc de loisirs à La Hume ; la promenade en pinasse jusqu'à l'île aux Oiseaux ; le parc ornithologique du Teich et le plan d'eau *(voir « Sports & Loisirs » dans l'encadré pratique)* ; le zoo à La Teste ; le petit train du Cap-Ferret ; la Maison de l'Huître à Gujan-Mestras.

Pour poursuivre la visite – Voir aussi Arcachon, Biscarrosse et Parc naturel régional des Landes de Gascogne.

Comprendre

Essor et luttes de pouvoir – L'exploitation abusive des bancs naturels d'huîtres a fini par entraîner leur épuisement. En 1859, l'intervention du naturaliste Coste permit heureusement le développement de l'ostréiculture. Jusqu'en 1920, l'huître plate d'Arcachon, ou **gravette** *(ostrea edulis)*, est la reine incontestée du bassin, n'offrant à l'huître creuse portugaise qu'un rôle secondaire. Mais cette dernière accède au-devant de la scène lorsqu'une maladie ravage les parcs d'huîtres gravettes, la laissant seule indemne… Règne de courte durée, puisqu'en 1970, malgré les soins dont elle fait l'objet, une nouvelle épidémie l'évince au profit d'une variété japonaise (celle que l'on consomme donc aujourd'hui, presque toujours).

Du chenal à la bourriche – Le cycle de développement de l'huître dure environ quatre ans. Il commence, en juillet, par le captage du naissain (larve) sur les collecteurs, traditionnellement des tuiles demi-rondes enduites d'un mélange de chaux et de sable, qui sont disposées dans des cages en bois, ou ruches, placées le long des chenaux. Au printemps suivant a lieu le détroquage, opération consistant à détacher les jeunes huîtres de leur support. Elles sont ensuite placées dans des parcs entourés de grillages à mailles serrées, les protégeant contre les crabes, leurs prédateurs. À dix-huit mois, les huîtres agglutinées sont séparées les unes des autres, c'est le désatroquage. Elles vont alors rejoindre les parcs d'engraissement, dont les eaux riches en plancton assurent leur croissance jusqu'à la troisième année. Pendant cette période, on les tourne et les retourne, ce qui leur donne une forme régulière. Parvenues à maturité, elles sont triées puis débarrassées de leurs impuretés grâce à un séjour dans des bassins-dégorgeoirs. Un dernier lavage et un conditionnement en caissettes de bois ou bourriches et elles sont fin prêtes pour leur dernier voyage… vers nos assiettes.

Plaisir du palais – Les huîtres du bassin d'Arcachon sont connues et appréciées depuis fort longtemps. Les poètes latins Ausone, Sidoine Apollinaire, puis plus tard Rabelais les ont goûtées… et chantées. Aujourd'hui, le bassin d'Arcachon est l'un des grands sites ostréicoles d'Europe (près de 800 ha de concessions). C'est le **premier centre naisseur**, qui fournit la laitance aux bassins bretons, normands, languedociens et hollandais.

Pour rencontrer les ostréiculteurs, rendez-vous aux cabanes, quand la marée est assez haute et qu'ils reviennent des parcs à huîtres.

Coquillages et crustacés – À marée basse, il suffit de se baisser pour récolter des trésors. Les coques et les palourdes se pêchent à la main en grattant le sable sur 5 cm (deux petits trous signalent qu'elles sont là). On en trouve beaucoup du côté du banc d'Arguin et sur les crassats, bancs de sables envasés portant une végétation sous-marine. Avant de les consommer, laissez-les dégorger quelques heures dans l'eau salée. Les bigorneaux se ramassent à la main sur les crassats. Pour les déguster en apéritif, passez-les quelques minutes au court-bouillon. Les moules sauvages se détachent au couteau près des parcs à huîtres. Les crabes verts, nombreux sur les plages

Un mets de choix

Les huîtres dégustées « à l'arcachonnaise » s'accompagnent de crépinettes bien chaudes (galettes de chair à saucisse) et d'un vin blanc sec. Mais les recettes d'huîtres chaudes développent autrement les arômes de ce mollusque : les beignets d'huîtres se dégustent à l'apéritif, les huîtres en gratin peuvent se manger nature (avec un soupçon de gruyère râpé et de chapelure pour les faire gratiner) ou être à l'occasion de subtiles associations (avec un sabayon au vin blanc, une pointe du purée d'aubergines, etc.). Ce n'est que depuis le Second Empire qu'on les savoure crues : dans l'Antiquité, elles étaient cuisinées au miel ou bien conservées dans le sel, alors qu'au Moyen Âge on en faisait des civets ou des pâtés.

Alain Cassaigne / MICHELIN

Parc à huîtres du bassin d'Arcachon.

Marie-Hélène Carcanague / MICHELIN

Les ostréiculteurs proposent des dégustations d'huîtres à l'intérieur des cabanes.

à marée basse, s'attrapent à l'épuisette. Ils se mangent cuits au court-bouillon. Les crevettes se pêchent à l'esquirey ou à l'épuisette. On repère la présence des couteaux par la trace en forme de clé qu'ils laissent sur le sable ; il faut y déposer un ou deux grains de gros sel : croyant la marée revenue, les couteaux remontent. Si leur goût n'est pas des plus raffinés, ils sont tout indiqués comme appât pour la pêche à la ligne. La cueillette des huîtres, même sauvages, est quant à elle interdite.

Se promener

EN PINASSE

Ligne effilée et couleurs vives, la **pinasse** est le symbole du bassin. Construite autrefois en bois de pin (d'où son nom), elle est aujourd'hui en iroko (bois d'Afrique), acacia ou acajou. De faible tirant d'eau, elle s'échoue aisément et peut remonter les chenaux même quand leur niveau est très bas : c'est l'embarcation des ostréiculteurs du bassin. Avec leur allure de gondoles, les pinasses font l'objet de toutes les attentions : on restaure et on bichonne les anciennes pour les faire concourir lors de régates.

Pour les promenades organisées, adressez-vous à l'Union des bateliers *(voir l'encadré pratique)*.

L'île aux Oiseaux

Les oiseaux en question fuient un peu cette petite île plate, boisée d'une forêt naine. En effet, les crassats font désormais les beaux jours des ostréiculteurs. La surface de l'île oscille entre 1 000 ha à marée basse et 300 ha à marée haute.
Deux étranges échassiers restent fidèles au poste : les fameuses **cabanes tchanquées** (*tchanque* signifie « échasse » en gascon) qui se dressent au-dessus de l'eau à marée haute.

Réserve naturelle du banc d'Arguin

33260 La Teste-de-Buch - 05 56 91 33 65 - http://assoc.orange.fr/federation.sepanso - accès libre toute l'année - possibilité de visite guidée et sorties nature : se renseigner au 05 56 66 45 87 - guide du visiteur : 4,50 €.

Situé à l'embouchure des passes, le banc d'Arguin est un îlot de sable qui change constamment de forme en fonction des humeurs de l'océan Atlantique (sa longueur avoisine les 2 km pour 2 km de large). Il a été classé réserve naturelle en 1972. N'oubliez pas vos jumelles pour observer, de mars à août, de nombreuses sternes caugek (4 500 couples) et des huîtriers-pies ; l'hiver, le courlis cendré, la barge rousse, le bécasseau variable, le pluvier argenté, le goéland et la mouette rieuse.

Circuit de découverte

DE CAP-FERRET À LA DUNE DU PILAT

80 km – compter une journée. La route ne présente que peu d'intérêt mais à tout moment, vous pouvez gagner un point du rivage ou une jetée pour avoir une vue sur le bassin.

À marée basse, dans le bassin, les **crassats** font le bonheur de la faune et de la flore marines. Ils sont encerclés par des chenaux secondaires, les **esteys**.

Avis aux pêcheurs

Si la cueillette des coques et des palourdes est libre, n'en ramassez pas plus de 2 kg par personne et par marée. Parfois, elle est interdite en raison de conditions sanitaires particulières. Enfin, attention aux crassats où les risques d'envasement sont constants.

Bon à savoir – Un **GR de pays** balisé (le sentier du littoral) et une **piste cyclable** *(75 km)*, qui suivent partiellement le même tracé, font le tour du bassin. Les parties les plus intéressantes du sentier sont signalées ci-dessous par commune *(plan dans les offices de tourisme et au syndicat mixte du bassin)*.

Cap-Ferret★

Cette station balnéaire est située sur l'étroite bande de terre entre Océan et bassin. Le cap court sur une vingtaine de kilomètres. Balades à vélo dans la pinède (piste cyclable dans la forêt de Lège), baignades au calme dans le bassin ou plus houleuses côté Océan (les plages de l'Horizon et du Truc Vert au Cap-Ferret, du Grand Crohot à Lège-Océan sont surveillées en saison), dégustation d'huîtres dans les petits restaurants en plein air (près du débarcadère de Bélisaire)... un vrai programme de vacances.

8 km. Un **sentier d'interprétation** a été aménagé entre la plage de l'Horizon et la pointe du Cap-Ferret. La **dune** est un espace naturel protégé, vous pourrez suivre des visites naturalistes de découverte du site *(voir « Visites naturalistes » dans l'encadré pratique)* et sur la migration des oiseaux.

Phare – *05 56 03 94 49 - www.lege-capferret.com - juil.-août : tte la journée ; avr.-juin et sept. : mat. et apr.-midi ; janv.-mars et oct. : merc.-dim. apr.-midi - fermé du 15 nov. au 15 déc. - 4,50 € (-12 ans 3 €).* De ses 52 m de haut, il veille la nuit sur l'Océan et l'étroite passe d'entrée dans le bassin (3 km de large). Sa lentille tournante porte à 50 km. À l'intérieur, l'univers de la presqu'île et du phare sont présentés à travers un spectacle audiovisuel et une galerie d'écrans. Le **panorama★** sur la presqu'île, le bassin et Arcachon, la dune du Pilat, les passes d'entrée et l'Océan vaut la montée des 258 marches, courage !

Quitter Cap-Ferret par l'avenue de la Vigne en direction de Bordeaux.

La route sinueuse se faufile entre des dunes boisées, parsemées de villas. L'air sent le pin et la marée.

Après 4 km, au rond-point de l'Herbe, suivre la direction du bd de la Plage pour atteindre le parking.

L'Herbe★

Il y a 150 ans, Léon Lesca, constructeur du port d'Alger, fit bâtir une demeure mauresque : la **villa algérienne**. Il ne reste de cette « folie » que l'anachronique chapelle face à la mer, portant la croix et le croissant ! Jolie vue sur le bassin et l'île aux Oiseaux. Empruntez la rue semi-piétonnière pour rejoindre le **village ostréicole★** où les cabanes rivalisent de couleurs.

Cap-Ferret pratique

Depuis le débarcadère Bélisaire (côté bassin), un service de **petit train** permet de se rendre jusqu'à la côte de l'Océan (plage de l'Horizon). *05 56 60 60 20 - juil.-août : 11h15, 11h50, 12h30, 14h10-18h10 (ttes les 20mn) ; du 15 juin au 7 juil. et du 29 août au 18 sept. : 11h15, 14h45-17h45 (ttes les 30mn) ; de déb. juin à mi-juin et de mi-sept. à fin sept. : 14h45, 15h15-17h15 (ttes les 30mn) ; avr.-mai : 14h45-16h45 (ttes les 30mn). Dép. Océan juil.-août : 11h30, 12h05, 12h45, 14h30-18h30 (ttes les 20mn) ; du 15 juin au 7 juil. et du 29 août au 18 sept. : 11h45, 15h-18h (ttes les 30mn) ; de déb. juin à mi-juin et de mi-sept. à fin sept. : 15h-17h30 (ttes les 30mn) ; avr.-mai : 15h-17h (ttes les 30mn). Tarif affiché en gare.*

Bon à savoir – Les **villages ostréicoles** du Cap-Ferret, de l'Herbe, du Canon, du Pirallan, de Piquey et des Jacquets sont inscrits à l'inventaire des sites classés : c'est dire l'intérêt qu'ils suscitent et l'attention qu'on leur prête.
Revenir sur la D 106.

Réservoirs de Piraillan

À la sortie du village. Ces anciens réservoirs à poissons, 40 ha au milieu de la forêt, sont devenus un royaume pour les oiseaux (notamment les hérons cendrés). N'oubliez pas vos jumelles ! Agréable promenade à faire seul ou en compagnie d'un guide naturaliste. *Rens. à l'office du tourisme de Lège-Cap-Ferret : voir dans l'encadré pratique - avr.-sept. - 4,50 € (enf. 3 €).*
Poursuivre sur la D 106. Après Claouey, au lieu-dit Jane-de-Boy, parking.

Réserve naturelle des Prés-Salés

Rejoint Arès (12 km AR). Avant de partir, se renseigner sur les indices de marée. Possibilité de découverte avec un guide naturaliste (voir « Visites naturalistes » dans l'encadré pratique). Prévoyez des chaussures de marche. Le sentier du littoral serpente jusqu'à Arès, dans cette zone de 500 ha qui vit au rythme des marées et constitue un garde-manger pour de nombreuses espèces d'oiseaux.
La **cabane du résinier**, autrefois occupée par les gemmeurs, abrite une exposition sur la faune et la flore. Elle propose également des animations et la visite du sentier *(✆ 05 56 60 18 07 - 3 €).*
Poursuivre sur la D 106.

Arès

Petite station balnéaire avec port ostréicole et port de plaisance. Sur le front de mer (près de l'office de tourisme), la tour ronde est le reste d'un ancien **moulin** à vent décapité au 19e s. pour échapper aux taxes !
Les familles se rendront au plan d'eau de St-Brice pour la baignade.
2 km. Le **sentier du littoral** rejoint la plage des Quinconces à Andernos.
D'Arès à Biganos défile le décor immuable des pins.

Différents crus

Du fait de la diversité des conditions naturelles sur le bassin d'Arcachon, le goût des **huîtres** varie en fonction de leur zone d'élevage. L'huître du Banc d'Arguin présente des notes sucrées et lactées. Celle de l'île aux Oiseaux se caractérise par des arômes végétaux et minéraux. L'huître du Cap-Ferret possède des saveurs de légumes frais et d'agrumes. Quant à celle du Grand Banc, elle évoque les fruits blancs et la noisette grillée.

Andernos-les-Bains

Abrité au fond du bassin, le site a été habité dès la préhistoire. Avec ses 4,6 km de plages et son casino, c'est une importante station balnéaire, très animée en saison.
Dans le centre-ville, la **maison Louis-David** (villa 19e s.), qui abrite un petit musée (objets découverts sur les vestiges d'une villa gallo-romaine) et des expositions artistiques temporaires, vaut le coup d'œil *(avril-sept. : 10h-19h).*
Devant la plage et à côté de la petite **église St-Éloi** (abside du 11e s.), vestiges d'une villa gallo-romaine du 4e s. De la **jetée** (la plus longue de France, avec ses 232 m !), belle vue sur le bassin d'Arcachon, le port ostréicole, le port de plaisance et l'ensemble des plages.
Deux petits circuits permettent d'admirer les villas anciennes de la station *(documentation disponible à l'office de tourisme).*
Poursuivre sur la D 3.

Lanton

Cette commune comprend **Taussat** avec sa plage et son charmant port ostréicole, et Cassy où se trouvent également des cabanes à huîtres.
Dans le bourg de Lanton, jolie **église** romane (12e s.) dont l'abside surélevée présente des lignes sobres et harmonieuses. Baie centrale encadrée de colonnettes géminées supportant des chapiteaux ornés, à gauche, de hérons et de pommes de pin, à droite, de feuillages stylisés.

Audenge

Centre ostréicole, le village est aussi connu pour le **domaine des Certes**, site préservé de 396 ha où l'on chemine le long d'un sentier d'interprétation, d'écluses en prairies marécageuses et de zones agricoles, jumelles au cou !

15 km AR. Parking devant le château des Certes, avant d'arriver à Audenge. Cette partie du delta de la Leyre a été endiguée au 18e s. La faible rentabilité des salines a entraîné leur reconversion en réservoirs à poissons au 19e s. La faune et la flore y sont donc riches et variées : pour les apprécier pleinement, suivez une visite naturaliste, qui vous permettra également de découvrir le domaine voisin de **Graveyron** *(voir « Visites naturalistes » dans l'encadré pratique).*

Biganos

Le joli petit port ostréicole de Biganos, qui fait partie du Parc naturel régional des Landes de Gascogne, se niche dans la forêt (aire de pique-nique sous les arbres).

À la sortie de la ville, vous pourrez goûter au **caviar** de Gironde au Moulin de la Cassadote *(voir « Que rapporter » dans l'encadré pratique).*

Prendre à droite pour gagner la D 650 par la D 3E12.

La route passe à la base du delta marécageux de l'Eyre. Le bassin conserve là une frange de végétation jusqu'aux abords du Teich.

Pour en savoir plus sur ce milieu, faites une halte au **Relais nature du delta de la Leyre** *(voir l'encadré pratique).*

5 km. Le sentier du littoral traverse ici, sur une ceinture de digues, le **delta de l'Eyre**, situé entre les deux bras principaux de la rivière et refuge d'une avifaune abondante.

Parc ornithologique du Teich★

05 56 22 80 93 - www.parc-ornithologique-du-teich.com - - tte la journée - possibilité de visite guidée sur demande préalable - 6,80 € (enf. 4,80 €).

Cette réserve naturelle de 120 ha contribue à sauvegarder les espèces d'oiseaux sauvages menacées et à préserver leur milieu naturel. Vous pouvez y découvrir l'avifaune européenne en sillonnant les quatre parcs à thème : le parc des Artigues,

Aire de repos pour oiseaux
À chaque saison son oiseau. Au printemps et à l'automne, les prairies et les digues qui bordent l'**Eyre** sont l'étape traditionnelle de dizaines de milliers de migrateurs (comme l'oie cendrée ou la mouette rieuse). L'hiver, c'est au tour de la sarcelle, du bécasseau variable ou du grand cormoran d'y faire une halte. On y dénombre aussi plus de 1 000 couples de hérons cendrés, d'aigrettes garzettes ou de hérons garde-bœufs. La gorge bleue préfère pousser son chant en été, au bord des sentiers. Les amateurs de botanique seront également comblés : arbres à baies (arbousiers, ronciers) dont sont friands les oiseaux frugivores, iris d'eau, joncs, aulnes où viennent se nourrir et nicher canards et poules d'eau ; tamaris et chênes plantés pour consolider les digues.

le parc de la Moulette, le parc de Causseyre et le parc Claude-Quancard. On a le choix entre plusieurs parcours pédestres, le plus grand atteignant 6 km ; tous sont fléchés et jalonnés de postes d'observation surélevés permettant au regard d'embrasser le bassin d'Arcachon. Jumelles recommandées.

Gujan-Mestras

Constituée de sept ports ostréicoles, Gujan-Mestras est la capitale de l'huître du bassin d'Arcachon avec ses cabanes à toiture de tuiles, ses chenaux encombrés de pinasses, ses dégorgeoirs et ses magasins d'expédition-vente. Le **port de Larros**, où il fait bon flâner sur la jetée-promenade, accueille des chantiers de construction navale.

Maison de l'huître – *Port de Larros - 05 56 66 23 71 - www.maisondelhuitre.com - Visite libre ou guidée (45mn) avr.-sept. : mat. et apr.-midi ; oct.-mars : lun.-sam. mat. et apr.-midi - fermé du 25 déc. à déb. janv., 1er nov. et 11 Nov. - 2,80 €.* Ici, vous pourrez vous initier à la culture de l'huître, de la préparation des collecteurs à la consommation, à travers un film *(15mn)* et une exposition ludique. Découvrez ainsi la longue histoire de l'huître et l'appétit qu'elle suscitait déjà chez nos ancêtres, les différentes variétés à travers le monde, l'évolution des savoir-faire et les mille et une façons de la cuisiner... Après ça, vous serez incollable.

La Hume offre une agréable plage et une zone de **parc de loisirs** *(le long de la D 652)* pour tous les goûts, les âges et les envies *(voir « Sports & Loisirs » dans l'encadré pratique).*

La Teste-de-Buch

Ancienne capitale du pays de Buch, peuplée par les Boii ou Boiens avant la colonisation romaine (c'est ainsi que l'on dénomme encore les habitants de Biganos). Plus vaste commune de France (18 000 ha), elle offre trois profils différents.
Côté bassin : le complexe ostréicole et ses cabanes à huîtres.
Le sentier du littoral permet de longer les **prés salés** (départ de la digue est). Visites guidées en saison *(voir « Visites naturalistes » dans l'encadré pratique).*
Dans le bourg, sur la place Jean-Hameau (où se trouve l'office de tourisme), la façade de la **maison Lalanne** (18e s.) est décorée d'une ancre, de cordages et des têtes représentant les enfants du propriétaire.
Côté mer, de belles plages au Pyla-sur-Mer et bien sûr… la **dune du Pilat** *(voir ci-après)* et le **banc d'Arguin** *(voir « Se promener en pinasse »).*
Enfin vous pourrez rejoindre le **lac de Cazaux** à travers la forêt, en voiture ou à vélo (piste cyclable), pour la baignade ou les activités nautiques *(voir l'encadré pratique).*
En cours de route, le **zoo** ravira les amateurs de fauves et autres grands mammifères des cinq continents. *05 56 54 71 44 - de déb. avr. à mi-sept. : tte la journée ; de mi-sept. à fin mars : merc., w.-end, j. fériés apr.-midi - fermé 1er janv. et 25 déc. - 10 € (enf. 8 €).*

Arcachon★★ *(voir ce nom)*

La route traverse successivement les stations balnéaires du Moulleau, de Pyla-sur-Mer et de Pilat-Plage avant de s'élancer vers la dune.

La dune du Pilat : tous les rêves de désert et d'aventure, à portée de la ville.

Dune du Pilat★★

Accès par la D 218 au sud de Pilat-Plage. Laisser la voiture au parking payant. Pour gagner le sommet, escalader à flanc de dune (montée assez difficile) ou emprunter l'escalier (présent seulement lors de la saison estivale). S'équiper de chaussures montantes de randonnée ; attention, le sable peut être très chaud.

Énorme ventre de sable qui enfle chaque année sous l'action des vents et des courants (actuellement environ 2,7 km de long, 500 m de large et 105 m de haut, soit 60 millions de mètres cubes de sable !), c'est la plus haute dune d'Europe. Le versant ouest descend en pente douce vers l'Océan alors que le versant est plonge en pente abrupte vers l'immense forêt de pins : une vraie piste noire ! Une revigorante balade à ne pas manquer.

Le **panorama★★** sur l'Océan et la forêt landaise est superbe au coucher du soleil…

Bassin d'Arcachon pratique

Adresses utiles

Bon à savoir – Procurez-vous le *Guide pratique du Bassin d'Arcachon* auprès de l'un de ces offices de tourisme.

Syndicat mixte du bassin d'Arcachon – *16 allée Corrigan - ✆ 05 57 52 74 74 - www.bassin-arcachon.com - tlj sf w.-end et j. fériés : mat. et apr.-midi.*

Office du tourisme d'Andernos-les-Bains – *Espl. du Broustic - 33510 Andernos-les-Bains - ✆ 05 56 82 02 95 - tlj mat. et apr.-midi, j. fériés mat. - fermé dim. et j. fériés.*

Office du tourisme d'Audenge-Lanton – *1 rte du Stade - Cassy-Lanton - ✆ 05 57 70 26 55 - www.tourisme-audenge-lanton.com - juil.-août : mat. et apr.-midi.*

Office du tourisme d'Arès – *Espl. G.-Dartiguelongue - 33740 Arès - ✆ 05 56 60 18 07 - www.ares-tourisme.com - se renseigner pour les horaires - fermé j. fériés.*

Office du tourisme de Gujan-Mestras – *Av. du Gén.-de-Lattre-de-Tassigny - 33470 Gujan-Mestras - ✆ 05 56 66 12 65 - lun.-sam. mat. et apr.-midi, dim. mat.*

Office du tourisme de Lège-Cap-Ferret – *✆ 05 56 60 63 26 - juil.-sept. : mat. et apr.-midi.*

Office du tourisme de La Teste-de-Buch – *Pl. Jean-Hameau - 33260 La Teste-de-Buch - ✆ 05 56 54 63 14 - www.tourisme-latestedebuch.fr - juil.-août : mat. et apr.-midi ; reste de l'année fermé dim.*

Visites

Route de l'huître – *Voir p. 32.*

Visites naturalistes – *Rens. et réserv. auprès des offices de tourisme.*

En partenariat avec le conseil général de la Gironde, des visites guidées sont proposées en saison sur des sites protégés : dune du Cap-Ferret, réserve des Prés-Salés à Arès-Lège, domaines de Certes-Graveyron à Audenge-Lanton, prés-salés et dune de Camicas à La Teste.

Union des bateliers arcachonnais – *33120 Arcachon - ✆ 05 57 72 28 28 - www.bateliers-arcachon.com - pour tout renseignement et tarifs.* Parmi les prestations proposées par ces professionnels de la mer : tour de l'île aux Oiseaux, journée au banc d'Arguin, cap sur la grande dune du Pilat, location de pinasses. Elle assure également les traversées trans-bassin, embarquements et arrivées : Arcachon (jetées Thiers et d'Eyrac), Cap-Ferret, Le Moulleau, dune du Pilat, Andernos, Le Canon, Grand-Piquey.

Vent d'Arguin Organisation – *1 r. Jean-Larrieu - 33260 La Teste-de-Buch - ✆ 05 57 15 11 97 - www.ventdarguin.com - 15 juin-15 sept. sur réserv., 5/6 pers. minimum.* Découverte du bassin d'Arcachon à bord du *Tip Top One*, maxi-catamaran de 23 m de long, ou du *Vent d'Arguin*, catamaran de 12 m. Sorties en mer pour la matinée, l'après-midi, la journée ou même à l'occasion d'un dîner.

Maison de la nature du bassin d'Arcachon – *R. du Port - 33470 Le Teich - ✆ 05 56 22 80 93 - www.parc-ornithologique-du-teich.com.* C'est l'un des trois centres permanents du Parc naturel régional des Landes de Gascogne *(voir ce nom)*. Il propose des séjours pour adultes et des animations nature comme la descente accompagnée de la Leyre en barque (2h) ou la location d'un canoë pour une descente libre, des sorties en kayak sur le bassin (3h) et des promenades au crépuscule dans le Parc ornithologique du Teich.

Relai nature du delta de la Leyre – *33470 Le Teich - ✆ 05 56 22 61 53 - juin-sept. : mat. et apr.-midi - gratuit.* Expositions, documentations et informations sur les visites guidées.

Se loger

⊖ Hôtel de la Plage « Chez Magne » – *À l'Herbe - 33950 Lège-Cap-Ferret - ✆ 05 56 60 50 15 - fermé janv. -5 fév. - 9 ch. 42/45 € - ☕ 6 €.* La façade rouge et jaune de l'hôtel situé au bord de l'eau est à l'image de ce pittoresque village composé de maisonnettes peintes et toutes colorées. Chambres sobrement équipées et bien tenues, donnant parfois sur le bassin. Douche et w.-c. en commun sur le palier.

⊖⊖ Hôtel le Grain de sable – *37 av. de la Libération - 33740 Arès - ✆ 05 56 60 04 50 - www.hotelgraindesable.com - P - 14 ch. 52/69 € - ☕ 7 €.* Cette charmante maison régionale arbore une décoration intérieure évoquant les vacances et l'évasion. Les chambres, spacieuses, sont personnalisées sur des thèmes variés, tandis que le cadre de la salle des petits-déjeuners et du salon s'inspirent du bassin d'Arcachon.

⊖⊖ Hôtel Le Colibri – *59 bis r. du Gén.-de-Gaulle - 33740 Arès - ✆ 05 56 60 22 46 - www.hotelcolibri.net - P - 15 ch. + 6 appart. 66/74 € - ☕ 6,30 €.* Depuis la rue, rien ne laisse deviner la véritable originalité de ce lieu : 17 petits chalets blancs dotés de terrasses couvertes sont installés sur une pelouse, autour de la piscine, juste derrière l'immeuble abritant des studios et des chambres. Une formule intéressante entre hôtel et hébergement de plein air.

⊖⊖ Chambre d'hôte Les Tilleuls – *17 bis r. des Écoles - 33380 Mios - ✆ 05 56 26 67 85 - fermé 1er nov. - 30 avr. sf w.-end et vac. scol. - 🚭 - 3 ch. 49/55 € ☕.* Joli mariage de brique rouge et de bois dans ces anciennes granges et écuries rénovées, situées à l'écart de l'animation du bassin d'Arcachon. Les chambres, meublées à l'ancienne, sont décorées avec goût et simplicité. Salon-bibliothèque et agréable jardin planté de tilleuls centenaires.

⊖⊖ Chambre d'hôte Les Oyats – *20 bd du Page - 33510 Andernos-les-Bains - ✆ 05 56 82 47 14 - www.oyats.com - 🚭 - 3 ch. 58 € ☕.* Trois chambres de plain-pied, agréables quoiqu'un peu exiguës, sont aménagées dans une maison située en léger retrait de la station balnéaire. Plaisante décoration intérieure inspirée du bassin d'Arcachon et deux terrasses d'été.

⊖⊖ Chambre d'hôte Les Albatros – *10 bd de Verdun - 33510 Andernos-les-Bains - ✆ 05 56 82 04 46 - www.lesalbatros.com - fermé nov.-janv. - 🚭 - 3 ch. 62/70 € ☕.* Cette belle maison blanche entourée d'un joli jardinet fleuri est située à 100 m de la plage, du bassin et du bourg. Ses chambres personnalisées portent des noms évocateurs : « Romantique », « Mer » et « Safari » la plus spacieuse. Les propriétaires sont aux petits soins.

⊖⊖ Les Rives du Lac – *33740 Arès - ✆ 05 57 26 99 31 - réserv. conseillée - 132 maisonnettes 108/927 €/sem. pour 6 pers.* Construit dans un esprit « village de pêcheurs », cet ensemble de maisonnettes colorées disséminées dans un parc boisé diffuse une ambiance de vacances... Sobres mais fonctionnelles, elles existent pour 4, 6 ou 7 personnes. À l'entrée du site : aire de jeux, buvette, piscines couverte et découverte.

Se restaurer

L'Étoile – *13 pl. de l'Étoile - 33510 Andernos-les-Bains - ✆ 05 56 82 00 29 - fermé 24 déc. - 10 € déj. - 12/28 €.* Cet établissement situé à 100 m de la plage est une adresse incontournable pour les gens de la région : la cuisine, traditionnelle et copieuse, affiche un très bon rapport qualité-prix et vous est servie dans une chaleureuse ambiance familiale.

Le Bistrot – *3 av. du Gén.-de-Gaulle - 33260 La Teste-de-Buch - 4 km au sud d'Arcachon - ✆ 05 57 15 11 11 - fermé dim. en hiver - 11,50 € déj. - 14/27 € - 9 ch. 45 € - 5,50 €.* Cet endroit connaît un grand succès, et ce n'est pas surprenant. Le décor (murs jaunes, objets décoratifs, dessins à thèmes fruitier et floral) est chaleureux, le service efficace et souriant et la terrasse sous les arbres délicieuse. Plats aux accents régionaux.

L'Escale – *2 av. de l'Océan - 33950 Lège-Cap-Ferret - ✆ 05 56 60 68 17 - 17/24 €.* De prime abord, le nombre de couverts impressionne. Mais sitôt installé, seule la vue sur le bassin, le parc à huîtres et, au loin, la dune du Pilat comptent. La cuisine de brasserie, préparée avec la pêche du jour, est honorable et le service efficace.

L'Escalumade – *8 r. Pierre-Dignac, au port de Larros - 33470 Gujan-Mestras - ✆ 05 56 66 02 30 - fermé 3 sem. en janv., 3 sem. en oct., dim. soir sf juil.-août et lun. - 22/47 €.* Une bonne table sans prétention, au calme et au frais ! Cette cabane d'ostréiculteurs convertie en restaurant est coquette avec ses boiseries, ses baies vitrées et sa terrasse aménagée au-dessus de l'eau. Poissons, coquillages et crustacés préparés avec soin.

St-Éloi – *11 bd Aérium - 33740 Arès - ✆ 05 56 60 20 46 - www.le-saint-eloi.com - fermé 5 -29 janv., dim. soir et lun. sf le soir en juil-août - 30/58 € - 8 ch. 60/85 € - 8 €.* Voici une petite adresse idéale pour une halte gourmande dans le bassin d'Arcachon. À seulement 200 m de la baie, le St-Éloi vous reçoit en toute simplicité dans une agréable salle à manger contemporaine rehaussée de couleurs vives. En cuisine, le chef interprète sans fausse note un bon répertoire classique.

Pinasse Café – *2 bis av. de l'Océan - 33970 Cap-Ferret - ✆ 05 56 03 77 87 - www.pinassecafe.com - fermé 16 nov. -7 fév. - 35 €.* Voilà un bistrot original et décontracté. Les murs de la salle à manger recouverts de lambris sont décorés de tableaux de bateaux et de dessins de poissons. Rien d'étonnant à cela vu sa situation ouverte sur le bassin et le parc à huîtres. Cuisine régionale maison, axée sur les produits de l'océan.

En soirée

Casino du Lac de la Magdeleine – *Chemin du Loup, voie rapide d'Arcachon - 33470 Gujan-Mestras - ✆ 05 57 73 00 78 - tlj à partir de 13h.* Construction aux allures coloniales qui abrite machines à sous, roulette, black-jack, stud-poker mais aussi un bar-loundge et un restaurant.

Que rapporter

Moulin de la Cassadote (La Truite Argentière) – *Au moulin de la Cassadote - 33830 Biganos - ✆ 05 56 82 64 42 - 8h-12h, 14h-19h - fermé déc.-janv.* Autrefois, les bars à vins du Bordelais servaient des sandwichs au caviar de Gironde… denrée rare que l'élevage de Cassadote fabrique et vend à nouveau aujourd'hui (à partir de 27 € les 30 g). Sont également proposés pêche à la truite dans l'étang (6 €/kg) et parcours de pêche à la mouche (3 km).

Sports & Loisirs

Randonnée – Un topoguide *(en vente dans les offices de tourisme)* recense les boucles au départ des différentes communes du bassin.

Cyclotourisme – Une nouvelle **piste cyclable** relie Mios (que l'on peut rejoindre depuis la piste du tour du bassin) à Bazas (70 km), à travers le Parc naturel régional des Landes de Gascogne.

Des fiches-circuits autour du bassin sont disponibles dans les offices de tourisme.

Au **Teich**, vous pouvez, à côté de la gare, louer mais aussi faire réparer votre vélo, grâce à l'Association Insercycles.

Cycles Roumegoux & Fils – *53 ter av. du Gén.-de-Gaulle - 33740 Arès - ✆ 05 56 60 20 88.* Location de VTT, VTC, vélos classiques, monocycles et remorques pour transporter les enfants.

PARC DE LOISIRS DE LA HUME

Aqualand – *Rte des Lacs - 33470 Gujan-Mestras - ✆ 0 892 686 613 - www.aqualand.fr - 1er juil.-26 août : 10h-19h ; 6-30 juin et 27 août-2 sept. : 10h-18h ; 23,50 € (-12 ans 17 €).* Descente en chute libre, torrents, glisse et attractions aquatiques en tous genres : la montée d'adrénaline est assurée ! Les plus raisonnables opteront pour une cure dans le Bubble Bath, version thermes grecs. Sur place, boutiques et restauration rapide au cœur d'une végétation luxuriante.

Kid Parc – *Parc de la Hume, rte des lacs - 33470 Gujan-Mestras - ✆ 05 56 66 06 90 - www.kidparc.com - pour les horaires d'ouverture, se renseigner - fermé 5 nov.- 6 avr.* Dans ce parc conçu comme une île entourée d'une rivière, tout est adapté à la taille des enfants : toboggan, trampoline, manèges, bateau pirate, etc. Pensez aux maillots de bain pour les nombreuses attractions dans l'eau. Le ticket d'entrée donne accès à l'ensemble des activités.

La Coccinelle – *Parc de la Hume - 33470 Gujan-Mestras - ✆ 05 56 66 30 41 - www.la-coccinelle.fr - ♿ - juil.-aoû : 10h30-19h ; juin : 10h-18h30 ; mai : w.-end 10h30-18h30 - 9 € (-14 ans 8 €).* Parc animalier où vos petits pourront câliner d'autres petits, plus poilus, plus cornus et plus têtus. Quelques attractions. Les enfants donnent eux-mêmes le biberon aux agneaux, chevreaux et veaux à 11h15, 11h30, 11h45 et toutes les heures entre 14h et 18h.

Les jardins du Bassin – *Rte des Lacs - 33470 La Hume - ✆ 05 56 66 00 71 - tlj sf dim. 9h-12h, 14h-18h - fermé 26 août - 29 mai - 5 € (-13 ans 4 €).* Ce parc botanique ravira les enfants qui découvriront différents espaces aménagés de manière thématique : arbres fruitiers, vignes, cactées, roseraie, plantes exotiques, conifères, potager, etc. Les parents seront quant à eux séduits par l'approche pédagogique et ludique des lieux.

AUTRES ACTIVITÉS

Bon à savoir – L'office du tourisme d'Audenge-Lanton propose une offre d'activités originales : sortie à l'aviron à bord d'une pinassotte, balade en forêt avec démonstration de gemmage, pêche à pied aux abords du port d'Audenge avec initiation aux patins à vase, etc.

Le Petit Port – *Lac de la Magdeleine - près d'Aqualand - 33470 Gujan-Mestras - ✆ 06 81 00 01 84 - 15 juin-31 août, avr. et oct. : apr.-midi, merc. w.-end, vac. scol. et j. fériés 11h-19h ; hors sais. : 14h-18h - 5 € le bateau.* Ce petit port offre aux enfants la possibilité de naviguer sur le lac de la Magdeleine et de piloter (dès 9 ans) des bateaux miniatures ayant l'avantage d'être électriques, insubmersibles, silencieux et non polluants.

Centre équestre-ranch – *Rte du Truc-Vert, Petit-Piquey - 33950 Lège-Cap-Ferret - ✆ 05 56 60 82 85.* Promenades, leçons, stages, initiation et perfectionnement à l'équitation. En juillet-août, balades, en forêt et au bord de l'Océan, accessibles à tous les niveaux.

Becalou Canoë-Kayak – *Port ostreïcole - 33740 Arès - ✆ 05 57 70 49 00 - juil.-août 9h-19h, Pâques-Toussaint sur RV - 9 à 35 €.* Les balades en canoë-kayak sont organisées en fonction des marées et se déroulent entre le bassin d'Arcachon et le Lège, rivière sinueuse bordée de plages. Possibilité de sorties au coucher du soleil.

Centre permanent de Kayak de mer – *Pont de Bredouille - 2 bis av. du Canal - 33950 Lège-Cap-Ferret - ✆ 05 57 70 45 55 - 10h-17h.* Ce centre propose de découvrir des espaces naturels protégés grâce à une kyrielle d'activités nautiques telles que le kayak de mer ou le *wave-ski*.

Cercle de voile de Cazeau Lac – *Halte Nautique - Port de Cazaux - 33260 La Teste-de-Buch - ✆ 05 56 22 91 00.* Stages de voile, formations et régates.

Aéro-club du bassin d'Arcachon – *Aérodrome de Villemarie - 33260 La Teste-de-Buch - ✆ 05 56 54 72 88 - www.acba-fr.com - accueil : 9h-12h, 15h-19h ; aéroclub : été 8h-22h.* Cet aéro-club organise des baptêmes de l'air, des stages de pilotage et, depuis peu, des vols de nuit.
À proximité, sur l'aérodrome de Villemarie, vous trouverez d'autres clubs : parachutisme et vol à voile (planeur).

Biscarrosse

12 031 BISCARROSSAIS
CARTE GÉNÉRALE B2 – CARTE MICHELIN DÉPARTEMENTS 335 E8 – LANDES (40)

Des aviateurs de haut vol lui avaient donné ses lettres de noblesse. Biscarrosse a retrouvé une nouvelle jeunesse sous l'assaut d'autres chevaucheurs de rêve : les surfeurs, qui ont entraîné dans leur sillage maints adeptes de sensations fortes. Aujourd'hui, ça bouge à Biscarrosse, tant sur les eaux que dans les airs et aussi sur terre où l'on enfourche sa bicyclette pour répondre à l'appel de la forêt !

Stéphane Sauvignier / MICHELIN

Sky surf sur la plage de Biscarosse.

Se repérer – À 70 km au sud-ouest de Bordeaux . Trois sites distincts : **Biscarrosse-Plage**, sur l'Océan (par la D 218), et **Biscarrosse-Ville**, à l'intérieur des terres (par la D 652), distants de 10 km. Entre, sur les rives du lac Nord (Biscarosse-Sanguinet), s'étend **Biscarosse-Lac**. Au sud du bourg se trouve l'étang de Biscarosse-Parentis.

Organiser son temps – Réservez la visite du musée de l'Hydraviation aux jours de grisaille ou aux après-midi caniculaires, pour profiter des nombreuses activités de plein-air que proposent Biscarosse et ses alentours. Attention : hors saison, le musée n'ouvre que l'après-midi et il est fermé le mardi.

Avec les enfants – Le musée historique de l'Hydraviation, Aventure Parc *(voir « Sports & Loisirs » dans l'encadré pratique)* à Biscarosse-Bourg, une promenade en barque sur le canal et les étangs.

Pour poursuivre la visite – Voir aussi la dune du Pilat *(voir Bassin d'Arcachon)*, Parc naturel régional des Landes de Gascogne.

Séjourner

Biscarrosse-Plage

Voilà la zone littorale idéale pour qui aime les énormes rouleaux (plages surveillées en saison) : on y surfe évidemment, on y pêche aussi, on y lézarde… au choix ! Comme toute station balnéaire d'été (hors saison, les lieux sont morts), l'animation se concentre autour de la rue principale où alternent boutiques, cafés et restaurants. Le soir, on se retrouve sur la place centrale qui regroupe un petit centre commercial, le fronton et le cinéma.

Le saviez-vous ?

👁 Biscarrosse, un nom biscornu à première vue… et pourtant, *Biskar* signifie « dos, dune ». Biscarrosse, c'est « l'endroit où il y a des dunes ».

👁 L'ingénieur **Brémontier** met au point, à partir de 1788, le projet de fixation des dunes envisagé dès le Moyen Âge. En 1867, 3 000 ha de dunes littorales sont couverts de **gourbet** (plante dont les racines fixent le sable) et 80 000 ha de dunes intérieures sont plantés en pins maritimes *(voir p. 47)*.

Étang de Cazaux et de Sanguinet

Également appelé « lac Nord ». Il offre un magnifique plan d'eau de 3 600 ha piqueté de voiles, avec 5 km de plage entre port Maguide et port Navarrosse. Sports de glisse en tous genres mais aussi possibilité de fendre les airs avec un parachute ascensionnel. Détente plus au calme dans la forêt que vous pourrez parcourir à pied comme à vélo. Et, pour les amateurs de golf, parcours de 18 trous *(voir « Sports & Loisirs » dans l'encadré pratique)*. Au départ de port Navarrosse, agréables promenades en bateau sur le lac Nord ou sur le lac Sud, via le canal.

Étang de Biscarrosse et de Parentis

Également appelé « lac Sud ». Une seule plage : port et jeux pour les enfants *(tout près du musée de l'Hydraviation)*. Il est relié à l'étang voisin par un **canal** bordé d'une **piste cyclable**. Vous l'emprunterez si vous vous engagez sur le circuit pédestre fléché du **petit lac** *(7 km)*.

Visiter

Musée historique de l'Hydraviation

332 av. Louis-Breguet - ✆ 05 58 78 00 65 - ♿ - juil.-août : tte la journée ; reste de l'année : apr.-midi sf mar. - fermé j. fériés (sf 14 Juil. et 15 août) - 4,30 € (-12 ans 0,90 €).

Un système de flotteurs : rien de tel pour se poser en douceur quand les avions sont trop lourds pour les trains d'atterrissage. C'est entre les deux guerres que l'hydraviation voit son heure de gloire. **Pierre Latécoère**, fondateur de la célèbre Aéropostale auréolée par les hauts faits de Mermoz, implantera usine de montage et base d'essai à Biscarrosse (1930-1956).

Le musée retrace cette époque pionnière de l'aéronautique. Nombreux documents (cartes de vol, décorations, etc.), maquettes et pièces originales (moteurs, hélices, etc.) évoquent les grandes figures de l'histoire de l'hydraviation, la naissance des compagnies aériennes, l'aventure de l'Aéropostale, les premiers grands raids… En ouverture, projection d'un film (20mn) : *Naissance et crépuscule des hydravions géants*.

En face du musée, dans le grand hall vitré, exposition d'un hydravion 1912 reconstruit à l'identique et appareils grandeur nature de la Seconde Guerre mondiale.

Musée des Traditions

216 r. Louis-Breguet - ✆ 05 58 78 77 37 - http://traditions.bisca.free.fr - juil.-août : tlj sf dim. mat. 9h30-19h ; juin et sept. : tlj sf dim. et lun. 10h-12h, 14h-18h ; de mi-fév. à fin mai : tlj sf dim. et lun. 14h-18h - 4 €.

Il faudra y passer si vous voulez découvrir l'histoire de Biscarrosse liée à son paysage de lacs et de marais, et aux activités qui s'y développèrent, notamment dans la forêt où l'on exploita la résine.

Ancienne affiche illustrant l'aventure de l'Aéropostale.

Aux alentours

Sanguinet

13 km de Biscarrosse, au nord-est de l'étang de Sanguinet.

L'intéressant **Musée archéologique** expose clairement et de façon didactique les résultats de fouilles entreprises dans l'étang : vestiges préhistoriques, dont d'étonnantes pirogues monoxyles (faites d'une seule pièce de bois) en pin datant du 1er âge du fer et vestiges gallo-romains. *05 58 82 13 32 - www.musee-de-sanguinet.com - ♿ - août-sept. : mat. et apr.-midi - 3,50 € (-12 ans 1 €).*

Parentis-en-Born

9 km de Biscarrosse, au sud-est de l'étang de Biscarrosse.

Le nom de cette modeste localité, qui rappelle l'origine ancienne de l'un des plus typiques « pays » des Landes, le **pays de Born** (pays « du bout des terres »), possède maintenant la notoriété grâce au pétrole. Mais vous y viendrez pour profiter des activités autour du **lac** *(voir « Sports & Loisirs » dans l'encadré pratique).*

Biscarrosse pratique

Adresses utiles

Office du tourisme de Biscarrosse – *55 pl. Georges-Dufau - 40600 Biscarosse Plage - 05 58 78 20 96 - www.biscarrosse.com - juil.-août et vac. scol. : tte la journée ; avr.-juin et sept. : tte la journée, w.-end et j. fériés mat. ; reste de l'année se renseigner - fermé dim. (oct.-mars), 1er janv., 1er et 11 Nov., 25 déc.*

Office du tourisme de Parentis-en-Born – *Pl. du Gén.-de-Gaulle - 40160 Parentis-en-Born - 05 58 78 43 60 - parentis.com - lun., jeu. et vend. mat. et apr.-midi, merc. mat. - fermé mar., w.-end et j. fériés.*

Office du tourisme de Sanguinet – *Pl. de la Mairie - 40460 Sanguinet - 05 58 78 67 72 - juil.-août : mat. et apr.-midi, dim. et j. fériés mat. - janv.-mai : mat. et apr.-midi (sf merc., dim. et j. fériés), sam. mat. - fermé 1er Mai.*

Transports

Navette – Un service est assuré entre le bourg et la plage en saison.

Piste cyclable – 9 km entre Biscarosse-Bourg et Parentis.

Se loger

Hôtel Les Vagues – *99 r. des Iris - 05 58 83 98 10 - www.lesvagues.com - fermé de mi-oct. à fin fév. - P - 29 ch. 40/118 € - 7 € - rest. 18/36 €.* Situé dans un quartier résidentiel calme, à 300 m de la plage, cet établissement s'adresse à ceux qui redoutent l'animation du centre-ville. Les chambres confortables ou les suites familiales sont parfois dotées d'un balcon. Aire de jeux pour les enfants et minigolf, connexion wifi. Très agréables terrasse et jardin à l'ombre des pins.

Camping Domaine de la Rive – *Rte de Bordeaux - 8 km au nord-est de Biscarrosse par D 652, rte de Sanguinet, bord de l'étang de Cazaux - 05 58 78 12 33 - info@camping-de-la-rive.fr - 1er avr.-30 sept. - réserv. indispensable - 640 empl. 42 € - restauration.* Laissez-vous aller au rêve, le paysage de ce camping sous les pins vous y invite. Vous goûterez la baignade dans le lac ou dans l'une des jolies piscines aux formes rondes avec leurs toboggans. Théâtre de plein air. Club enfants. Mobile homes et bungalows.

Hôtel Le Schuss – *12 r. des Biganons - 05 58 78 11 90 - www.hotelleschuss.com - fermé de fin sept. à déb. mai - P - 7 ch. 48/67 € - 6 € - rest. pour résidents 15 €.* Dans un quartier calme et résidentiel, cette grande maison vient d'être entièrement rénovée. Hôtel de famille depuis 1968, les enfants, qui reprennent l'activité, ont décoré et personnalisé chaque chambre. La Marocaine, la Créole, l'Espagnole mais aussi la Cupidon de préférence réservée aux amoureux... Le soir, repas souvent servis en terrasse.

Hôtel La Caravelle – *5314 rte des Lacs - 40600 Ispe - 6 km au nord de Biscarrosse par D 652 puis D 305 - 05 58 09 82 67 - www.lacaravelle.fr - fermé 1er nov.-14 fév., lun. midi et mar. midi sf juil.-août - P - 15 ch. 65 € - 7 € - rest. 15/38 €.* Cet hôtel a « les pieds dans l'eau » et dispose d'un ponton privé. Dans le bâtiment principal, chambres tournées vers le lac et meublées en rotin ; à la Villa, aménagements plus récents mais pas de vue. Salle à manger-véranda et terrasse panoramique.

Les Cottages du Lac – *Quartier Lahitte-le Lac - 40160 Parentis-en-Born - 9 km au sud-est de Biscarrosse par D 652 - 04 98 10 49 96 - www.bymdb.com - fermé de mi-mai à déb. avr. - 50 chalets et 112 appt. 112/276 € (minimum 2 nuits).*

Dans un site boisé au bord du lac, nouvelles constructions offrant appartements ou chalets individuels.
Les intérieurs, soignés et confortables, allient bois et objets design. Jeux pour enfants, terrain multisports et piscine pour le côté détente.

Se restaurer

Bon à savoir – Vous trouverez de nombreuses guinguettes et des stands de restauration rapide sur la place Georges-Dufau à Biscarosse-Plage, face à l'office de tourisme. Vente à emporter ou à consommer sur place en terrasse, lorsque le temps le permet.

La Fontaine Marsan – *Pl. Marsan - 05 58 82 81 29 - fermé 20 janv.-10 fév. : dim. soir et lun., 15-31 oct., - 14,50/38 €.* Le patron de ce restaurant expose sa collection de triporteurs miniatures dans une agréable salle à manger divisée en deux parties :
un espace dédié aux plats « bistrot », et un autre réservé à une carte plus traditionnelle. La terrasse dressée face à une fontaine accueille aussi plaisamment les convives.

Cousseau – *R. St-Barthélemy - 40160 Parentis-en-Born - 05 58 78 42 46 - fermé de mi-oct. à déb. nov., vend. soir et dim. soir - 10,50/42 €* Ce restaurant sans prétention, niché à proximité de l'église de Parentis-en-Born, constitue un pied-à-terre gourmand idéal. La salle à manger principale s'agrémente de voilages et de couleurs pastel et la carte se singularise par une forte identité landaise.

Restaurant de la Poste – *12 av. du 8-Mai-1945 - 40160 Parentis-en-Born - 10 km au sud-est de Biscarrosse par D 652 - 05 58 78 40 23 - fermé lun. - 9 € déj. - 17/22 €.* Ce restaurant situé face à la poste est intéressant tant pour sa cuisine copieuse et savoureuse (salade landaise, civet de canard sauce au vin...) que pour son bon rapport qualité-prix. Salle à manger sobrement décorée et très bien tenue ; accueil très chaleureux.

La Garole – *215 av. de la Plage - 05 58 78 29 08 - fermé du 15 déc. à déb. janv. - 17/34 €.* Fruits de mer et poissons jouent les vedettes sur la carte de ce restaurant situé dans une rue piétonne animée par de nombreux commerces. Intérieur classiquement aménagé, service souriant et efficace, et prix plutôt sages.

En soirée

Bon à savoir – Toutes les années paires (généralement pendant le week-end de l'Ascension), Biscarosse accueille le Rassemblement International d'hydravions sur le site Latécoère.

Le Casino – *Bd des Sables - 05 58 78 26 99 - 10h-4h.* Bien sûr, ce n'est pas Las Vegas, mais avec trente machines à sous, deux tables et une boule, les amateurs de jeux pourront passer un agréable moment dans ce casino balnéaire. Également sur place, un restaurant et un piano-bar.

Sports & Loisirs

Balades à pied et en vélo – Une dizaine de circuits sont balisés, demandez le *Plan Guide* à l'office de tourisme.

Loisirs'Boulevard – *543 bd d'Arcachon - 05 58 78 33 63 - www.loisirs-boulevard.com - avr.-sept. : 9h30-20h - fermé oct.-mars sf vac. scol.* Vélos traditionnels, remorques pour les enfants, VTT, scooters et rollers : petites ou grandes roues, toutes se louent chez Loisirs' Boulevard. Bonnes balades !

Aventure parc – *440 rte de Bordeaux - 6,8 km de Biscarrosse-Bourg - 05 58 82 53 40 - www.aventure-parc.fr - 14 juil.-22 août : 10h-20h (dernière entrée 2h av. fermeture) ; 1er-13 juil. et 23-29 août : 10h-19h30 ; fév.-juin et sept.-oct. : w.-end, j. fériés et vac. scol. 10h-18h - 34 € (saut + parcours) (enf. 18 €, parcours).* Tous les amoureux de Tarzan et d'Indiana Jones (à partir de 4 ans révolus) vont pouvoir s'élancer d'arbre en arbre dans la tranquillité de la pinède.
En tout, quatre parcours sécurisés

Au ranch de l'Eldorado – *Rte de Narp, quartier en Hill - 3 km du centre-ville, suivre la signalétique - 05 58 82 89 94 ou 06 81 67 77 50 - 1er juil.-15 sept. : tlj sf dim. mat. 9h-12h, 17h-20h ; du 16 sept.-30 juin : tlj sf dim. mat. 9h-12h, 14h-18h.* Ce centre équestre organise des cours, des stages, des balades en forêt ou au bord du lac.
Il propose également un programme spécifique pour les enfants à partir de 4 ans. Un gîte offre la possibilité de dormir sur place.

Golf de Biscarrosse – *Av. du Golf - 05 58 09 84 93 - www.biscarrossegolf.com - 9h-19h - fermé 25 déc. - 19 à 49 €.* Le golf de Biscarrosse comporte trois parcours distincts : le Lac, la Forêt et l'Océan qui bénéficient d'un bel environnement boisé et constituent un par 72. Practice de 25 postes (dont 6 couverts), restaurant, boutique et location de villas.

ACTIVITÉS NAUTIQUES

Club de voile de Sanguinet – *982 av. de Losa - 40460 Sanguinet - 05 58 78 64 30 - mai-oct., w.-end et j. fériés 14h-18h30.* Dériveurs, catamarans et planches à voile sont proposés par ce club nautique en formule école de voile ou en location.

Des stages de perfectionnement en catamaran de sport sont également organisés en été.

École de voile de Parentis-en-Born – *À l'entrée de Biscarrosse-Plage, au rd-pt à gauche - 40160 Parentis-en-Born - ✆ 05 58 78 58 47 - www.parentis.com - avr.-oct. : tlj sf dim. mat. 10h-12h30, 14h-19h - fermé 1er nov. au 31 mars.* Stages de catamaran, planche à voile, optimist. Location de catamaran, de planches à voile et canoë.

Alizés Speed - Char à voile – *✆ 06 81 35 82 74.* Ce club vous propose de pratiquer le speed-sail, le char à voile ou le char à cerf-volant (initiation, stages, promenade, etc.). Contrairement aux autres activités, celles-ci restent fermées entre les mois de mai et septembre : sécurité oblige, la plage doit être vide de ses touristes.

La Vigie maison du surf – *31 av. du Grand-Vivier - ✆ 05 58 78 37 79 ou 06 08 95 03 80 - juil.-août : 9h-19h ; hors sais. : 10h-12h, 14h-18h - fermé nov.-mars.* Ici, tout est prévu pour vous faire découvrir le sport numéro 1 de la station : cours (1h, 1h30 ou 2h) en formule découverte, initiation ou perfectionnement. Location de surf.

Lacanau-Océan

3 142 CANAULAIS
CARTE MICHELIN DÉPARTEMENTS 335 E5 – GIRONDE (33)

Des pins, des dunes, un long ruban de plages de sable fin, des lames géantes narguées par les surfeurs. Et que d'eau : lacs d'eau douce et Océan vous cernent de tous côtés. Que choisir ? Se balader à pied, pédaler, nager ou ne rien faire… L'environnement se prête à des vacances-nature, à votre rythme.

Stéphane Sauvignier/MICHELIN

Plage de sable fin de Maubuisson.

- **Se repérer** – À 55 km au nord-ouest de Bordeaux par la D 6. Les routes entre Bordeaux et la côte atlantique sont étroites et très empruntées par les « habitués ». Prudence donc.
- **À ne pas manquer** – L'étang de Cousseau, le rivage du lac d'Hourtin et la lagune de Contaut, trois sites naturels protégés.
- **Organiser son temps** – Lacanau est surtout un lieu de séjour mais si vous n'y passez qu'une journée, prenez le temps d'une promenade : de nombreux circuits sont possibles.
- **Avec les enfants** – Carcans-Maubuisson, labellisée « Station Kid », et Hourtin ; l'étang de Cousseau ; le jardin des vagues au Lacanau Surf-Club ; la Forêt des Accromaniaques ; Vitalparc Centre équestre *(voir l'encadré pratique)*.
- **Pour poursuivre la visite** – Voir aussi Bassin d'Arcachon et le circuit du Haut-Médoc *(voir Vignoble de Bordeaux)*.

Séjourner

Face à l'Océan, la station *(voir le « Circuit des villas anciennes » dans l'encadré pratique)* s'est développée au pied des dunes couvertes de pins maritimes. Aucune excuse donc pour ne pas se balader dans les « lèdes » (vallons sablonneux parcourus de futaies) et sur les 14 km de plages. Pour les dynamiques, 120 km de pistes cyclables longent la côte dans la pinède. Plusieurs *spots* de surf réputés aussi : plage Centrale, Nord, Sud et Super Sud (à choisir en fonction des déplacements de bancs de sable). Et encore, trois parcours de golf dont un de 18 trous.

Lac de Lacanau★

2 000 ha pour 8 km de long. Nombreux brochets, anguilles et perches à taquiner de l'hameçon. Deux plages surveillées (le Moutchic, au nord, et la Grande Escoure, au sud-ouest) et toutes les possibilités de distractions nautiques : voile, planche à voile, ski nautique, canoë-kayak, location de bateaux, dériveurs et pédalos.

Vous pouvez faire le tour du lac à pied ou à vélo (entre Lacanau et Les Nerps).

Le saviez-vous ?

Depuis des siècles, les Landes sont parcourues de canaux naturels et artificiels (entre les étangs, pour l'irrigation des terres). Lacanau, c'est « le canal ».

Le 45e parallèle de latitude nord (à égale distance entre Équateur et pôle Nord) coupe l'Aquitaine au niveau de Lacanau. Il passe aussi à St-André-de-Cubzac *(voir Bourg)*.

Circuit de découverte

ENTRE LACS, ÉTANGS ET OCÉAN

51 km de Lacanau-Océan à Hourtin-Plage – compter une demi-journée.

Les cours d'eau arrêtés par la barrière des dunes ont formé le long de la côte un chapelet de lacs et d'étangs reliés entre eux par des canaux. Amoureux de la nature ou sportif invétéré, vous trouverez forcément votre bonheur.

En sortant de Lacanau-Océan, prendre à gauche la D 6E1 qui traverse la forêt.

Étang de Cousseau

33260 La Teste-de-Buch - ✆ 05 56 91 33 65 - http://assoc.orange.fr/federation.sepanso - accès libre toute l'année - possibilité de visite guidée et sorties nature : se renseigner au ✆ 05 56 66 45 87 - guide du visiteur : 4,50 €.

Vous accédez à cette réserve naturelle par un sentier traversant la forêt domaniale de Lacanau ou par des pistes cyclables bétonnées *(laissez votre vélo dans les parcs aménagés aux différentes entrées)*. Bordé à l'ouest par une série de dunes paraboliques, l'étang se prolonge à l'est par un marais *(non accessible)*.

Vous suivrez le **sentier d'interprétation** pour découvrir la faune (sangliers, vaches marines, oiseaux migrateurs, insectes, etc.) et la flore (pins, arbousiers, chênes verts, nénuphars...) de la réserve, ainsi que la technique du gemmage.

Au terme de la D 6E1, prendre la D 207 pour profiter du bord de mer, ou directement à droite.

Carcans-Maubuisson

La station balnéaire de **Carcans-Océan** compte deux plages surveillées et un spot pour les surfeurs.

À 4,5 km vers l'intérieur se trouve **Maubuisson**, d'où l'on accède au lac *(voir ci-après)*.

Dans une maison en brique, à proximité de l'office de tourisme, est installé le **musée des Arts et Traditions populaires de la Lande médocaine**, consacré à la forêt landaise. *✆ 05 56 03 41 96 - ♿ - du 13 juin au 12 sept. : merc. mat. et apr.-midi - du 10 juil. au 23 août : mar. et merc. mat. et apr.-midi - 4 € (-12 ans 2 €).*

Lac d'Hourtin-Carcans★

Ce lac sauvage et solitaire couvre une superficie de plus de 6 000 ha. Plus grand lac d'eau douce en France, il est bordé de marais au nord et en quelques endroits de la rive est, généralement sablonneuse ; des dunes, hautes de plus de 60 m par endroits, longent la rive ouest.

De la **plage Sud** (Maubuisson), aménagée pour la baignade, vue agréable sur une partie étendue du lac. Là, vous pourrez pratiquer diverses activités nautiques, tout comme à Bombannes *(voir « Sports & loisirs » dans l'encadré pratique)*.

À 7 km au nord de Carcans par la D 3. Prendre à gauche, suivre la route puis la piste forestière.

Le **rivage du lac d'Hourtin** est classé « espace naturel sensible » afin de protéger cette zone composée de pinède, landes, prairies et marais, qui renferme une flore et une faune variées. Pour en apprécier toute la richesse, suivez une visite guidée *(voir « Visites » dans l'encadré pratique)*.

Tête de la « route » des lacs et canaux du Sud-Ouest, Hourtin accueille les bateaux de plaisance avec le développement de **Hourtin-Port** doté de 500 anneaux d'amarrage. Voile, planche à voile, canoë, pédalo…, tous les moyens sont bons pour profiter du lac ! Les prestataires se trouvent à Hourtin-Port et de l'autre côté (sur la rive nord-ouest), à **Piqueyrot**. Les plages aménagées près de ces deux bases nautiques sont surveillées en saison.

Hourtin

Le village d'Hourtin, où se tient un marché traditionnel le jeudi matin (ainsi que les mardi et samedi en saison), est distant de 11,5 km d'**Hourtin-Plage**. La station balnéaire, organisée autour de l'avenue principale qui débouche sur l'Océan, est surtout animée en saison, quand le temps se prête à la baignade. Une piste cyclable relie les deux sites.

Prendre la D 101^{E7}, qui mène à Hourtin-Plage. À 4 km environ, parking.

2 km AR. Au lieu-dit du **Contaut**, une passerelle (surveillez les enfants) serpente au sein d'une végétation dense, dans le site lacustre protégé de la lagune. Vous pouvez suivre seul ce sentier ponctué de panneaux, ou vous inscrire à une visite naturaliste *(voir « Visites » dans l'encadré pratique).*

Lacanau pratique

Adresses utiles

Bon à savoir – Les trois stations de Lacanau, Carcans et Hourtin se sont réunies pour former l'entité **Médoc Océan** dont le logo, composé de trois papillons, met en valeur l'aspect « nature » de la destination : 50 km de plages océanes, des lacs, et 30 000 ha de forêt protégée. *Guide de séjours et d'activités* dans les offices de tourisme et sur **www.medococean.com**.

Office du tourisme de Lacanau-Océan – *Pl. de l'Europe - ✆ 05 56 03 21 01 - www.lacanau.com - juil.-août : tte la journée ; reste de l'année : tlj sf dim. mat. et apr.-midi.*

Office du tourisme de Carcans-Maubuisson – *127 av. Maubuisson - ✆ 05 56 03 34 94 - www.carcans-maubuisson.com - juil.-août : tte la journée ; reste de l'année : mat. et apr.-midi - fermé 25 déc.-2 janv., 1er et 11 Nov.*

Office du tourisme d'Hourtin – *Espl. du Port - ✆ 05 56 09 19 00 - www.hourtin-medoc.com - juil.-août : tte la journée ; reste de l'année : lun.-sam. mat. et apr.-midi.*

Visites

Circuit des villas anciennes – *Rens. et réserv. à l'office de tourisme - lun. et vend. mat. ; visite guidée en calèche : jeu. mat.* Vous découvrirez les nombreuses villas construites au début du 20e s. à Lacanau-Océan.

Visites naturalistes – *Rens. et réserv. auprès des offices du tourisme de Carcans au ✆ 05 56 03 34 94 et de Lacanau au ✆ 05 56 03 21 01 pour l'étang de Cousseau (tte l'année) et de l'office du tourisme de Hourtin au ✆ 05 56 09 19 00 pour le rivage du lac d'Hourtin et la lagune de Contaut (juin-sept.) - gratuit.*

Découverte de la forêt – *Rens. et réserv. auprès des offices du tourisme de Lacanau et de Carcans - gratuit.* En saison, des sorties dans le massif forestier en compagnie d'un guide de l'ONF sont proposées.

Se loger

Hôtel de la Côte d'Argent – *La Plage - 33990 Hourtin-Plage - ✆ 05 56 09 10 25 - www.camping-cote-dargent.com - fermé de mi-sept. à mi-mai - P - 7 ch. et 2 appart. 45/72 € - ☕ 4 €.* Dans l'enceinte du camping, cet hôtel neuf propose des chambres spacieuses, très bien équipées et modulables en fonction des besoins. De plus, vous bénéficierez de toutes les installations : piscines couverte et découverte, tennis, animations, ainsi que du centre commercial. Mais pour plus de calme, préférez celles sur l'arrière !

Camping Talaris Vacances – *33680 Moutchic - 3,5 km à l'est de Lacanau par D 6 - ✆ 05 56 03 04 15 - talarisvacances@free.fr - ouv. 7 avr.-22 sept. - réserv. conseillée - 336 empl. 33 € - restauration.* Un camping sympathique avec ses emplacements ombragés et sa piscine. Tennis et location de VTT. Aire de jeux pour les enfants.

Vitanova Hôtel-Résidence – *Rte de Baganais - ✆ 05 56 03 80 00 - www.hotel-vitanova.com - fermé janv. - P - 30 ch. + 10 bungalows 68/115 € - ☕ 9 € - rest. 17/21 €.* Cet établissement organisé à la façon d'un village comprend bungalows, appartements, hôtel et centre de balnéothérapie, le tout à l'abri d'une pinède. Plaisantes chambres avec balcon récemment rénovées et agréable terrasse d'été au restaurant. Différentes formules d'hébergement : avec ou sans soins.

Vital Parc Hôtel – *Rte du Baganais - 05 56 03 91 00 - info@vitalparc.com - fermé du 16 nov. à mi-fév. - 57 ch. 70/120 € - 10 € - rest. 23 €.* Ce complexe hôtelier moderne dressé dans une pinède propose plusieurs formules d'hébergement : chambres, studios pour les familles ou petites villas mitoyennes à louer. Vous pouvez même venir avec votre cheval, puisque l'établissement dispose d'un centre équestre. Espace de remise en forme et de balnéothérapie *(voir « Sports & Loisirs »).*

Chambre d'hôte La Villa Ashram – *18 r. des Genêts-d'Or - 33121 Maubuisson - 05 56 03 49 19/06 77 58 55 24 - - 3 ch. 50/70 € - 6 €.* Quiétude et détente garanties dans cette agréable maison tenue par Madame François qui a décoré les chambres d'hôte et le gîte indépendant de ses peintures et créations personnelles. Le lac d'Hourtin-Carcans, situé à 500 m, et la nature environnante offrent un large choix d'activités.

Le Gîte Autrement – *D 104, Narsot - 33680 Lacanau - 2 km au nord-est de Lacanau par D 104, rte de Brach - 05 56 03 57 48 - www.gite-autrement.com - - 6 chalets 81 € - 3 € - repas 17/23 €.* Six chalets en bois (simples, fonctionnels et dotés d'une terrasse) vous attendent dans un agréable petit parc. Le propriétaire propose également une formule chambre d'hôte dans sa maison attenante : location à la nuitée, draps fournis et repas pour ceux qui le désirent.

Se restaurer

Le Squale – *Pl. du Gén.-de-Gaulle - 05 56 26 33 70 - fermé de sept. à fin mai - 11/30 €.* Telle une grande halle aux poissons, ce restaurant-self pittoresque fera le bonheur des amateurs de produits de la mer. Le matin, ses filets de pêche sont vidés devant vous pour votre menu. Ne craignez pas l'affluence et servez-vous directement à la cuisine panoramique.

Le Kayoc – *2 allée Ortal - 05 56 03 20 75 - www.lekayoc.com - fermé 24 déc. soir - 15 € déj. - 20/39 €.* La salle à manger située au premier étage du restaurant offre une vue imprenable sur la plage et l'Océan. Tout en admirant le paysage, vous vous régalerez de fruits de mer à moins que vous ne soyez tenté par la formule plus simple du rez-de-chaussée.

Le Bistrot des Cochons – *1 r. du Dr-Darrigan - 05 56 03 15 61 - fermé janv. - 22/40 €.* Située en léger retrait de l'animation de la station, cette petite adresse doit son succès à la qualité irréprochable de sa cuisine autant qu'à la réussite de son décor façon « brocante ». La paisible terrasse dressée à l'ombre d'un vieux chêne invite à s'attarder.

En soirée

Casino – *Baganais - 05 57 17 03 80 - 10h-4h.* Cette imposante architecture moderne aux formes arrondies abrite le casino de Lacanau. Outre les machines à sous, roulette et black-jack, vous y trouverez un restaurant.

Sports & Loisirs

Randonnées – Le *Plan des pistes cyclables et du GR 8* couvrant toute la zone entre Lacanau-Océan et Hourtin-Plage est disponible dans les offices de tourisme.

Central garage – *15 av. de l'Europe - 05 56 26 99 65 - ouv. tte l'année.* Une bonne adresse pour trouver, toute l'année, cycles et scooters à Lacanau-Océan.

Domaine de Bombannes – *Maubuisson - 33121 Carcans - 05 57 70 12 13 - www.ucpa-sudouest.com - fermé oct.-avr.* Ce domaine niché dans la pinède, entre lac et Océan, propose des activités pour tous les âges et pour tous les goûts : parcours aventure, escalade, poney, piscine, tennis, fitness, sports nautiques, etc. Différents types d'hébergement sur le site : camping, bungalows et résidences.

Lacanau Surf-Club – *17 bd de la Plage - 05 56 26 38 84 - www.lacanausurfclub.com - 9h-19h - fermé 1er janv. et 25 déc.* Organisateur du Lacanau Pro. Cours et stages de surf de Pâques à la Toussaint. Jardin des vagues pour les 5-7 ans ainsi que les 8-13 ans.

Stéphane Sauvignier/MICHELIN

Base nautique du lac de Lacanau.

Sail Wheeling Club – *68 rte de Bordeaux - 33121 Carcans - ✆ 05 57 70 14 60 ou 06 10 50 73 96 - s.w.c.carcans.free.fr - réserv. par téléphone - fermé déc.-janv.* Char à voile, *speedsail*, cerf-volant et kayak-surf.

Forêt des Accromaniaques – *Installation organisée par Aquitaine Raid sur le site de Vitalparc - rte du Baganais - ✆ 05 56 24 12 12 - www.aquitaineraid.com - vac. scol. : tlj ; hors vac. scol. : w.-end - fermé nov.-avr. - de 6 à 15 €.* Accrochez-vous ! Après avoir endossé le harnais, vérifié ses mousquetons et bien écouté les règles de sécurité, à vous l'ivresse des lianes de Tarzan, le frisson des franchissements de ponts suspendus et l'étourdissement de la tyrolienne géante !

Vitalparc Centre équestre et Poney-club – *Vitalparc- rte du Baganais - ✆ 05 56 03 92 00 - www.vitalparc.com - 8h-12h, 14h-18h.* Stages, balades en forêt ou au bord de l'Océan, baptêmes de poneys, concours hippiques : tous en selle !

Centre de balnéo - Vitalparc – *Rte du Baganais - ✆ 05 56 03 92 44 - www.vitalparc.com - 10h-13h, 15h-19h, dim mat. 10h-13h - fermé de mi-nov. à mi-fév.* Cet espace de remise en forme situé au sein du complexe hôtelier Aplus propose de multiples formules pour votre bien-être.

Centre de balnéothérapie et d'esthétique – *Rte de Baganais, hôtel Vitanova - ✆ 05 56 03 80 00 - www.hotel-vitanova.com - 10h-18h - fermé janv.* Ce centre de balnéo et d'esthétique propose des soins à la carte, dans le cadre d'un programme complet ou d'une journée découverte. Espace forme avec accès à la piscine couverte chauffée à 32° C, au sauna et à la salle de musculation. Cours d'aquagym et de natation.

Golf Hôtel de Lacanau – *Domaine de l'Ardilouse - ✆ 05 56 03 92 92 - www.golf-hotel-lacanau.fr - 8h-17h (été 19h) - 45 €.* 18 trous, par 72, slope 137, *back tees* : voici quelques-unes des caractéristiques de ce golf dans une vaste pinède.

Parc naturel régional des Landes de Gascogne★

CARTE MICHELIN DÉPARTEMENTS 335 H/G 9/10 – LANDES (40) ET GIRONDE (33)

Que ceux qui étouffent loin des gaz de pots d'échappement passent leur chemin ! Ici la nature est reine et la pinède, entrecoupée de vastes champs qui servent de pare-feu, à première vue monotone, réserve bien des surprises : refuges pour la faune et la flore, petits villages ou airial, souvenirs d'un passé rural original... Des richesses et des paysages à découvrir à pied, à cheval, sur l'eau ou à vélo.

Antonin Thuillier/MICHELIN

Le sous-bois de la forêt landaise : un régal de couleurs et d'odeurs.

- **Se repérer** – Le Parc naturel régional des Landes de Gascogne (créé en 1970) groupe 41 communes des Landes et de Gironde et couvre 315 300 ha au cœur du massif forestier gascon. Il s'étend à partir de l'extrémité est du bassin d'Arcachon, de part et d'autre du val de l'Eyre, englobant au sud les vallées de la Grande et de la Petite Leyre et les zones boisées de la Grande Leyre.
- **À ne pas manquer** – L'un des nombreux circuits de randonnée au cœur du Parc ; l'écomusée de la Grande Lande.
- **Organiser son temps** – Vous pouvez parcourir le Parc naturel dans son ensemble en une journée. Mais si vous vous attardez à quelques balades, baignades, observations ou loisirs, il y a facilement de quoi occuper deux ou trois jours.
- **Avec les enfants** – Le site de Marquèze ; Graine de forêt à Garein ; nombre d'activités de plein air : baignade, vélo, balade en calèche... *(voir l'encadré pratique).*
- **Pour poursuivre la visite** – Voir aussi Bassin d'Arcachon, Arcachon, Biscarosse et Château de Roquetaillade.

Comprendre

Des marécages aux pins – À l'origine était la Grande Lande, une zone marécageuse que parcouraient les bergers, parsemée d'îlots d'habitations *(voir p. 47 et 60)* élevées sur les terrains cultivables, qui assuraient la subsistance des villageois. Une vie rude donc, fondée sur un **système agro-pastoral**.

Au 18e s., on commence à planter quelques résineux, mais c'est de la loi de 1857 que va naître une immense mer de pins et une vague de nouveaux métiers. En effet, **Napoléon III** décrète alors l'assainissement et le boisement à grande échelle. La forêt devient un bien précieux, même si les propriétaires doivent attendre quelques années avant que leurs parcelles deviennent rentables. Le **gemmage** s'intensifie et l'exploitation de la résine s'industrialise au 19e s. De nos jours, cette activité a disparu et les petits-fils des gemmeurs sont devenus bûcherons. Mais là aussi, il y a du pain sur la planche ! Un pin de dix ans servira à faire du papier ; à vingt ans, on en fera des poteaux ; à trente ans, il deviendra meuble, palette, planche ou lambris. Bref, pas de retraite en perspective. Avec l'évolution technique, la **sylviculture** est devenue intensive et les quelques landes restantes, menacées, sont désormais préservées.

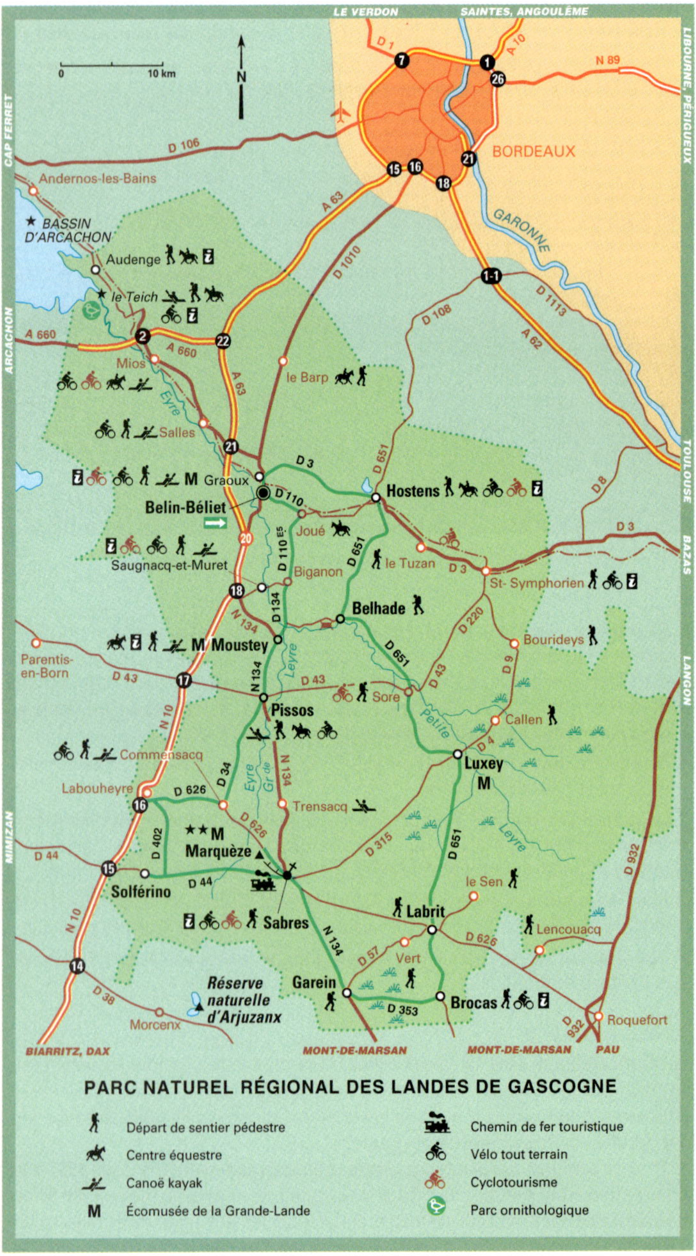

Circuit de découverte

AU CŒUR DES LANDES DE GASCOGNE

169 km – compter une journée.

Vous partez à la découverte de la grande forêt landaise avec ses sites de régénération, ses clairières, ses réserves de chasse et ses maisons basses typiques. Pour aller à l'essentiel et mieux comprendre ce territoire, il faudra vous arrêter dans les trois sites complémentaires de l'**écomusée de la Grande Lande**, situés dans les communes de Sabres (Marquèze), Luxey et Garein, qui évoque la vie quotidienne et les activités traditionnelles propres à la campagne landaise aux 18e et 19e s. Si toutefois le temps vous manque, visitez au moins Marquèze : un incontournable !

Bon à savoir – Le **Passeport de l'écomusée de la Grande Lande** permet de bénéficier de tarifs préférentiels pour visiter les 3 sites.

Belin-Béliet

Aliénor d'Aquitaine aurait vu le jour dans ce petit village en 1123. Un bas-relief a été érigé à sa mémoire à l'emplacement du château des ducs d'Aquitaine *(accès par la rue Ste-Quitterie : suivre le fléchage « Hôtel d'Aliénor »).*

Au sud du village, la **Maison du Parc** *(voir la rubrique « Adresses utiles » dans l'encadré pratique)* a pris ses quartiers.

Au nord de la localité se trouve le **Centre d'animation du Graoux** *(voir « Sports & Loisirs » dans l'encadré pratique).*

Quitter Belin-Béliet à l'est par la D 110. À Joué, prendre à droite la D 110^{E5} pour gagner Moustey en traversant Peyrin et Biganon.

Moustey

Située sur le chemin de St-Jacques-de-Compostelle, la place centrale de ce village compte deux églises construites en garluche (pierre ferrugineuse locale). Le mur sud de Notre-Dame possède une porte murée dite « porte des Cagots » (les cagots désignant une caste exclue de la société).

Voir également les « Attelages des Vallées de la Leyre » dans la rubrique « Sports & Loisirs » de l'encadré pratique.

Gagner Pissos par la N 134 au sud.

Pissos

L'**église**, un peu en dehors du village, est coiffée par un clocher en bardeaux.

Dans le centre, arrêtez-vous à la **Maison des artisans** *(voir la rubrique « Que rapporter » dans l'encadré pratique)* si vous voulez faire quelques emplettes. Un peu plus loin, sur la route de Sore, vous pourrez faire un petit tour au **Relais nature de la haute Lande** (dans une bergerie traditionnelle) pour faire connaissance avec la faune sauvage landaise. *05 58 04 41 40/05 58 08 91 58.*

Prendre la D 34 au sud. À Commensacq, qui s'enorgueillit d'une belle église romane, prendre à droite la D 626. À l'entrée de Labouheyre, prendre à gauche la D 402 en direction de Solférino. Elle traverse le parc de Peyre (gîtes forestiers, centre équestre).

Solférino

En 1857, **Napoléon III** achète quelque 7 000 ha de landes. Les terres assainies, il aménage un domaine expérimental où il installe des fermes modèles. Un village est créé en 1863.

Prendre la D 44 à l'est.

À l'entrée de **Sabres** se trouve la gare d'où part le **petit train pour Marquèze**. Le train parcourt près de 5 km à travers bois, pour vous déposer dans l'airial.

En attendant le train, visitez le nouveau **pavillon des Landes de Gascogne** qui abrite des expositions sur la région et la forêt (*face à la gare*). Vous pourrez aussi vous rendre à pied jusqu'au village qui abrite une église romane.

Marquèze★★

Accès par chemin de fer au départ de Sabres. 05 58 08 31 31 - www.parc-landes-de-gascogne.fr - avr.-oct. - 13 € (enf. 11 €).

Bon à savoir – Un *Guide du visiteur* très complet est remis à l'achat du billet. À l'arrivée de certains trains (consulter l'affichage des horaires), une visite guidée (1h) de l'airial est proposée. Il est intéressant de la suivre avant de parcourir librement l'ensemble du site.

Antonin Thuillier/MICHELIN

Maison landaise de maître (1824), écomusée de la Grande Lande à Marquèze.

Cette partie de l'écomusée de la Grande Lande occupe près de 70 ha dans la zone protégée des vallées de l'Eyre. Le quartier de Marquèze a été reconstitué pour présenter la vie telle qu'elle s'organisait ici à la fin du 19e s.
Longtemps oasis dans la lande puis clairière dans la pignada (pinède), l'**airial** était une vaste esplanade principalement plantée de chênes où étaient répartis les habitations principales et les bâtiments d'exploitation : maison de maître reconnaissable à son *estandade* (large auvent) et, à proximité, maison du berger (ou « brassiers », lorsqu'ils étaient sous contrat avec un propriétaire) au poutrage plus grêle et aux dimensions plus modestes ; plus loin, maison des métayers et son cortège de granges, loges à porcs, ruches et poulaillers.
Une petite promenade dans la forêt où opérait le **résinier**… et vous voilà à la maison du meunier. Elle date de 1834 et se trouve (vous vous en doutez) à côté du **moulin de bas** aux deux meules broyant gros et petits grains. Peut-être verrez-vous aussi la fabrication du pain dans l'un des trois fours répartis sur le site.
La visite ne serait pas complète sans un détour par le **parc à moutons**, pour voir ces anciens défricheurs de la lande dont le fumier enrichissait les champs.
Une **grange-vidéo** diffuse films d'archives ou récents sur les différentes activités évoquées, et une **grange-exposition** présente l'ancien système agro-pastoral.
Quitter Sabres au sud-est par la N 134.

La vie d'autrefois à Marquèze

L'écomusée de la Grande Lande organise plusieurs manifestations permettant de faire revivre les traditions landaises du 19e s.
La **maillade**, qui a lieu le 1er Mai, est la fête du printemps : des arbres de mai, des mâts fleuris et décorés sont plantés afin d'honorer un voisin, un ami, un notable.
Mi-mai a lieu la **tonte des moutons**. La laine sera ensuite cardée et filée.
Mi-juin, on sort les bassines pour la grande lessive, la « **bugade** ». La cendre remplace ici notre lessive en poudre. Le rinçage se fait en rivière.
Le 24 juin est le jour de la **Saint-Jean**, rite qui marque la venue de l'été. Pour espérer obtenir de bonnes récoltes, on accroche des croix fleuries aux portes des maisons.
Fin juillet et fin août, vous saurez tout sur le chanvre et le lin, de la plantation au filage de ces plantes textiles. Enfin, de fin mars à fin octobre, on peut assister à divers travaux : gemmage des pins, pétrissage et cuisson du pain, meulage du seigle, labourage à l'aide des bœufs, etc.

Graine de forêt à Garein

05 58 08 31 31/06 88 81 30 08 - juil.-août : mat. et apr.-midi ; vac. scol. (ttes zones) apr.-midi - 5 € (enf. 3,50 €) ; billet combiné avec l'écomusée 16 € (-25 ans 12 €).
Cet espace muséographique interactif et ludique sur le thème de la filière bois a été aménagé dans une maison traditionnelle. Là, vous trouverez toutes les réponses à vos questions concernant la sylviculture, qui reste la première ressource de la région : maquette animée présentant les différents intervenants de la chaîne du bois, films sur le travail des bûcherons modernes (comme si vous y étiez !) et la fabrication du papier, puzzles, etc.
2,6 km AR. Complétez vos connaissances sur le terrain en parcourant le sentier jalonné de bornes sonores dans la forêt... afin d'y planter votre graine de pin !
Sortir de Garein à l'est, par la D 353.

Forges de Brocas

05 58 51 48 46 - de mi-juin à mi-sept. : apr.-midi - 3,50 € (-11 ans 2,50 €).
Dans un cadre verdoyant, vous verrez un haut-fourneau, des ateliers et des logements ouvriers en ruine. Pour découvrir l'histoire de cet important site métallurgique au 19e s., rendez-vous dans l'ancienne… minoterie. C'est là que le **musée des Forges** a pris place. Il rassemble divers objets en fonte et diffuse un film sur la technique de moulage.
Quitter Brocas vers le nord par la D 651.

Labrit

En saison, vous pourrez accéder au **site des Albrets**. Sur cette motte de terre entourée de douves se dressait un château de bois, au 11e s. Vous ferez appel à votre imagination pour vous représenter les lieux, mais pour vous aider, allez voir les restes dégagés lors de fouilles, présentés dans une maison au centre du village. *05 58 51 01 01 - juil.-août - 3,05 €.*
Poursuivre sur la D 651.

Luxey

L'**atelier de produits résineux Jacques et Louis Vidal★** a fonctionné entre 1859 et 1954. Aujourd'hui partie intégrante de l'écomusée de la Grande Lande, il illustre le fonctionnement d'une structure économique au début de la révolution industrielle dans la Grande Lande. Depuis la réception des gemmes (sucs résineux) jusqu'au stockage de l'essence de térébenthine, toutes les étapes du traitement de la résine sont abordées. *05 58 08 01 39 - www.parc-landes-de-gascogne.fr - de déb. juin à mi-sept. : mat. et apr.-midi ; du w.-end de Pâques à fin mai et de mi-sept. à déb. oct. : apr.-midi - 5 € (-25 ans 3,50 €).*
La **Maison de l'estupe-huc** (qui signifie « éteins le feu ») présente les risques et la réalité des feux de forêt dans les Landes *(projection de trois vidéos)*, et évoque l'évolution des techniques des sapeurs-pompiers à travers des documents, objets et matériels d'époque. *05 58 04 70 70 ou 05 58 08 06 18 - juil.-août : apr.-midi ; reste de l'année : sur demande - 4,50 € (6-12 ans 2,50 €).*
La D 651 mène à Belhade par Sore et Argelouse.

Belhade

Savez-vous que Belhade signifierait « belle fée » en gascon ? Dans tous les cas, vous vous arrêterez devant son **église** à clocher-mur, pour admirer le portail aux beaux chapiteaux sculptés.
À l'ouest de la localité, sur la gauche, vue sur le **château de Belhade** et ses tours rondes crénelées.
Poursuivre sur la D 651.

Hostens

On y exploita la lignite à ciel ouvert entre 1933 et 1963. Puis les excavations furent comblées par des remontées de la nappe phréatique formant les **lacs de Lamothe** et **du Bousquet**.
Le **domaine de loisirs d'Hostens**, créé sur l'ancien site d'exploitation, est un parc de détente de 500 ha *(voir la rubrique « Sports & Loisirs » dans l'encadré pratique).*
3 km. Un **sentier d'interprétation** (« sentier des Demoiselles ») vous permet de découvrir le milieu naturel.
Retour à Belin-Béliet par la D 3 et la N 10.

Observer des oiseaux

En hiver, les **grues cendrées** habitant la Scandinavie descendent, en formations en « V », à la recherche de climats plus sereins. Plusieurs milliers resteront dans les Landes, glanant leur nourriture dans les résidus des champs de maïs. La période d'hivernage s'étend de mi-novembre à début mars, les mois les plus favorables à l'observation étant décembre et janvier (à leur arrivée, elles peuvent se montrer farouches).

Voir la rubrique « Visites » dans l'encadré pratique.

Au nord du Parc, le delta de l'Eyre et la **réserve ornithologique du Teich** abritent de nombreuses espèces d'oiseaux *(voir Bassin d'Arcachon).*

Aux alentours

Réserve naturelle d'Arjuzanx

Au sud du Parc - Maison Bareyre (de la D 38 dir. Morcenx/Mont-de-Marsan, prendre à gauche avant le bourg d'Arjuzanx) - ✆ 05 58 08 11 52 - www.reserve-arjuzanx.org. Accès direct au lac à la sortie du village depuis la D 38 dir. Morcenx.

Ce vaste site naturel (2 600 ha) prend place sur une ancienne friche industrielle, celle d'une mine de lignite exploitée par EDF jusque vers 1990. Depuis, la nature a repris ses droits : difficile d'imaginer ce que les lieux, couverts de végétation, étaient il y a peu ! Une partie est en accès libre : lac *(baignade surveillée l'apr.-midi de fin juin à déb. sept, activités nautiques, pêche)*, chemins balisés pour la randonnée et le VTT *(parcours de 1,7 km à 7,3 km)*, balades équestres... Une autre se découvre lors de visites accompagnées par des naturalistes. La réserve constitue le premier site d'hivernage des **grues cendrées** en France : elle sert alors de « dortoir » à 20 000 oiseaux *(voir « Visites » dans l'encadré pratique).*

Parc naturel régional des Landes pratique

Adresse utile

Maison du Parc – *33 rte de Bayonne - 33830 Belin-Beliet - ✆ 05 57 71 99 99 - www.parc-landes-de-gascogne.fr - lun.-vend. mat. et apr.-midi - fermé j. fériés.* Le Parc naturel régional des Landes de Gascogne met à disposition une **Carte Guide** répertoriant l'ensemble des sites à visiter et des activités proposées.

Pour le nord du Parc, voir l'encadré pratique du bassin d'Arcachon.

Visites

Visites naturalistes dans la réserve d'Arjuzanx – *Rens., réserv. et départ : Maison Bareyre - juin-sept. : découverte nocturne (3h - vend. 21h - 5 €, 6-16 ans 3 €) ; randonnée nature (15 km - 6h - sam. 9h - 10 €, 6-16 ans 6 €) ; balade autour des « bassines » ou plans d'eau (dim. 9h - 5 €, 6-16 ans 3 €) ; mi-nov.-mi-mars : observation des grues cendrées (1h30 - vend. soir, merc., sam., dim. et vac. scol. mat. et soir - 5 €, 6-16 ans 3 €).*

Des sorties d'observation des grues sont également organisées sur le site de **Captieux** *(rens. et réserv. à la Maison du Parc : janv.-fév. - 4h - 13 €, avec prêt de matériel optique (enf. 11 €).*

Les lagunes du Gat Mort – *Rens. à la base de loisirs d'Hostens (voir « Sports & Loisirs »).* Possibilité de visite guidée, en saison, sur ce site naturel protégé au nord d'Hostens.

Domaine de Certes-Graveyron – *À Audenge - voir Bassin d'Arcachon.*

Val de l'Eyre à vélo – Le centre du Graoux *(voir « Sports & Loisirs »)* propose des promenades guidées à bicyclette.

Recommandations

Réglementation du Parc

- Veuillez ne pas cueillir les plantes et ne pas couper de branches d'arbres.
- N'allumez jamais de feu et ne fumez pas en dehors des haltes prévues à cet effet. La forêt s'enflamme très vite (y compris au bord des plans d'eau) ; elle met nettement plus de temps à se reformer.
- Ne laissez pas des détritus après un pique-nique et ne jetez rien par terre ; des poubelles sont installées à certains endroits.
- Ne stationnez pas votre véhicule sur les chemins ; des parkings sont aménagés à cet effet.
- Respectez le silence et la tranquillité des promeneurs, des pêcheurs et des riverains.

Autres conseils
En été, emportez de l'eau lors de vos escapades à pied ou à vélo, du produit contre les moustiques (surtout dans les zones humides et au bord des cours d'eau). Munissez-vous également d'un chapeau et de lunettes de soleil.

Parc naturel régional des Landes de Gascogne

Le climat aquitain ne requiert pas de vêtements particuliers, si ce n'est des vêtements imperméables pour les sorties printanières, parfois arrosées.

Se loger

Chambre d'hôte Le Poutic – *Rte de Cazaubon - 40240 Créon-d'Armagnac - 12 km à l'est de St-Justin par D 933 et D 35 - 05 58 44 66 97 - www.lepoutic.com - 3 ch. 43/58 € - rest. 19 €.* La restauration de cette ferme landaise a joliment mis en valeur ses vieux murs en pierre, ses poutres et ses colombages. Les chambres ont bénéficié de la même attention pour leur décoration d'un goût sûr et soignée. Spa et salon d'été dans les dépendances. Stages de cuisine sur le canard gras de novembre à mars.

Chambre d'hôte Les Arbousiers – *Le Gaille - 40630 Sabres - 7,5 km à l'ouest de Sabres par D 44 - 05 58 07 52 52 ou 06 81 13 28 09 - www.chambres-landes.com - réserv. obligatoire - 6 ch. 48/52 € - repas 20 €.* Calme garanti en cette charmante maison landaise à colombages bâtie au milieu d'une clairière entourée d'une forêt de pins. Chambres simples et chaleureuses et table d'hôte le soir. L'accueil est convivial et vous entendrez sûrement parler d'oiseaux par la propriétaire passionnée...

Chambre d'hôte La Maranne – *Le Muret - 40410 Saugnacq-et-Muret - 15 km au nord de Pissos - 05 58 09 61 71 - la-maranne@wanadoo.fr - fermé 15 nov.-15 avr. - 5 ch. 50/66 €.* Cette demeure du 19e s., au milieu d'un parc aux arbres centenaires, abrite des chambres sans luxe, mais agréables et nanties parfois de meubles d'époque. Côté détente, les activités ne manquent pas : piscine, sauna, Jacuzzi, vélos...

Hôtel Au P'tit Creux – *3 r. Brémontier - 40160 Ychoux - 05 58 82 38 38 - www.auptitcreux.fr - P - 30 ch. 48 € - 7 € - rest. 19/29 €.* À la sortie du village, cette construction de style motel propose des chambres toutes simples et fonctionnelles. Pour les familles, on pourra réserver les familiales qui bénéficient de deux salles d'eau. La salle à manger, claire, propose principalement des plats du Sud-Ouest !

Chambre d'hôte Chez M. et Mme Clément – *1 r. du Stade - 33830 Belin-Béliet - 05 56 88 13 17 - maison.clem@wanadoo.fr - 5 ch. 53 € - 6 €.* Belle maison bourgeoise du 19e s. dans un parc ombragé d'arbres centenaires. Boiseries en chêne, parquets cirés et cheminées de marbre font le raffinement de la décoration. Toutes les chambres sont claires et la plupart ouvrent sur la nature. Un gîte.

Se restaurer

Bon à savoir – Dans le Parc, plusieurs établissements proposent « L'assiette de pays » *(voir p. 22)*.

La Bonne Auberge – *1 r. Champs-de-Seuze - 33830 Lugos - 05 57 71 95 28 - fermé 2 sem. en nov., dim. soir et lun. hors sais. - 11/37 € - 5 ch. 45 € - 6 €.* Cette accueillante auberge située près de l'étang de Cazaux et de Sanguinet s'ouvre sur un jardin d'agrément et une vaste terrasse ombragée de platanes. Cuivres et assiettes anciennes ornent les murs de la salle à manger rustique. Cuisine traditionnelle. Chambres un brin désuètes, mais de bon confort.

Le Haut-Landais – *Pl. du Bourg - 40410 Moustey - 05 58 07 77 85 - www.lehautlandais.com - fermé nov.-fév. et lun. - 10 € déj. - 19,50/25 €.* Sur la place du village, une auberge vit depuis le 17e s. Landais de cœur et hollandais d'origine, le patron vous prépare les spécialités régionales : aiguillettes de canard, assiettes landaises... Agréable terrasse ombragée devant la maison.

Le Café de Pissos – *Le bourg - 40410 Pissos - 05 58 08 90 16 - fermé 1 sem. vac. de fév., 12 nov.-6 déc., dim. soir, mar. soir et merc. sf juil.-août - 12,20 € déj. - 18/40 € - 5 ch. 38/46 € - 6 €.* Cette auberge familiale propose une cuisine régionale dans un cadre campagnard ou sur la terrasse ombragée de platanes. Le bar est fréquenté par les villageois. Chambres modestes.

Ferme-auberge du Jardin de Violette – *Manoir des Jourets - 40120 Lencouacq - 05 58 93 03 90 - fermé dim. soir, lun. et mar. - réserv. obligatoire - 15/35 €.* Découvrez dans ces anciennes écuries rénovées la saveur de légumes oubliés du potager et des fleurs mitonnés avec talent pour accompagner les volailles de la ferme. Assiette de pays, armagnac et apéritif maison.

Auberge des Pins – *Rte de la Piscine - 40630 Sabres - ✆ 05 58 08 30 00 - www.aubergedespins.fr - fermé 4-24 janv. - 19/65 €.* Ravissante maison landaise nichée dans un parc planté de pins. Attablez-vous dans la belle salle à manger rustique ornée d'armoires du pays et agrémentée de boiseries anciennes, et régalez-vous avec la délicate cuisine régionale du chef. Les chambres du bâtiment principal sont personnalisées.

Que rapporter

Maison des artisans et l'atelier du souffleur de verre – *71 rte de Sore - 40410 Pissos - ✆ 05 58 08 97 42 - juil.-août : 10h-12h, 15h-19h ; avr.-juin et sept. : tlj sf dim. mat. et lun. 10h-12h, 15h-18h ; reste de l'année : tlj sf dim. et lun. 15h-18h et sur RV - fermé janv.-fév.* Exposition-vente d'artisanat d'art (bijoux, bougies, jouets, meubles peints, etc.) et de produits régionaux. À voir également, l'atelier du souffleur de verre.

Sports & Loisirs

Randonnées pédestres – Le comité départemental du tourisme de Gironde *(voir p. 13)* diffuse deux plans-guides décrivant les sentiers du pays du val de l'Eyre (n° 7) et de la Haute Lande girondine/vallée du Ciron (n° 1). Le Parc propose tout au long de l'année différentes possibilités de découverte à effectuer avec ou sans accompagnateur.

Balades à bicyclette – Les *Carte-guide*, *Livret de 6 circuits* et *Carnet de route* sont à votre disposition à la Maison du Parc pour vous orienter et constituer votre itinéraire d'un ou plusieurs jours. Possibilité de combiner vélo et canoë.

Baignade surveillée – Domaine de loisirs d'Hostens *(✆ 05 56 88 53 44).*

Piscines de plein air – **Sore** *(rte de Luxey - ✆ 05 58 07 60 55)*, **Sabres** *(rte de Luglon - ✆ 05 58 07 52 51)*, **Salles** *(rte d'Argila - ✆ 05 56 88 40 89)* et **Pissos** *(rte de Sore - ✆ 05 58 08 91 45).*

Domaine de loisirs d'Hostens – *54 rte de Bazas, domaine départemental d'Hostens - 33125 Hostens - ✆ 05 56 88 70 29 - 6h-23h - gratuit.* Base VTT proposant 6 circuits de 10 à 30 km de sentiers balisés. Également pêche, baignade, sentiers pédestres, tir à l'arc, escalade, canoë-kayak, pédalos, Grimp'arbres, course orientation, animations nature, aviron, beach polo, jardin aquatique, nage avec palmes...

Centre du Graoux – *31 rte de Graoux - 33830 Belin-Béliet - ✆ 05 57 71 99 29 - 9h-12h, 14h-18h - fermé w.-end en hiver sf sur réserv. pour l'hébergement.* Centre permanent du Parc offrant un large éventail d'activités sportives (canoë-kayak – descente de la Leyre –, cyclotourisme, VTT, sentiers de découverte, parcours d'orientation) ainsi que des hébergements pour groupes et individuels.

Atelier-Gîte de Saugnacq-et-Muret – *Chemin vicinal 3 - 40410 Saugnacq-et-Muret - ✆ 05 58 07 73 01 - tlj sf sam. et dim. en hiver : 9h-12h, 14h-18h - fermé 25 déc.-1er janv.* Deuxième centre permanent du Parc proposant canoë-kayak, cyclotourisme, VTT, circuits pédestres thématiques, parcours d'orientation.

Maison de la nature du bassin d'Arcachon – *Voir Bassin d'Arcachon.*

Attelages des Vallées de la Leyre – *Airial de la Vigne - 40410 Moustey - ✆ 05 58 07 75 60 - sur RV pour les animations.* Promenades commentées en calèche, randonnées accompagnées avec ânes bâtés. Hébergement possible (gîtes d'étape ou de séjour) et base nautique.

Centre équestre du Volcelest – *Joué - 33830 Belin-Béliet - ✆ 05 56 88 02 68 - www.volcelest.com.* Randonnées, balades en forêt pour débutant.

NOTES

Bordeaux : villes, curiosités et régions touristiques.
Redon, Odilon : noms historiques et termes faisant l'objet d'une explication.
Les sites isolés (châteaux, abbayes, grottes...) sont répertoriés à leur propre nom.

Nous indiquons par son numéro, entre parenthèses, le département auquel appartient chaque ville ou site. Pour rappel : Gironde (**33**), Landes (**40**)

A

B

N

O–P

Q–R

S

T

U-V-W

Manufacture française des pneumatiques Michelin
Société en commandite par actions au capital de 304 000 000 EUR
Place des Carmes-Déchaux - 63000 Clermont-Ferrand (France)
R.C.S. Clermont-Fd B 855 200 507

Compogravure : Nord Compo à Villeneuve-d'Ascq
Impression et brochage : La Tipografica Varese
Dépôt légal 02-2008 – ISSN 0293-9436
Imprimé en Italie : 01-08

Collection sous la responsabilité d'Anne Teffo

Ont contribué à l'élaboration de ce guide :

Édition	Stéphanie Vinet, Julie Subtil
Rédaction	Séverine Cachat, Sophie Pothier
Cartographie	Michèle Cana, Denis Rasse, Véronique Aissani, Évelyne Girard, Fabienne Renard
Informations pratiques	www.insee.fr (chiffres de population)
Conception graphique	Laurent Muller (couverture), Agence Rampazzo (maquette intérieure)
Régie publicitaire et partenariats	michelin-cartesetguides-btob@fr.michelin.com *Le contenu des pages de publicité insérées dans ce guide n'engage que la responsabilité des annonceurs.*
Contacts	Michelin Cartes et Guides Le Guide Vert 46, avenue de Breteuil 75324 Paris Cedex 07 ✆ 01 45 66 12 34 – Fax : 01 45 66 13 75 LeGuideVert@fr.michelin.com www.cartesetguides.michelin.fr www.ViaMichelin.fr

Parution 2008

Note au lecteur

L'équipe éditoriale a apporté le plus grand soin à la rédaction de ce guide et à sa vérification. Toutefois, les informations pratiques (prix, adresses, conditions de visite, numéros de téléphone, sites et adresses Internet...) doivent être considérées comme des indications du fait de l'évolution constante des données. Il n'est pas totalement exclu que certaines d'entre elles ne soient plus, à la date de parution du guide, tout à fait exactes ou exhaustives. Elles ne sauraient de ce fait engager notre responsabilité.

BORDEAUX
POITIERS
D 730
A 10
GIRONDE
D 101
D 1215
Loudenne
St-Estèphe
Hourtin-Plage
Hourtin
Mouton
Rothschild
Blaye
Lac d'Hourtin-
Carcans
Carcans-Océan
D 207
Vignoble
de Bordeaux
Bourg
Lacanau-Océan
Lac de Lacanau
D 1
GIRONDE
BORDEAUX
Arcachon
Bassin
d'Arcachon
PARC
A 63
Cap Ferret
le Teich
la Brède
D 650
Dune du Pilat
A 660
NATUREL
Belin-
Béliet
D 218
Sanguinet
Biscarrosse-Plage
Biscarrosse
RÉGIONAL
Belhade
Eyre
N 10
DES LANDES
Écomusée de la
Grande Lande
Sabres
N
LANDES
DE GASCOGNE
BIARRITZ